U0438101

澹生堂讀書記
澹生堂藏書目

〔明〕祁承㸁 撰
鄭誠 整理
吳格 審定

中國歷代書目題跋叢書

下

澹生堂藏書目 子部一

儒家類 周 戰國 兩漢六朝 唐 宋 元 國朝

鬻子 二卷 一冊 楚人鬻熊著 逢行珪注 載《別六子全書》載《子彙》

顏子 二卷 一冊 元徐達左編 又載《顏氏傳書》

荀卿子本文 十二卷 二冊 荀卿著 載《六子全書》 又載《廿子全書》

楊注荀子 廿卷 四冊 楊倞注

删注荀子 二卷 二冊 王納諫

新語 二卷 一冊 漢陸賈著 又載《漢魏叢書》

賈子新書 十卷 三冊 漢賈誼著 又載《漢魏叢書》 又載《子彙》

春秋繁露 十七卷 二冊 漢董仲舒 又載《漢魏叢書》

新序 十卷 二冊 俱漢劉向著 又載《漢魏叢書》

說苑 二十卷 五冊 又載《漢魏叢書》

楊子法言 八卷 一冊 漢楊雄著 又載《漢魏叢書》 載《六子全書》 載《廿子全書》

李注楊子法言 十卷 二冊 李軌注

楊子法言 十三篇 一卷 一冊 賀汸校刊

孔叢子 三卷 二冊 漢孔鮒著 又載《漢魏叢書》 又載《子彙》

澹生堂讀書記 澹生堂藏書目

白虎通德論 十卷 二册 漢班固撰 又載《百家名書》《格致叢書》《古今逸史》《漢魏叢書》

潛夫論 十卷 二册 漢王符著 以下三種俱《漢魏叢書》

小荀子申鑒 五卷 一册 漢荀悦著 王省曾注 載《子彙》 載《漢魏叢書》

中論 二卷 一册 漢徐幹著 載《漢魏叢書》

諸葛武侯集誡 二卷 諸葛亮 載本集

忠經 一卷 一册 馬融注 又載《漢魏叢書》《百家名書》

子華子 十卷 一册 晉程本 載《別六子全書》 又載《子彙》

劉子新論 十卷 二册 漢劉勰著 袁孝政注 又載《漢魏叢書》 載《子彙》

文中子本文 十卷 一册 隋王通著 載《六子全書》 載《廿子全書》

阮注文中子 十卷 二册 阮逸著

崔仲鳧考釋中説 七卷 一册 崔鋭

素履子 二卷 一册 唐張弧 又載《范氏二十種奇書》

鹿門子隱書 一卷 唐皮日休

司馬溫公迂書 一卷 載本集

胡子知言 四卷 俱宋胡宏 又載《諸子萃覽》

又 致堂先生崇正辨 三卷 三册

王賢良志儒編 一卷 一册 宋王開祖

李泰伯常語 一卷 俱宋李覯 俱載本集

慶曆民言 一卷 又抄本一册 載《餘苑》

潛書 一卷

廣潛書 一卷

劉屏山維民論 三卷 宋劉子翬 載《本集》

後山理究 一卷 陳師道 載《本集》

晁氏儒言 一卷 俱宋晁以道 載《餘苑》抄本

晁氏客語 一卷 載《餘苑》抄本 又載《百川學海》

張子韶傳心錄 四卷 三冊 俱張九成

橫浦日新 一卷

兼明書 十二卷 二冊 丘光庭 又載《餘苑》抄本

困學紀聞 二十卷 六冊 一套 宋王應麟 又一部 十五卷 一套

王氏紀聞 十五卷 八冊 即《困學記聞》

何文定公西疇常言 一卷 一冊 舊官板 宋何坦 又二冊 小板 又載《百川學海》

龍門子凝道記 二卷 二冊 國朝朱濂

王氏卮詞 一卷 俱王褘 三種俱載本集

述說苑 一卷

續志林 一卷

遜志齋釋統論 一卷 俱方孝孺 二種俱載本集抄本

慮深論 一卷

夜行燭 一卷 曹端 載《餘苑》抄本

海涵萬象錄 二卷 一冊 黃潤王 載《餘苑》抄本

正學編 一卷 陳琛 抄本 載《子書雜抄》

王氏慎言 十三卷 三冊 王廷相 外又一載本集 一載《百家名書》

士翼 四卷 四冊 俱崔銑 抄本載《子書雜抄》

松窗寤言 一卷 載《金聲玉振》 又載本集 又

松窗寤言摘錄 載《紀錄彙[編]》

虛齋密箴 一卷 一册 蔡清

典籍格言 一卷 一册 石渠老人輯 載《雜抄》

正教編 一卷 一册 王瓚

困知記 三卷 三册 羅欽順

魏莊渠體仁説 一卷 魏校 載《雜抄》

甘泉明論 十卷 一册 俱湛若水

甘泉新論 一卷 一册

荷亭辨論 八卷 一册 盧格

理數啟鑰 二卷 一册 毛仲時

顧華玉近言 一卷 顧璘 載《梓吳》 又載《後四十家》

南皋子雜言 二卷 一册 俱周洪謨 抄本 即《讀書錄》 載《澹生堂餘苑》

箐齋讀書錄 二卷 一册 抄本 又載《餘苑》

濯舊 一卷 一册 林□

鄭端簡古言 二卷 二册 鄭曉

禮元剩語 一卷 俱唐樞 俱《木鍾臺集》內

三一測 一卷

景行館論 一卷

酬物難 一卷

證道摘略 一卷

疑誼偶述 一卷

偶客談 一卷

真談 一卷

積承錄 一卷

冲玄錄 一卷 鄒守益 載《鄒東郭集》

薛方山庸語 十二卷 二册 薛應旂

日省餘錄 共二冊 劉玉 附《鉗□》二卷

石堂近語 一卷 俱王材 二種俱載《念初堂集》

北田語 一卷

八厓緒論 一卷 周廷相 載《雜抄》

谷平日錄 一卷 俱李中 二種載本集

師訓私錄 一卷

學山雜纂 一冊

惜陰錄 十二卷 四冊 顧應祥

衡廬精舍雜言 胡直

黃泰泉先生庸言 十二卷 四冊 黃佐

言末二卷 明中二卷 申言二卷

談言二卷 徵孔二卷 轉辨二卷

理問一卷 續問二卷

華陽館內篇 一卷 宋儀望 載本集

山居隨筆 一卷 王宗沐 載《王敬所集》

劉子通論 十一卷 四冊 劉繪

古今正論 二卷 二冊 凌珆 又占今正論 二冊

耿天臺雅言 一卷 一冊 俱耿定向

新語 一卷 一冊

汲古叢語 二卷 一冊 陸樹聲 乂載《陸文定公雜著》《廣秘笈》 一名《適園語錄》載《稗乘》

原學 一卷 許孚遠

義蒼漫語 一卷 一冊 李得陽

鷄鳴偶語 三卷 一冊 蘇濬

真寓雜言 一卷 李登

一書 四卷 四冊 俞邦時

張子志學錄 一卷 張元忻 載《餘苑》抄本

道教源流錄 四卷 二冊 陳芝山

何之子　一卷　一册　周弘禴

膚語　四卷　范守己　載《御龍子集》

吟呻語　四卷　二册　呂坤

方子庸言　一卷　一册　方學漸

曾氏臆言　一卷　一册　曾朝節

蕭以孚宛陵語　一卷　蕭良譽　載《子書雜抄》

靖孝獨鑒　二卷　一册　張基

桃溪劄記　一卷　唐鶴徵　載《餘苑》抄本

復古紀事　一卷　一册　俱鄒德泳

獨耐軒雜筆　一卷　一册

復古振玩錄　一卷　一册

恩成求正草　一卷　一册

日知錄　五卷　四册　汪坦

參元三語　稽山□語一卷　□□漫語三卷　印

古心語六卷　朱得之

閑闢錄　十卷　二册　程瞳

就正臆說　一卷　一册　張位

俟後編　四卷　四册　王敬臣

格言彙編　二卷　二册　范泓

闇然堂內編　二卷　潘士藻

怡晚錄讀易內外篇　二卷　一册　游震得

吳氏臆說　一卷　一册　吳華

吳氏叢語　十二卷　四册　吳炯

陶庵札記　一卷　歸子慕

中語　一卷　一册　宋學道

澹生堂唯壁拈　一卷　一册

林志唯警語　一册

桂叢會語一册　黃守拙先生

續收總附［儒家］

曾子 四卷 四冊 李宗延

六子全書 共六十卷 二十冊 趙藩藏板
老子二卷一冊 列子八卷二冊 莊子十卷六冊 荀子二十卷六冊 揚子十卷三冊 文中子十卷二冊

孔叢子 七卷 二冊 孔鮒著

申鑒 五卷 一冊 一套綿 又一部 一套竹 荀悅著 黃省曾注

河洛真數 十卷 十冊 陳希夷 邵康節撰 起例三卷三冊 易卦釋義五卷五冊 詩斷秘訣二卷二冊

黃石公抽卦換象法一卷 八宅分房定式一卷

晏子春秋 六卷 四冊 一套 凌以棟批閱

晁氏儒言 一卷

晁氏客言 一卷

素雯齋語錄 一卷

日益編 四卷 四冊 姚體傑輯

批點金罍子 上篇二十卷 中篇十二卷 下篇十二卷 共十冊 陳絳輯 李維楨批

東水質疑 六卷 一冊 胡袞抄本

廓然子五述 一卷 一冊

澹語 五卷 二冊 俱龔錫爵

九九參 一卷 一冊

中庵籤易 一卷 一冊

庚申玉冊 八卷 一冊

坎離牌譜 一卷 一冊

保身節錄 一卷 一冊

葆真通 十卷 一冊 載（瑋）[瑋]

通天照水經 二卷 二冊

夢入神機 十卷 十冊

霸繩 一卷 一冊

太霞秘笈 八卷 二冊 杜文煥

素書附災異 一卷 一冊 李桂芳

善惡鏡 二卷 二冊 畢志熙

百警編 二卷 二冊 王之垣

炳燭編 一卷 一冊

諸子類　墨家　法家　名家　縱橫家

雜家

墨家

墨子全書 六卷 四冊

墨子正文 四卷 二冊 載《子彙》

李贄批選墨子 四卷 載《李氏叢書》

墨子摘略 二卷 載《諸子纂》

晏子春秋 四卷 載《廿子全書》又載《子彙》

於陵子 一卷 載《秘冊彙函》

以上墨家

法家

管子 二十四卷 六冊 房玄齡注 劉續補注 外又

管子本文 載《廿子全書》

管子治略窽言 八卷 四冊

管子權 二十四卷 十冊 一套 朱大復

管子纂略 二卷

韓非子 二十卷 四冊 外又韓子本文 載《廿子全書》

韓子迂評 二十卷

又 韓子纂略 一卷

合刻管韓子 四十四卷 十二冊

管韓合纂 四卷 二冊

商子 五卷 一冊 外又載《范氏叢書》《漢魏叢書》 載《廿子全書》

慎子 一卷 慎到 載《子彙》

崔氏政論 六卷 崔實

白氏策林 四卷 白居易 載《白氏長慶集》

崔氏策議 一卷 崔銑 載本集

明斷篇 一卷 程楷 抄本 載《子書雜抄》

以上法家

名家

尹文子全書 二卷 一冊 載《別六子全書》 又載《子彙》

鄧析子 一卷 載《子彙》

公孫龍子 二卷 一冊 載《別六子全書》 又載《子彙》

以上俱名家

縱橫家

鬼谷子 二卷 一冊 皇甫謐注 外又載《廿子全

四四一

澹生堂讀書記　澹生堂藏書目

書》又《子彙》

又《鬼谷子正文》一卷　一冊

以上縱橫家

雜家　戰國　漢魏　六朝　唐　五代

宋　國朝

呂氏春秋正文　廿六卷　五冊　一套　呂不韋著　載《廿子全書》

呂氏春秋注　二十五卷　六冊　一套　高誘注　又

呂氏春秋二十六卷七冊　松江板

尸子彙逸　二卷　一冊　秦尸佼著　明徐元太輯

呂覽淮南法言合纂　四卷　二冊

淮南子正文　二十一卷　載《廿子全書》

淮南鴻烈解　廿一卷　六冊　許慎注　又淮南子

論衡　三十卷　十冊　一套　漢王充著　又載《漢魏叢書》

風俗通　三十卷　二冊　漢應邵著　外又載《格致叢書》《古今逸史》《百家名書》《漢魏叢書》

昌言　二卷　仲長統著

天祿閣寓言外史　八卷　二冊　後漢黃憲

崔氏古今注　五卷　晉崔豹　載《格致叢書》又載《古今逸史》《百川學海》《百家名[書]》《四十家[小說]》

中華古今注　三卷　馬縞　載《古今逸史》史》《正䆿海》《百家名[書]》

博物志　十卷　晉張華　載《格致叢書》又載《逸

續博物志　十卷　唐李石　載《格致叢書》又載

《逸史》《正穉海》《百家名[書]》

劉子　十卷　二册　舊板　北齊劉晝著　宋袁孝政注
又一册卷帙同　新板

事始　三卷　一册　唐劉孝孫　全册載《説郛》

事物紀原類集　十卷　八册　高承　又載《格致叢書》

事物考　八卷　四册　王三聘　又一部卷册同　又載《格致叢書》

事類異名　六卷　二册　許樂善

事物異名　二卷　二册　余廷壁

物原　二卷　一册　羅欣　又載《格致叢書》　又

《物原》　載《餘苑》抄本

説原　十六卷　二册　穆希文

動植紀源　四卷　一册　又載《餘苑》抄本

名物法言　一卷　載《百家名書》

辨宗論　一卷　謝靈運　載《謝康樂集》

劉賓客因論　一卷　唐劉禹錫　載《百川學海》

古今原始　二十卷　七册　白居易　載《百川學海》

漫叟拾遺　一卷　元結　抄本載《餘苑》

笠澤叢説　一卷　陸龜蒙　抄本載《餘苑》

伸蒙子　三卷　一册　唐林慎思

兩同書　二卷　一册　唐羅隱　又載《廣秘笈》《范氏藏書》

馬氏意林　五卷　二册　馬總

王氏意雅　四卷　四册　王志遠

疏寮子略　三卷　高似孫　載《百川學海》

宋景文筆記　三卷　宋祁　載《百川學海》

演繁露　十四卷　四册　俱宋程大昌

澹生堂藏書目　子部一　諸子類

四四二

澹生堂讀書記　澹生堂藏書目

程氏考古編　二十卷

續考古編　十卷　載《餘苑》抄本

省心錄　二卷　宋林逋　載本集　又載《續秘笈》鈔

蠹海集　一卷　一册　宋王達　載《稗海》

觀時集　一卷　載《說郛》

天地萬物造化論　一卷　吳綱　載《餘苑》抄本　又載《格致叢書》

寓簡　十卷　二册　沈作喆　抄本載《餘苑》

書齋夜話　四卷　俞琰　抄本載《餘苑》又載《說鈔》

灌畦暇語　一卷　一册　抄本載《餘苑》又載《說鈔》

兩鈔摘腴　一卷　載《稗乘》

解醒語　一卷　載《稗乘》

樵談附獻醜集　一卷　許棐　載《百川學海》

十三家餘言　一卷　一册
　象山雜說　劉伯溫雜說　王文忠雜說　東海雜說
　怡庵雜說　枕肱先生雜說　容春堂雜說　圭峰雜說
　南皋雜說　西涯雜說　崔氏雜說　東橋雜說
　魯橋帳語

蘿山雜言　一卷　宋濂　抄本載《子書雜抄》

王氏叢錄　二卷　王禕

劉文成公擬連珠　一卷　俱劉基　抄本載《子書雜抄》

郁離子　二卷　二册

草木子　八卷　二册　一套　舊板　葉子奇

四四四

又　草木子　卷帙同上　南京板

又　括蒼二子　十卷　四册　閩板　郁離子　草木子

空同子贅説　一卷　抄本　蘇伯衡　又文集内一卷同　又載《餘苑》抄本

筆疇　二卷　一册　王達善

又　筆疇　二卷　一册　舊板　此係全書載《秘笈》

廣筆疇　一卷　載《餘苑》抄本

筆疇切言　一卷　一册　吳勉學

續筆疇　一卷　姚淶　載本集

蒙泉雜言　一卷　岳正　以下三種俱抄本俱載《子書雜抄》　又《蒙泉類博》載《金聲玉振》

未齋雜言　一卷　黎久

虛拘寱言　一卷　陳沂

凝齋雜録　一卷　王鴻儒　載《于文莊公集》

曹氏瀾言長語　一卷　一册　曹安　又長語一卷　抄本載《子書雜抄》

呆齋雜言　一卷　劉定之　載《餘苑》抄本

南山素言　一卷　潘府　抄本載《子書雜抄》

空同子内外篇　二卷　李夢陽　載本集

大復論　一卷　何景明　載《金聲玉振》又載本集

黃氏語苑　一卷　俱黃省曾　又黃氏家語一卷　俱載本集

詢芻録　一卷　載《子書雜抄》

劉氏邇言　二卷　一册　劉炎　又載《餘苑》抄本

楊氏瑣言　一卷　抄本　楊慎　内雜子書　載《子書雜抄》

陳永之閒中古今録　一卷　載《澹生堂餘苑》

抄本

王文恪公擬皋言 一卷 王鏊 載本集

敖氏慎言 一卷 俱敖英 載《續秘笈》

東谷贅言 二卷 一冊 又東谷贅言 二卷 一冊 舊板 又一冊載《廣秘笈》內

同異錄 一卷 一冊 俱陸深 二種俱載《陸文裕公外集》

傳疑錄 二卷 一冊 又載《廣秘笈》

樊子 二卷 一冊 樊鵬

沈子論衡 二卷 沈愷 附環溪漫言 一卷 俱載本集

祝子知罪錄 十卷 三冊 俱祝允明

蠶衣 一卷 載《梓吳》又載《後四十家》

浮物 一卷 載《金聲玉振》

讀書筆記 一卷 載《金聲玉振》又載《廣四十家》《後四十家》《廣秘笈》

玉華子類記 一卷 俱馬一龍 二種俱載《游藝集》

聞見漫錄 四卷 四冊 陳槐

玉華子三原 一卷

陰陽管見 一卷 何塘 載《何柏齋集》

錢子語測 法語一卷 巽語一卷 錢琦 以下十種俱載《學山雜子》

海石子 一卷 錢薇

桑思玄庸言 一卷 桑悅

廓然子 一卷

丘隅意見 一卷 喬世寧

馬東田皋言 一卷 馬中錫

趙人齋閒說 一卷 趙明倫

豢龍子 一卷 董穀

觀微子 一卷 朱袞

奇子雜言 一卷 楊芳春

海樵子 一卷 一冊 王崇慶

山陰子 二卷 一冊

潘竹澗雜言 一卷 載本集

西堂日記 一卷 俱楊豫孫 載《續祕笈》

藥房璅言 一卷 一冊 在涉錄 又載《餘苑》抄本

方氏八論 一卷 方揚

張氏說林 二卷 一冊 張時徹 載《東沙集》

病榻寱言 一卷 一冊 陸樹聲 又載《續祕笈》

《陸文定公雜著》

擊壤閒錄 二卷 一冊 華彥民

林方塘先生歸正集 十卷 四冊 林昂著

知新錄 二十四卷 四冊 劉士義 又新知摘錄

四卷 載《紀錄彙編》

太藪外史 一卷 蔡羽 載《金聲玉振》

井觀璅言 三卷 俱鄭瑗 載《續祕笈》

蝸笑偶書 一卷

冥覽子 一卷 俱劉鳳 一下三種俱載《劉子威全集》

劉子雜俎 十卷

繹繪 一卷

弇州劄記 二卷 王世貞 又載本集

澹思子 一卷 共一冊 俱屮噉 二種俱載《王奉常雜著》

望涯錄內外篇 二卷

澹生堂藏書目 子部一 諸子類

四四七

澹生堂讀書記　澹生堂藏書目

本語　一卷　高拱　載《高文襄集》

覽古評語　五卷　五冊　陳師

田氏零音　一卷　俱田藝衡　二種俱載《留青日札》

春雨逸響　一卷

桓臺三編　四卷　四冊　王之垣　百警編二卷　攝生編一卷　炳燭編一卷

求志編　一卷　俱王文禄　[以下]四種俱載《王世廉雜著》

文昌旅語　一卷

博物傳　一卷

庭聞近略　一卷

殷秋溟野語　一卷　一冊　俱殷邁

淨戒微言　一卷　一冊

離見衛生録　一卷

食色紳言　一卷　一冊

義倉子　二卷　二冊　李得陽

脈望　三卷　二冊　趙台鼎　外又載《續秘笈》

心聖直指　一卷　一冊　俱林兆恩　六種《總名分内集》

林子夏一　二卷　二冊

四書擅摘正義續　一卷　一冊

九序摘言　一卷　一冊

林子夏三　八卷　八冊

三教會編　九卷　四冊

陳玉壘意見　一卷　陳子陛　載《廣秘笈》

蓬然子　三卷　二冊　黃卷

鷃林子　五卷　一冊　載《餘苑》抄本

四四八

權子雜俎 二卷 一冊 羅鉞

游初子筆記 三卷 三冊 張鳴鸞

李氏推蓬寱語 十二卷 六冊 李豫亨

王元簡事理雜論 八卷 王可大 載《國〔獻〕傳《明心寶鑑》不同

〔憲〕家獻》內

冥寥子 二卷 一冊 俱屠隆 又載《秘笈》

娑羅館清言正續逸稿 共五卷 一冊 又載《秘笈》

鴻苞 四十八卷 二十五冊

霞爽閣空言 一卷 屠本畯

鬱儀玄覽 八卷 一冊 朱謀㙔 又載《天寶藏書》

祝子小言 一卷 一冊 祝世祿

桂芝山房寱語 一卷 俱張位

經史格言 一卷 一冊 以下四種俱載《閒雲館別集》

諸子格言 一卷 一冊

閒雲館明心寶鑑 二卷 二冊 此係別輯，與舊

警心類編 四卷 四冊

范氏膚語 四卷 范守己

藝縠 二卷 共四冊 俱鄧伯羔 總名《天荒合刻》

中有錄 一卷

論世編 二卷

焦氏支談 一卷 焦竑

鄭氏秕言 十卷 鄭明選 載《鄭侯升集》

青裳館言 一卷 何淳之 抄本載《餘苑》抄本

木几冗談 一卷 彭汝讓 載《廣秘笈》

諸家要指 二卷 二冊 徐常吉

長者言 一卷 俱陳繼儒 以下四種俱載《眉公十集》又載《秘笈》

狂夫言 三卷

續狂夫言 二卷

讀書鏡 十卷

空空子內外篇 四卷 二冊 沈堯中

袁氏狂言 一卷 袁宏道

黃氏臆言 一卷 一冊 黃秉石述

賀氏危言 一卷 賀燦然

千百年眼 十二卷 四冊 張燧

知非錄 共六卷《內篇》三卷《外篇》三卷 六冊 一套 黃時耀

童子問 一卷 錢士鰲 載本集

菜根談 二卷 一冊 洪有誠

玉梅館見解林 一卷 徐來鳳

費氏蠡測 一卷 費元祿 載本集

支離漫語 四卷 俱張大齡

松霞館偶談 一卷 俱李鼎

贅言 一卷

歸有園(塵)[麈]談 一卷 一冊 徐學謨 載《秘笈》

槍榆子 一卷 俱蔣以化

覆瓿語 一卷

千一疏 廿卷 六冊 程涓

鬱崗齋筆麈 四卷 四冊 王肯堂

纍瓦編 十卷 共四冊 吳安國

纍瓦二編 十二卷

巵論 四卷 二冊 郭子章 二種俱載《青螺全集》

疾慧編 二卷

魯文恪俗言 一冊

縣解集 二卷 二冊 知常子

貞言 六卷 一冊 陳治安

沉瀣子 二卷 一冊 蔣鐄

張魯叟漁舟話 一卷 一冊 張壽明

蜂鬚集 十九卷 六冊 龍安卿

珊瑚林 二卷 一冊

書肆說鈴 二卷 俱葉秉敬 以下三種俱載《徹雲館別集》

文字藥 一卷

坐塵轉語 一卷

柞林紀談 一卷 一冊 袁中道

理談 一卷 一冊 李贄 又載《枕中十書》

真公道林 四卷 二冊 樊鼎遇

東瀛蠡測 一卷 一冊 何繼高

百谷諧聲 八卷 八冊 沈宗沛

贅劄 一卷 一冊 葉逢春

獨醒子 二卷 二冊 賈應壁

王氏珠淵 十卷 三冊 俱王路清

約言 一卷

尋真錄 一卷

小兒語 五卷 一冊 李三才

王氏憶言 三卷 一冊

張世調菽言 二卷 一冊 張鼎

心問 一卷 一冊 方應明

爨下語 一卷 張履

去病書 一卷 一冊 俱佘永寧

澹生堂讀書記　澹生堂藏書目

卍書　三卷　三冊

質言　一卷　一冊　黃承乾

勸學言　一冊

子冶　一卷　一冊　陳守和

日用餘錄　六卷　二冊　屠中孚

學海探珠　一卷　一冊　胡文煥

俚談　一卷　一冊

駢語　二卷　一冊　汪宗姬

井涯剩語　一卷　一冊　僧傅慧

西士超言　一卷　一冊　俱利瑪竇

天主實義　二卷　二冊

畸人十篇　一卷　一冊

交友論　一卷　一冊　又載《廣秘笈》

七克　六卷　五冊

二十五言　一卷　一冊

正道論　一卷　一冊

靈性說

測量法義附異同論　一卷　一冊

簡平儀說　一卷　一冊　熊三拔

偶語　一卷　鄭之惠　載《太朴山居冗編》

庚申筆記　一冊

管言　一冊　陳陛

以上俱雜家

小說家　說彙　說叢　佳話　雜筆
閒適　清玩　記異　戲噱

說彙
太平廣記　五百卷　八十冊　宋李昉等輯

四五二

虞初志　八卷　四冊　新板　又舊板《虞初志》一部　八卷　八冊

虞初志正續　十二卷　四冊　杭板[一]　湯顯祖續

鍾人傑刊

類說　五十卷　二十冊　宋曾慥輯

説郛　一百卷　六十冊　六套　抄本　元陶九成編

稗史彙編　一百七十五卷　四十冊　四套　王圻輯

説類　六十二卷　十冊　一套　林茂槐輯

古史談苑　三十六卷　十二冊　二套　錢世揚

奏雅編　二卷　二冊　顧言輯

古今譚槩　三卷　一冊　凌蒙初　快劄　諧劄　核劄

見聞搜玉　八卷　四冊　高鶴編

竹屋三書　六卷　三冊[二]　快書　奇書　異書

灼艾集　正續餘別各二卷　共五冊　萬表

群譚採餘　二十卷　二十冊　倪宦輯

蘇米譚史　二卷　一冊　張師繹

六語　二十九卷　六冊　郭子章

古今諺　一卷　一冊　楊慎輯　載《升庵雜錄》

又　古今諺　二卷　一冊　范欽輯

廣語　四卷　四冊

曾氏類説　五十卷　二十冊　曾慥【重】

孫氏十二種小品　十二卷　八冊　孫一觀輯

韻萃　調儁　籟叶　麗章　筆華　誌林　談

芬　曠述　別紀　致品　花典　諧史

［以上俱説彙］

[一]　四冊杭板：「四」、「杭板」據大連本補。
[二]　三：據大連本補。

説叢

澹生堂餘苑 六百四卷 一百四十六册 十八套

計一百八十八種抄本

稗海大觀 正續共三百□十□卷 七十二册 以
下九種細目俱分注叢書并散見各類

又

稗海大觀 正續共三百六十八卷 四十四
册

古今説海 一百四十二卷 二十册 二套

前四十家小説 五十卷 十册 一套

後四十家小説 三十一卷 八册 一套

廣四十家小説 八册 一套

三十家小説 三十卷 八册

煙霞小説 三十三卷 十册

名賢説海 二十二卷 十册 一套

説抄 五十卷 九册 一套

梓吳 十卷 四册

藏説小萃 十九卷 四册 李如一集

稗乘 四十五卷 八册

草玄雜俎 二十二卷 六册 一套

徹雲館集 二十二卷 八册 一套

莫氏八林 十六卷 十六册 莫是斗

李氏逸書 十三卷 四册 李贄

隨筆雜鈔 三十卷 十册 一套 計二十二種 俱
抄本

［以上俱説叢］

佳話

世説新語 六卷 六册 閩板 宋臨川王義慶集

世說新語 二十卷 十册 梁劉孝標注

增定世說新語 二十卷 十册

劉須溪批點世說新語 六卷 四册

删定何氏語林補 四卷 二册 張懋辰輯

世說新語補鼓吹 《原世說》六卷七册 《補世說》四卷五册

續世說新語 十卷 五册 唐李厚

唐世說新語 十三卷 三册 共一套 唐劉肅 一名《大唐新語》 卷同上 載《稗海大觀》

隋唐佳話 三卷 劉餗 載《歷代小史》 又載《四十家》 一名《唐小說》 載《說鈔》

唐語林 二卷 載《歷代小史》

又 大唐新語 載《正稗海》

何氏語林 三十卷 十册 一套 何良俊

焦氏類林 八卷 八册 焦竑纂

初潭集 三十卷 十册 一套 李贄輯

又 初潭集 三十卷 十册

問奇類林 三十六卷 十二册 郭良翰

談資 四卷 四册 秦鳴雷

堯山堂偶儁 七卷 四册 蔣一葵

譚治錄 十二卷 四册 徐廣

舌華錄 九卷 四册 曹臣纂 又 舌華錄 一部 九卷二册

古今奇聞 十二卷 四册 二套

明世說新語 八卷 六册 李紹文編

世林 十八卷 四册 藍文炳

[以上俱佳話]

澹生堂藏書目 子部一 小說家

四五五

雜筆

劇談錄 一卷 一冊 刻本 唐康駢

又 劇談錄 一卷 一冊 抄本 載《澹生堂餘苑》

雲溪友議 十二卷 范攄

張荃翁貴耳集 二卷 二冊 張義端

潮溪先生捫虱新談 十五卷 二冊 陳善

玉堂嘉話 八卷 二冊 俱王惲

中堂事記 五卷 一冊

烏臺筆補 一卷

吏隱錄 四卷 二冊 沈津

談苑醍醐 五卷 二冊 楊慎

延休堂漫錄 五十卷 十冊 羅鳳

偶記 四卷 二冊 余翹

株守談略 四卷 二冊 馬攀龍

摭言 一卷 王定保 載《正稗海》

龍城錄 二卷 柳子厚 又載《續稗海》

因話錄 六卷 趙璘 載《正稗海》

玉泉子 二卷 載《正稗海》

酉陽雜俎 二十卷 共八冊 一套 俱段成式 又載《續稗海》

續雜俎 十卷

雲仙散錄 十卷 二冊 馮贄 又載《廣四十家》《草玄雜俎》

殷芸小說 二卷 一冊 抄本 載《四十家小說》

幽閒鼓吹 一卷 張固 以下五種載《古今說海》 又載《四十家》

戎幕閒談 一卷 韋絢

三水小牘　三卷　皇甫牧　載《古今說海》

賈氏談錄　一卷　張[泳]編　載《廣四十家小說》

瀟湘錄　一卷　載《古今說海》

李義山雜纂　二卷　李商隱　載《古今說海》又

三家雜說　載《百家名[書]》內

資暇集　三卷　李匡義　載《前四十家小說》又載《格致叢書》《百家名[書]》

桂苑叢談　二卷　馮翊　載《(後)[廣]四十家小說》載《續秘笈》

以上俱唐

清異錄　四卷　四冊　陶穀

溫公瑣語　一卷　司馬君實　以下六種俱抄本俱載《淡生堂餘苑》

漫塘隨筆　一卷

真率記事　一卷

南窗紀談　一卷

南野閒居錄　一卷　王有大編

楊公筆錄　一卷　楊彥齡撰

歸田錄　五卷　載歐陽修　載《正粺海》

歐公筆記　一卷　載《歐文忠公全集》

東坡志林　十二卷　俱蘇軾　載《正粺海》一載《外集》又載《百川學海》

漁樵閒話　一卷　載《後四十家小說》

烏臺詩案　一卷　載《東坡詩集注後》

續雜纂　一卷

龍川別志　二卷　俱蘇轍　載《正粺海》又載《百川學海》

欒城遺言　一卷　載《百川學海》

澹生堂藏書目　子部一　小說家

四五七

鶴林玉露　十六卷　羅大經　載《續稗海》

又　鶴林玉露全書二十卷　四册

賓退錄　十卷　二册　抄本　趙與時　以下二種俱載《淡生堂餘苑》抄本

梁溪漫志　十卷　二册　刻本　費袞

能改齋漫錄　十八卷　六册　抄本　吳曾　又載《餘苑》抄本

後山叢談　六卷　陳師道　一載《續秘笈》一載《陳後山文集》

西塘集耆舊續聞　十卷　二册　抄本　陳鵠　又載《餘苑》抄本

青瑣高議　二十卷　四册　劉斧

貴耳集　三卷　一册　抄本　張義端　載《餘苑》抄本【重】

經鋤堂雜志　八卷　二册　倪思

西溪叢語　二卷　二册　姚寬　又載《續稗海》

研北雜志　二卷　二册　俱陸友仁

吳中舊事　一卷　載《後四十家小說》

中吳紀聞　六卷　三册　龔明之

老學庵筆記　十卷　俱陸務觀　載《正稗海》

清尊錄　一卷　一載《說郛》一載《說海》

渭南雜說　一卷　抄本　載《餘苑》抄本

避暑錄話　二卷　俱葉夢得著　載《正稗海》

石林燕語　十卷　載《正稗海》

玉澗雜書　一卷　載《說郛》

巖下放言　三卷　載《說鈔》又載《餘苑》抄本

萬柳溪邊話舊　一卷　抄本　尤玘　載《餘苑》抄本

桐陰話舊 一卷 韓元吉 載《説海》又載《歷代小史》《古今説海》

投轄錄 一卷 一冊 俱王清明 一載《説鈔》一載《淡生堂餘苑抄本》

玉照堂新志 六卷 一冊

野老紀聞 一卷 王勉大 載《野客叢書》内

青廂雜記 十卷 吳處厚 以下二十種俱載《稗海大觀》

過庭錄 二卷 范公偁

畫墁錄 一卷 張舜民

宦游紀聞 十卷 張世南

嬾真子 十卷 馬永卿

泊宅編 三卷 方勺

閒窗括異志 二卷 魯應龍

異聞錄 五卷 永亨

墨莊漫錄 十卷 張邦基

東軒筆錄 十卷 魏泰

澠水燕談 十卷 王闢之

冷齋夜話 十卷 僧惠洪

雲麓漫抄 四卷 趙彦[衡][衛]

蒙齋筆談 二卷 鄭景望 又載《古今説海》

墨客揮犀 十卷 俱彭乘 又載《古今説海》

續墨客揮犀 一卷 又載《古今説海》

異聞總錄 四卷

侯鯖錄 四卷 趙德麟

青波雜志 二卷 周煇

江鄰幾雜志 三卷 江休復

隨隱漫錄 五卷 陳隨隱 又載《稗乘》

洛陽縉紳舊聞略　一卷　張齊賢　以下十種俱載《説郛》

負暄雜錄　一卷　顧文薦

愛日叢抄　二卷　俱葉寘

坦齋筆衡　一卷

遯齋閒覽　一卷　陳敏正

瑞桂堂暇錄　一卷

摭青雜記　一卷

呂侍講雜記　一卷　呂希哲

雲谷雜記　一卷　張淏

希通錄　一卷　蕭通巖　又載《稗乘》

葆光錄　三卷　陳穎川　以下六種俱載《四十家小説》

明道雜志　一卷　張耒

宜齋野乘　一卷　吳枋

松窗雜錄　一卷　又《松窗雜錄略》載《稗乘》

深雪偶談　一卷　方嶽　又載《秘笈》

芥隱筆記　龔［頤］又載《百家名書》《格致叢書》

孫君孚談圃　一卷　孫升　以下十種載《百川學海》又載《續稗海》

朱氏可談　一卷　朱彧　又載《續秘笈》

濟南師友談記　一卷　李廌

王君玉國老談苑　一卷　又載《續［秘］笈》

山谷雜説　一卷　黃庭堅

道山清話　一卷

華谷袪疑説　一卷　儲詠　又載《續稗海》

螢雪叢談　一卷　俞成　又載《續稗海》

四六〇

東谷所見　二卷　李之彥

趙氏雞肋　一卷　趙崇絢

戴氏鼠璞　一卷　戴埴　又載《格致叢書》《百家名書》

昨夢錄　一卷　康譽之　以下三種俱載《古今說海》

蓼花洲閒錄　一卷　高文虎

江行雜錄　一卷　廖瑩中

行營雜錄　一卷　趙葵

王氏談淵　一卷　王陶

孔氏談苑　四卷　一冊　俱孔平仲

孔氏雜說　一卷　又載《百家名書》《格致叢書》

就日錄　一卷

養疴漫筆　一卷　趙溍

虛谷閒抄　一卷　方回

高齋漫錄　一卷　曾慥

碧湖雜記　一卷

藏一話腴　一卷　陳郁

牧豎閒談　三卷　景漢

友會談叢　三卷　上官融　以下四種俱載《廣四十家小說》

清夜錄　一卷　俞文豹

白獺髓　一卷　張仲文

燕閒常談　董弅

龐氏談藪　二卷　龐元英　載《古今說海》

林下偶談　一卷　荊溪吳氏　以下五種俱載《秘笈》

羅湖野錄　一卷　載《續秘笈》

王氏談錄 一卷 一冊

農田餘話 二卷 一冊 長谷真逸輯

脚氣集 二卷 一冊 車若水 又載《廣秘笈》

以上俱宋

癸辛雜識 一卷 俱周密 載《續稗海》

癸辛外識 載《續稗海》

癸辛新識 四卷 載《續稗海》

癸辛後識 四卷 載《續稗海》

癸辛續識 二卷 抄本 載《淡生堂餘苑》

齊東野語 二十卷 四冊 一套

席上輔談 二卷 一冊 俞琰 又載《廣秘笈》 一册抄本 又載《餘苑》抄本

冀越集 一卷 熊太古 載《四十家小說》

誠齋雜記 二卷 周達觀 以下四種俱載《草玄雜

瑯環記 三卷 伊世珍

緝柳編 三卷 沈膺元

女紅餘志

樂郊私語 一卷 一冊 姚桐 又載《秘笈》

輟耕錄 三十卷 八冊 一套 俱陶九成

談墨 一卷 以下三種載《說郛》

廣知 一卷

墨娥漫錄 一卷

春夢錄 一卷 鄭志 載《說郛》

古杭雜記 一卷 李有 載《餘苑》 載《古今說海》

山房隨筆 一卷 蔣正子 載《續稗海》 又載《古今說海》

楓窗小牘 一卷 載《廣秘笈》

遂昌山樵雜錄 二卷 鄭元祐 以下二種俱載《古今說海》又載《正稗海》

東園友聞 一卷 夏頤 以下二種俱載《歷代小史》

廣客談 一卷 又載《廣四十家小說》

以上俱元

霏雪錄 二卷 二冊 抄本 鎦績山陰人稱西江先生 又一部 一卷一冊 舊刻本 又載《餘苑》抄本

桑榆漫志 一卷 陶輔 載《子書雜抄》

林泉隨筆 一卷 一冊 張綸 又載《今獻彙言》

高坡異纂 三卷 一冊 楊儀 又載《煙霞小說》

客座新聞 十四卷 二冊 俱沈周 又載《名賢說海》摘本

石田雜記 二卷 一冊 又載《今獻彙言》又一卷一冊 載《名賢說海》內摘本 又載《廣四十家小說》又載《今獻彙言》

三餘贅筆 一卷 都卬 以下二種俱載《格致叢書》《名賢說海》

聽雨紀談 一卷 都穆 載《今獻彙言》載《後四十家小說》又載《格致叢書》《名賢說[海]》

西樵野記 一卷 陸燦 載《名賢說海》以上三種俱載《今獻彙言》

說聽 四卷 一冊 陸延枝 又一部卷冊同 載《書》又載《格致叢書》《名賢說海》

駒陰冗記 一卷 闌莊 載《名賢說海》《煙霞小說》

蘇談 一卷 楊循吉 載《紀錄彙編》又載《名賢說

《说海》

馬氏日抄 一卷 馬愈 載《煙霞小說》

猥談 一卷 載《煙霞小說》

簷曝偶談 一卷 載《後四十家小說》又載《今獻彙言》

西軒客談 一卷 載《子書雜抄》

竹下晤言 二卷 一冊 王文禄 載《今獻彙言》

周叔夜雜說 一卷 周思兼 載文集

白下逸事 四卷 郭子章 載《禮草》内

濯纓亭筆記 十卷 三冊 戴冠

丹浦款言 四卷 一冊 李袞

緑雪亭雜言 二卷 敖英 載《名賢説海》載《今獻彙言》

應庵隨意録 十四卷 二冊 羅鶴 又載《淡生堂餘苑》抄本

矯亭漫筆 一卷 抄本 方鵬 載《淡生堂餘苑》抄本

迶游瑣言 二卷 二冊 蘇佑

委巷叢談 一卷 田汝成 載《西湖游覽志》

胡氏野談 六卷 二冊 胡侍

永晝篇 二卷 一冊 宋岳

猷次瑣談 一卷 一冊 劉世偉 又載《淡生堂餘苑》抄本

南園漫録 十卷 二冊 張志淳 又載《淡生堂餘苑》抄本

義命彙語 一卷 一冊 李仲僎

郊外農談 一卷 一冊

定軒暇筆 一卷 姚福 又載《淡生堂餘苑》抄本

山溪餘話 一卷 俱陸深 以下十一種俱載《陸文裕公外集》又載《續秘笈》

春風堂隨筆 一卷 又載《廣秘笈》

河汾燕閒錄 二卷

中和堂隨筆 二卷

春雨堂雜抄 一卷

玉堂漫筆 三卷 又載《續秘笈》[二]

蜀都雜抄 一卷 又載《續秘笈》

豫章漫抄 四卷 又豫章漫抄摘錄 載《紀錄彙編》

願豐堂漫書 一卷 又載《續秘笈》

金臺紀聞 二卷

玉堂漫筆 三卷

知命錄 一卷

蒹葭堂雜著 一卷 陸楫 載本集 又載《紀錄彙編》

護龍河上雜言 一卷 一冊 司馬泰 又載《徵信叢錄》抄本

禱雨雜記 一卷 錢琦 載《學山雜子》

兩山墨談 十八卷 四冊 陳霆

南野雜談 二卷 駱文盛 載《駱兩溪集》

華嵒一班 二卷 一冊

孤竹賓談 四卷 二冊 陳德文

天池聲雋 四卷 四冊 陸采

沈嘉則見聞私記 一卷 沈良臣 抄本 載《淡生堂餘苑》

玉梅館廣識林 一卷 徐來鳳

覽勝紀談 十卷 一冊 陸采

澹生堂讀書記　澹生堂藏書目

金陵瑣事　四卷　四冊　[周輝]

益齋嘉話　一卷　秦簡王

勿齋易說　二卷　抄本　益莊王

髦餘雜識　一卷　一冊　俱陸樹聲　以下三種俱載
《陸文定公雜著》又載《續秘笈》

長水日抄　一卷　一冊　陸樹聲　又載《續秘笈》内
　總載《陸文定公雜著》

清暑筆談　一卷　一冊　又載《秘笈》

鄭善夫游海夢談　四卷　四冊　鄭繼之

談輅　三卷　三冊　張鳳翼

長洲野志　一卷　一冊　伍卿忠　二種總名《中雅堂集》
　共二冊

耳剽集　三卷

龍江夢餘錄　四卷　二冊　唐錦　又一冊同

北窗瑣語　一卷　一冊

半村野人閒談　一卷　俱姜南　以下二十種俱載
《蓉塘詩話》載《澹生堂餘苑》抄本

洗硯新錄　一卷

輟築記　一卷

鶴亭筆乘　一卷

墨畬錢鎛　一卷

學圃餘力　一卷

大賓辱語　一卷

曝背臆記　一卷

投罋隨筆　一卷

剔齒閒思錄　一卷

醉經堂餔糟編　一卷

扣船憑軾錄　一卷

四六六

抱璞簡記 一卷

五莊日記 一卷

鹽車道聽 一卷

逍遙錄 一卷

風月堂雜識 一卷

瓠里子筆談 一卷

欞窗隨筆 一卷

蓉塘記聞 一卷

宦游紀聞 一卷 張誼

延州筆記 四卷 唐觀 以下五種俱載《藏說小萃》

水南翰記 一卷

曖姝由筆 三卷 一冊 俱徐充

游汴錄 一卷

執齋雜筆 一卷 載《淡[生]堂餘苑》

禪寄筆談 十卷 四冊 俱陳師

禪寄續談 五卷 五冊

揮麈雅談 一卷 俱范守己

御龍子瑣談 四卷

李尚寶見聞雜記 三卷 三冊 李樂

左逸短長 二卷 一冊 王世貞

楚漢餘談 一卷 一冊 高岱 又載《淡生堂餘苑》抄本

江漢叢談 二卷 一冊 陳士元 又載《歸雲外集》

二酉委談 一卷 王世懋 載《工奉常雜著》又

二酉委談摘錄 載《紀錄彙編》

天都載 六卷 六冊 馬大壯

蓬窗錄 二卷 俱馮元成 以下四種俱《繡霞堂》

澹生堂讀書記　澹生堂藏書目

蓬窗續錄　一卷

東歐雜記　一卷

南明雜錄　二卷

雨航雜錄　二卷　載《廣秘笈》

馮氏稗談　六卷　二種俱載《馮元敏全集》

馮氏餘談　一卷

劉凝和筆譚　二卷　二册　劉烶

洪鍾末響　一卷　余寅　載《淡生堂餘苑》抄本

雪濤閣談叢　二卷　江盈科

偃曝餘談　二卷　一册　俱陳繼儒　又載《秘笈》

太平清話　三卷　載《秘笈》

枕談　一卷　載《秘笈》　又載《續秘笈》　又載《眉公十集》

讀書十六觀　二卷　載《眉公十集》

筆記　二卷　載《秘笈》　又載《眉公十集》

書蕉　二卷　載《秘笈》　又載《眉公十集》

銷夏錄　四卷　以下三種俱載《續秘笈》

辟寒錄　四卷

虎薈　六卷

歸養偶記　二卷　《續偶記》一卷　俱載《青螺傳

　草》内

演讀書十六觀　一卷　屠本畯

虎苑　一卷　俱王穉登　以下三種俱載《尊生齋雜

　著》

吳社編　一卷　又載《廣四十家小說》　又載《續秘

　笈》

雨航記　一卷

京口紀聞　二卷　二册　陳仁錫　又載《三山補志》

抄本

雷藪　一卷　一冊　王乾元　又載《淡生堂餘苑》

銷夏言　一卷　俱屠隆　以下六種俱載《鴻苞》

(蘆)[藿]語　二卷

博蒐　二卷

知命篇　四卷

詹炎錄　二卷

廣桑子游　一卷　一冊

長松茹退　二卷　一冊　又載《續秘笈》

甲秀園清談　二卷　俱費元禄

又　蒐采清課　一卷　載《廣秘笈》

二酉日錄　一卷

居東集軼語　七卷　謝肇淛　載《居東集》

甲乙剩言　一卷　胡應麟　載《秘笈》

賢弈編　四卷　劉元卿　載《續秘笈》

賢弈選　一卷　一冊　李贄　又載《枕中十書》

挑燈集異　八卷　四冊　周八龍

梅墟別錄　一卷　李日華　載《夷門廣牘》

闇然堂類纂　六卷　二冊　潘士藻　又　闇然錄最

一卷　載《李氏叢書》

賞心粹語　十五卷　十冊　王同軌　即耳談

烏衣佳語　前後續共六卷　二冊　俱王兆雲

驚座新書　十卷　十冊　湖海搜奇　揮塵新談

白醉璅言　說圃識餘　漱石閒談

西臺漫記　一卷　一冊　蔣以化

漁舟話　一卷　一冊　張壽用

避暑漫筆　二卷　一冊　談修

清賞錄　十二卷　四冊　包衡

澹生堂讀書記　澹生堂藏書目

脞錄雜言　二卷　一冊　朱師孔

篔窗筆記　李贄　以下二種俱載《枕中十言》

精騎錄　一卷　一冊　李贄

尊重口　一卷　一冊

直道錄　一卷　一冊　雲棲和尚

白拂齋記話　二卷　一冊　吳本泰

憨聾觀　一卷　屠本畯

亙史　四十一卷　十冊　潘之恒

燕閒類纂　一卷　屠本畯　載《山林經濟籍》

聽雁齋筆談　六卷　二冊　俱張大復

梅花草堂　一卷　一冊

桐薪　三卷　一冊　俱錢希言　以下三種俱載《松樞十九山》

獪園　十六卷　八冊

戲瑕　三卷　一冊

研北瑣言　一卷　一冊　王志堅

沈氏弋說　六卷　六冊　沈長卿

呼桓日記　十二卷　四冊　項鼎鉉

樗齋漫錄　十二卷　四冊　一套　許自昌

知非錄外篇　三卷

四不如類抄　十卷　十冊　吳亮

歐餘漫錄　十二卷　二冊　閔元衢　載《徹雲館集》內

太朴山居冗編　鄭圭

古今評錄　四卷　四冊　韓爌序

贏賸三劄　三卷　一冊　凌（蒙）[濛]初　快劄　諧劄　核劄【重】

華隱夢談　二卷　一冊　沈宗沛　載《百谷諧聲》

雅談類選　二卷　馬青黎
葆初廣聞錄　一卷　周震文
湖海奇聞　二卷一冊　周禮
異識資諧　八卷八冊
芸心識餘　八卷四冊　陳其力
海天長嘯　二卷二冊　毛鳳池
蔬齋扉語　四冊
扁舟採異　一冊　李陽春
捧腹編　十卷十冊一套　許自昌
讀書一得　四卷四冊　黃訓
東水質疑　六卷二冊　胡袞
百感錄　一卷一冊　丁自相
鷗峰雜著　一卷一冊　陸煥章
荒略　一卷一冊　陳龍光

論家通談　二卷一冊　勤美
里門談贅　四卷二冊
墅談　六卷二冊　胡侍
真珠船　八卷二冊
王薇田滑稽雜編　一卷一冊　王鶴
汴京勾異記　八卷二冊　李濂
花政　二卷一冊　呂初泰
湘煙錄　十六卷二冊　閔元京　凌義渠輯
唐小說　一卷　劉餗輯
南部新書　十卷二冊　錢希
歐公筆說　一卷　歐陽修著
月河所聞　一卷　莫君陳著
快書　五十卷十二冊二套　閔景賢輯
游山十六觀　一卷一冊　沈延嘗

澹生堂藏書目　子部一　小說家

四七一

仿宋本考古圖 十卷 四冊 元羅更翁考訂

學林就正 四卷 四冊 一套 陳耀文

王損仲古事抄 五卷 一冊

菊坡叢話 二十六卷 四冊

湧幢小品 三十二卷 十冊 朱國禎【重】

王氏青廂餘 十二卷 王兆雲 綠天腟說二卷 鷟座撼餘二卷 廣莫野語四卷 客窗隨筆二卷 碣石剩談二卷

玉堂雜記 三卷 俱周必大

二老堂雜誌 五卷

二老堂詩話 二卷

玉蕊辨證 一卷

至正遺編 四卷 四冊

德慧錄 四卷 二冊 包杰

南村輟耕錄 三十卷 六冊 陶九成【重】

類纂灼艾集 十六卷 八冊 王佐纂

河上楮談 三卷 三冊 俱朱孟震

浣水續談 一卷 一冊

畫禪室隨筆 二卷 一冊 董其昌

守官漫錄 五卷 五冊 劉萬春

青籐山人路史 二卷 一冊 徐渭

李元白酒史評 二卷 一冊 李伯良

三代遺書 共廿六卷 共六冊 趙標校刊
　竹書紀年二卷 汲冢周書十卷 考工記一卷
　穆天子傳六卷 批點檀弓二卷 六韜六卷

古今笑 十冊 馮夢龍

小窗自記 四卷 四冊 吳從先

紺珠集 十二卷 五冊 一套

筆叢　二十四冊　三套　胡應麟

避暑漫録　六卷　一冊　陳王政著

聖朝佐闘　一卷　一册　許大受

王君和雜著　八卷　二冊　王樂

陰符經解　宗立集　王戒解　戒殺十六觀

水品　詩集　隱言　茶寮録

王季重小著　十册　王思任

游喚　歷游記　弈律　庠言

悔虐偶抄　律陶　時文序　詩集

及紉草

以上俱明

以上俱雜筆

〔二〕《玉堂漫筆》書名下加筆：「已入國朝雜記内，此應刪。」

閒適

卧游録　一卷　吕祖謙　載《四十家小説》

澄懷録　二卷　共一册　抄本　周密

餘苑》抄本　又載《説鈔》

續澄懷録　三卷　抄本　周密　俱載《淡生堂

玉壺冰　一卷　一册　都穆

增定玉壺冰　二卷　共一册　閔元衢　《紀言》一卷　《紀事》一卷　載《徹雲館集》内

又　玉壺冰補　一卷

玄壺雜俎　八卷　四册　趙爾昌

會心編　二卷　二册　徐昭慶

四雅集　四卷　一册　玉壺冰　栖逸傳　卧游録　雨山編

溪上清言 一卷

雪庵清史 樂純

　清景一卷　清供一卷　清課一卷
　清醒一卷　清福一卷

青蓮露 葉華

　金粟清語　石點頭　逸園清史
　迦陵音　澹齋霏玉　養生主

轉情集 二卷 六冊 費元禄

衡門晤言 二卷 一冊 潘京南

山林經濟集 二十四卷 八冊 屠本畯

山居雜志 二十五卷 八冊

山中白雲 一卷 一冊 周暉

巖棲幽事 一卷 陳繼儒 載《秘笈》

栖逸傳 一卷 何良俊

通隱小史 一卷 附《亳牡丹小記》一冊 王三德

山家清供 一卷 載《夷門廣牘》

山家清事 一卷 一冊 林洪 又載《百家名書》

《四十家小說》

山人家事 一卷 抄本 載《淡生堂餘苑》抄本

草堂清興 一卷 抄本 載《淡生堂餘苑》

山居箋 一卷 一冊 張鼐

神隱志 二卷 二冊 官板 瞿仙 又一（冊）

[部] 六卷 六冊 金陵板

李氏居室記 五卷 一冊 李濂

雅游編 一卷 一冊 余孟麟 又雅逸林一卷 載

《玉梅館集》

山園雜記 一卷 沈鯉

適園雜著 一卷 一冊 又載《陸文定公雜著》

密園前後記 二卷 一册 淡生堂輯

考槃餘事 一卷 一册 屠隆 又載《秘笈》

問松園清友閒記 共二卷 二册 張文龍

茶書全集 共三十卷 共五册

茶經三卷 附陸羽傳一卷 唐陸羽 茶錄一卷 宋蔡襄 東溪試茶錄一卷 朱子安 北苑貢茶錄一卷 熊蕃 熊克北苑別錄一卷 品茶要錄一卷 黃儒 茶譜一卷 顧元慶 茶寮記一卷 陸樹聲 茶具圖贊一卷 荈茗錄一卷 宋陶穀 煎茶水記一卷 張文新 水品一卷 徐忠獻 湯品一卷 唐蘇廙 茗笈三卷 附笈品藻一卷 屠本畯 煮泉小品一卷 田藝衡

茶話一卷 陳眉公 序巘一卷 鄭圭 茶考一卷 陳師 茶說一卷 屠隆 茶[坑]一卷 許次紓 茶解一卷 羅廩 茶說一卷 屠隆 茶譚一卷 徐□ 名賢題咏 蒙史二卷 龍膺 茶經 三卷 一册 又載《百川學海》

又 陸鴻漸茶經 三卷 一册 又載 《百川學海》

茶具圖贊 一卷

蔡君謨茶譜 一卷 又載《百家名書》 又載《後四十家小說》《百川學海》

茶品要論 一卷

北苑貢茶錄 一卷

北苑別錄 一卷

大觀茶論 一卷

東溪試茶錄 一卷 載《百家名書》 又載《百川學海》

又 茶品集錄 一卷 一冊

茶錄 一卷 共一冊 程國賓 又載《百家名書》

茶解 一卷 羅廩

茶寮記 一卷 載《夷門廣牘》

張文新煎茶水記 一卷 載《百川學海》

煮泉小品 一卷 田藝衡 載《續秘笈》

湯品 一卷 載《夷門廣牘》

水品 一卷 載《夷門廣牘》

古酒史 六卷 二冊 李鳴雷輯

寶子野酒譜 一卷 載《百川學海》 又載《山居雜志》

皇甫子奇醉鄉日月 一卷

蘇東坡酒經 一卷

朱翼中酒經 一卷

李北山續酒經 一卷

曹繼善酒令 一卷

酒史 共六卷 一冊 馮時化輯 酒系 酒品 酒獻 酒述 酒餘 酒考 各一卷

又 酒經 三卷 一冊 又載《夷門廣牘》 又酒方 一卷 載《錦囊鎖綴》

麴志 七卷 一冊 蘇化雨

袁中郎觴政 一卷 袁宏道 載《續秘笈》

陳眉公酒顛茶董 九卷 四冊 一套

宴史固書 一卷 俱屠本畯 載《山林經濟籍》

麪部觥述 一卷 載《山林經濟籍》

文字飲　一卷　載《山林經濟籍》

以上俱閒適

清玩

文房清事　一卷　載《百家名書》

文房四友除授集　一卷　載《百川學海》　又　山房十友贊　一卷　載《百家名書》

文房職方圖讚　一卷　載《百家名書》

續文房職方圖讚　一卷　載《百家名書》

博古圖説　三十卷　三十冊　蔣暘重刊

考古圖説　四卷　六冊　一套　又　考古圖　十卷　五冊　一套

欣賞正編　十卷　十冊　一套　沈津編

欣賞續編　十卷　茅一相編

博識　一卷　一冊　高濂　又載《枕中十書》

異物彙編　十八卷　八冊　閔文振

燕几圖　一卷

格古要論　十三卷　四冊　曹昭　外又載《夷門廣牘》　一載《格致叢書》

書畫金湯　三卷　三冊　載《山林經濟籍》

群物奇制　載《夷門廣牘》

古器具名　六卷　附　古器總説一卷　二冊　胡文焕

古奇器錄　一卷　陸深　載《續秘笈》　又載《陸文裕公外集》

鼎錄　一卷　梁虞荔　載《續秘笈》　又載《四十家小説》

煙霞過眼錄　四卷　一冊　宋周公謹　載《秘笈》

秦漢印統　八卷　八冊　王常

集古印范　十卷　十冊　一套

印藪　八卷　五冊　一套

端硯譜　一卷　以下五種俱載《百川學海》

硯譜圖　一卷

洪景伯歙硯譜　一卷

元章硯史　一卷

晁氏墨經　一卷　載《夷門廣牘》

墨藪

方于魯墨譜　十六卷　八冊　一套

墨評　一卷　一冊

古今刀劍錄　一卷　陶真白　載《漢魏叢書》　又載《百川學海》

銅劍讚　一卷　梁仁淹　載《秘冊彙函》

蟫衣生劍記　一卷　一冊　郭子章　又載《廣秘笈》

雲林石譜　一卷　杜（李）[季]揚

瓶史　一卷　袁宏道　載《秘笈》

瓶花譜　一卷　張德謙　載《廣秘笈》

瓶史索隱　一卷　俱屠本畯　載《山林經濟籍》

盆史索隱　一卷

洪蒭香譜　一卷　載《百川學海》　又載《百家名書》

屠氏香牒　一卷　載《山林經濟籍》

以上俱清玩

記異

王子年拾遺記　十卷　二冊　晉王嘉著　梁蕭綺

錄 一載《古今逸史》又載《漢魏叢書》載《稗海》

神異經 二卷 東方朔 載《廣四十家小說》載《格致叢書》載《百家名書》

別國洞冥記 四卷 漢郭憲 載《漢魏叢書》載《古今逸史》載《四十家小說》

周氏冥通記 四卷 一冊 梁陶弘景纂 以下三種俱載《秘册彙函》

搜神記 二十卷 晉干寶 載《稗海》

後搜神記 九卷 晉陶潛

還冤志 一卷 一冊 北齊顏之推 載《廣秘笈》載《顏氏傳書》

續齊諧記 一卷 吳均 載《古今逸史》載《四十家小說》

述異記 二十卷 任昉 載《格致叢書》載《漢魏叢書》載《正稗海》載《百家名書》

集異記 一卷 薛用弱 載《四十家小說》

卓異記 一卷 李翱 載《歷代小史》載《說鈔》載《四十家小說》

續卓異記 一卷 裴紫芝 載《正稗海》

廣卓異記 三卷

獨異志 三卷 李元 載《正稗海》

博異志 一卷 谷神子 載《古今逸史》載《四十家小說》

錄異記 八卷 一冊 杜光庭 載《秘册彙函》

括異記 二卷 張師正

集異志 四卷 陸勳 載《古今逸史》載《續秘笈》

澹生堂讀書記　澹生堂藏書目

異苑　十卷　一册　劉敬叔　載《秘册彙函》

杜陽雜編　三卷　一册　唐蘇鶚

玄怪錄　十卷　二册　牛僧儒　載《淡生堂餘苑》抄本

續玄怪錄　二卷　李復言

大唐奇事　一卷　李隱

（朱）［牛］氏紀聞　二卷　唐牛肅

前定錄　一卷　唐（銓）［鍾］輅　載《百川學海》

前定錄補遺　一卷　朱佐

知命錄　一卷　劉顧

夢占逸旨　八卷　二册　陳士元　載《歸雲別集》

占夢類考十二卷　六册　張鳳翼

瀟湘錄　二卷　郭祥

宣室志　十卷　張讀　載《續稗海》

稽神錄　二卷　徐鉉

嘯車志　六卷　宋郭彖　載《古今說海》《續稗海》

夷堅志　十卷　十册　俱洪邁

又　分類夷堅志　五十一卷　十册

續夷堅志　四卷　一册　抄本　載《餘苑》

江總白猿傳　一卷

周秦行記　一卷　唐韋渾

冥音錄　一卷

東陽夜怪錄　一卷

南岳嫁女記　一卷

語怪四編　十卷　二册　俱祝允明　載《煙霞小說》

志怪錄　一卷　一册　外又載《紀錄彙編》載《名賢說海》

四八〇

異林　一卷　徐禎卿　載《煙霞小說》

玉梅館異林　一卷　徐來鳳

異史　一卷　一冊　李贄

涉異志　一卷　閔文振　載《紀錄彙編》載《名賢說海》

奇聞類記　二卷　施顯卿　載《紀錄彙編》

紀周文襄見鬼事　一卷　載《煙霞小說》

才鬼記

剪燈新話　四卷　四冊　瞿佑

剪燈餘話　三卷　李禎

剪燈因話　二卷　邵景詹

存餘新話　瞿佑

運甓子餘話　一卷　李禎

六十家小說　六十卷　六冊

雨窗集十卷　長燈集十卷　隨航集十卷

欹枕集十卷　解閒集十卷　醒夢集十卷

艷異編　五十四卷　十二冊　又一部　卷同　八冊

廣艷異編　三十五卷　八冊

談林　三卷　三冊　劉獻翁

汴京旬異記　一卷　李濂　載《淡生堂餘苑》抄本

江湖紀聞　一卷　載《淡生堂餘苑》抄本

逸史搜奇　十卷　五冊　汪雲程編

姑妄編　七卷　四冊

濫聽志　四卷　二冊　錢希言

狐媚叢談　二卷　二冊

以上俱記異

戲（劇）[噱]

開顏集　二卷　一冊　周文玘　外又載《說鈔》《餘

澹生堂讀書記 澹生堂藏書目

苑》抄本 《廣四十家小說》

挩掌錄 一卷 一冊 以下二種俱又載《古今說海》

軒渠錄 一卷 一冊

諧史 一卷 沈淑 又載《古今說海》

艾子雜語 一卷 蘇軾 載《四十家小說》

艾子後語 一卷 陸灼 載《煙霞小說》

五子諧策 五卷 屠本畯輯 載《山林經濟籍》

雪濤閣諧史 二卷 江盈科

笑林 一卷

開卷一笑 十四卷 六冊

笑笑讚 一卷 一冊

四書笑 二卷 一冊

滑稽餘韻 一卷 一冊

迂仙別記 一卷 一冊

以上俱戲噱

農家 [民務 時序 雜事 樹藝 牧養]

民務

齊民要術 十卷 四冊 舊板 後魏賈思勰

又 齊民要術 十四卷 四冊 新版 載《秘册彙函》内

東魯王氏農書全集 六卷 六冊 元王禎輯

竹嶼山房雜部 前集 樹蓄四卷 養生六卷 家要二卷 宗儀二卷 家規四卷 共八冊 後集 種植一卷 尊生八卷 共四冊

四八二

齊民要書　一卷　一册　温純

三事遡真　一卷　李豫亨　載《續秘笈》

耕祿稿　一卷　胡錡　載《百川學海》又載《續稗海》

農說　一卷　馬一龍

重農考　一卷　馮應京

勸農書　一卷　袁黃

農桑類編　一卷　鄧球　載《泳化編》

蠶桑一覽　一卷

救荒本草　二卷

農遺疏　五卷　二册　徐光啟

備荒農遺雜錄　一卷　一册　俱畢侍御

蕪菁農遺錄　一卷　一册

　　以上俱民務

時序

田家五行　二卷　俱載《百家名書》

田家五行拾遺　一卷

田家五行紀曆撮要　一卷　載《百家名書》

農舍四時雜鈔　一卷　一册

宋氏四時種植書　一卷　一册　宋公望

吳下田家五行志　一卷

四季須知　二卷　二册　吳嘉言

物類相感志　一卷　一册　釋贊寧　又載《廣秘笈》

　　以上時序

雜事

瑣碎錄　二十卷　四册　一套

居家必用 十卷 六册 一套 熊宗立

多能鄙事 十二卷 四册

食時五觀 一卷 載《夷門廣牘》 載《山林經濟籍》

致富奇書 二卷 二册

墨娥小録 十四卷 四册

本心蔬食譜 一卷 陳達叟 載《百川學海》又載《山居雜志》

易牙遺意 二卷 二册 黃省曾 又載《夷門廣牘》

飲饌服食牋 三卷 一册 高濂

附 客商規略 一卷

客途資鑑 六卷 四册

寶貨辨疑 一卷

田舍雜抄 一卷 一册

以上[俱雜事]

樹藝

農圃緒言 一卷 徐常吉

學圃雜疏 一卷 俱王世懋 載《廣秘笈》 載《王奉常雜著》

學圃拾遺 一卷

植物紀源 四卷 一册 穀粟紀源一卷 蔬菜紀源一卷 百果紀源一卷 草木紀源一卷

茹草編 四卷 載《夷門廣牘》

種樹書 一卷 俞宗本 抄本一册 載《淡生堂餘苑》抄本 刻本二種 又載《夷門廣牘》《百家名[書]》

水雲録 二卷 二册 楊溥

耒經　一卷　陸龜蒙　以下三種俱載《夷門廣牘》

稻品　一卷　俱黃省曾

芋經　一卷　載《夷門廣牘》

王西樓野菜譜　一卷　王磐　載《山居雜志》

菌譜　一卷　陳仁玉　載《百川學海》又載《山居雜志》

野菜咏　三卷

灌園史　四卷　三冊　陳詩教

花史左編　三十四卷　四冊　王路

花編　六卷　二冊　蔣以化

三徑怡閒錄　二卷　二冊　高濂輯

百花藏譜　二卷　一冊　江之源輯

南方草木狀　三卷　晉稽含　載《百家名書》又載《百川學海》《山居雜志》

草木幽微經　一卷　載《百家名書》

筍譜　一卷　僧贊寧　載《白川學海》又載《山居雜志》

竹譜　一卷　戴凱之　載《白川學海》又載《山居雜志》

續竹譜　一卷

梅譜　一卷　范成大　載《白川學海》又載《山居雜志》

玉照堂梅品　一卷　張功甫　載《夷門廣牘》

桐譜　一卷

王氏蘭譜　一卷　王貴學

金漳蘭譜　一卷　趙時庚　載《說郛》

蘭譜奧論　一卷　周履靖　載《夷門廣牘》

又　培蘭要訣　載《錦囊瑣綴》

澹生堂藏書目　子部一　農家

四八五

蘭史[一]

洛陽牡丹記 一卷 歐陽修 以下四種俱載《山居雜志》 又載《百川學海》

牡丹榮辱志 一卷 丘濬 載《百川學海》 又載《山林經濟籍》 載《山居雜志》

天彭牡丹記 一卷 陸游 載《陸放翁渭南集》 載《山居雜志》

亳州牡丹譜 一卷 王觀 載《山居雜志》

維揚芍藥譜 五卷 一冊 劉攽譜一卷 王觀譜一卷 孔武仲譜一卷 艾丑譜一卷 附錄一卷 載《百川學海》

芍藥譜 一卷 劉攽 載《山居雜志》

誠齋牡丹譜并百咏 一卷 一冊

海棠譜 三卷 陳思 載《山居雜志》 又載《百川學海》

百菊集譜 六卷 史鑄 載《山居雜志》

藝菊書 一卷 載《錦囊瑣綴》

史老圃菊譜 一卷 載《百川學海》

劉氏菊譜 一卷 劉蒙 載《百川學海》

又 范石湖菊譜 一卷 載《百川學海》

德善齋菊譜 一卷

菊品紀名譜 一卷

澹圃菊譜 二卷 一冊 施三捷

周氏菊譜 一卷 周履靖 載《夷門廣牘》

橘譜 三卷 韓彥直 載《百川學海》 又載《山居雜志》

荔枝譜 二卷 蔡襄 載《百川學海》 又載《山居雜志》

荔枝通譜　八卷　二册　小板　徐燉輯

閩中荔枝譜　八卷　一册　大板　屠本畯考訂

以上俱樹藝

[一]《蘭史》天頭加筆：「可補于後。」

牧養

牛書　十二卷　四册　楊時喬輯

蠶書　一卷　秦少游輯　以下五種俱載《夷門廣牘》

魚經　一卷

又　養魚經　一卷　載《錦囊璅綴》

禽經　一卷　一册　師曠著　張華注　載《百川學海》《格致叢書》《吕氏一種書》又載《夷門廣牘》《百家名書》

獸經　一卷　一册　黄曾輯并注　又載《吕氏十種書》又載《格致叢書》《百家名書》

相鶴經　一卷　載《夷門廣牘》

鶴經　十二卷　一册　蔣德璟

蟹譜　一卷　傅肱　載《百川學海》又載《山居雜志》

蜂譜　一卷　一册

禽蟲述　一卷　袁達德　載《山居雜志》

蟬史　十一卷　四册　穆希文輯

蟲經　一卷　賈似道　載《夷門廣牘》

促織譜　一卷　一册　徽藩序刻

促織經　一卷

澹生堂讀書記　澹生堂藏書目

蟲天志　十卷　四册　沈弘正

以上俱牧養

澹生堂藏書目 子部二

道家

老子　莊子　諸子　諸經　彙書　金丹　詮述　修攝　養生　記傳　餘集

[老子]

老子章句　二卷　一冊　河上公注　載《六子全書》載《二十子全書》

嚴君平道德指歸　六卷　一冊　嚴遵　又載《秘冊彙函》

王輔嗣道德真經注　四卷　一冊　王弼

潁濱道德真經注　四卷　一冊　一名《解老》卷帙同上　蘇轍

林希逸老子口義　二卷

王文定公老子億　二卷　二冊　王道

老子集解　二卷　二冊　薛惠

老子釋　一卷　張時徹

老子解　二卷　二冊　徐學謨

老子解　二卷　二冊　郭子章

老子翼　二卷　二冊　俱焦竑

老子考異　一卷

老子附錄　一卷

老子疏述　一卷　一冊　陳嘉謀

老解　二卷　一冊

無垢子道德經注解　四卷　一冊　何道全

道德經釋略　六卷　二冊　林兆恩

張洪陽道德經解 一卷 一冊 張位 又載《閒雲館別編》

老子真詮 一卷 一冊 吳德明

老子約箋 二卷 一冊

道德附言 二卷 沈宗沛 載《百谷諧聲》

老子道德經玄覽 二卷 陸西星 載《方壺外史》

老子臺縣 一卷 吳伯敬

老子疏略 二卷 二冊 吳汝紀

解老悟道編 二卷 二冊 諸萬里

道德經發隱 二卷 二冊 釋德清

老子微旨例略 一卷

陶周望老解 二卷 一冊 陶望齡

又 鄭孔肩老子解 一卷

李卓吾老子解 二卷 載《李氏叢書》

以上俱老子

[莊子]

古蒙莊子 四卷 四冊

莊子正文 三卷 一載《六子全書》載《廿子全書》

南華經旁注 四卷 二冊

孫司馬批點南華經 八卷 四冊 孫鑛

郭子翼莊 一卷 載《范氏二十種奇書》

郭注南華經 十卷 十冊 一套 郭象注 陸德明音釋

林希逸莊子口義 十卷 四冊

莊義要刪 十卷 十冊 孫應鰲

王司寇南華經別編 二卷 二冊 王宗沐

四九〇

李氏莊子內篇解　二卷　一冊　李贄

張洪陽莊子題評　二卷　二冊　張位　載《閒雲館》

莊子翼　八卷　共四冊　俱焦竑輯

南華真經餘事雜錄　二卷

南華真經拾遺　一卷　以上二種俱載《翼莊》

南華經副墨　八卷　八冊　陸西星

李湘洲說莊　三卷　三冊　李騰芳

袁中郎廣莊　一卷　袁宏道　載本集　又載《秘笈》

莊子臺縣　四卷　三冊　吳伯敬

鄭元夫測莊　一卷　鄭之惠　附《莊砭》一卷　俱載《太朴山居編》

莊子旦暮解　一卷　一冊　釋如愚

莊子止椮編　二卷　一冊　諸萬里

又　莊子刪評一冊　張京元

南華經演連珠　一卷　一冊　周仲士

莊子闕誤　一卷　楊慎　載《升庵雜錄》

南華經薈解[一]　三十三卷　六冊　郭良翰

陶周望莊解　五卷　五冊　陶望齡

南華評選　二卷　載《百谷諧聲》

以上俱莊子

[諸子]

廣成子　一卷　載《子彙》又載《稗乘》

────
[一]薈：據大連本補。

四九一

蘇子由廣成子解 一卷 載《兩蘇經解》 又載
《范氏二十種奇書》

列子正文 一卷 載《廿子全書》

列子注 八卷 晉張湛 載《六子全書》

林希逸列子口義 八卷

文子 二卷 周辛銒注 載《二十子全書》

關尹子白文 一卷 載《廿子全書》 載《子彙》

關尹子文始真經 三卷 三冊 抱一子注

亢倉子 一卷 一冊 唐王士元著 何燦注 黃諫
音釋 即《靈洞真經》載《別六子全書》

鶡冠子 三卷 一冊 陸佃注 載《別六子全書》

又載《子彙》

谷和子 一卷 鍾離

抱朴子內篇 二十卷 俱葛洪

抱朴子外篇 五十卷

天隱子 一卷 司馬承禎 載《夷門廣牘》 又載
《廣四十家》

玄真子外[篇] 一卷 載《說鈔》

玄真子 一卷 俱張志和 載《子彙》

橐籥子 一卷

無能子 三卷 唐光啟問隱民著 載《子彙》

黃石公素書 一卷 一冊 張商英注 舊板 載《廿
子全書》 載《子彙》

又 黃石公素書 一卷 新板 又載《漢魏叢書》
《百家名書》

化書 六卷 譚峭著 又名齊丘子 載《子彙》載
《百家名書》 又載《廣秘笈》

玉華子 一卷 國朝盛若林 《百家名書》

以上俱諸子

[諸經]

陰符經七家注　一卷　伊尹　太公　范蠡　鬼谷子
　　張良　諸葛孔明

陰符經古注　一卷　《續秘笈》內

李筌陰符經疏　三卷

崆峒道人注陰符經　一卷　鄒訢

張果陰符經解　一卷　《雲笈》內

赤松子陰符經集解　三卷　載《說鈔》

蕭真宰陰符經解義　一卷

劉處玄陰符經注　一卷

陸西星陰符經測疏　一卷

張洪陽注陰符經　一卷　張位　一載本集　一載
　《道書全集》

虞長孺陰符經演　一卷一冊　虞淳熙

石庵和尚陰符經解　一卷　釋如愚

百谷子陰符經釋義　三卷　沈宗沛　載《百谷諧聲》

讀陰符經大旨　一卷一冊　陳嘉謨

焦弱侯陰符經解　一卷一冊　焦竑

陰符經三皇玉訣　三卷一冊

太上黃庭外景經　一卷

上清黃庭內景經　一卷

黃庭外景經注　一卷

太上黃庭內景玉經注　一卷

黃庭經五臟六腑圖說　一卷　又　內景臟腑說
　一卷　載《百家名書》

黃庭遁甲緣身經　一卷　雲笈內

古文參同契真詮 三卷 二册 楊慎叙錄 王一言定注

徐景休箋注參同契 三卷

李湛分注參同契 一卷

分注徐景休參同契箋注 一卷

全陽子參同契發揮 九卷 共三册 俱俞琰

參同契釋疑 一卷

周易參同契分章通真義 三卷 彭曉 以下三書俱《道書全集》內

抱一子參同契解 三卷 陳顯微

上陽子參同契分章注 三卷

訂注參同契經傳 三卷 一册 商廷試 又一册同

分釋古注參同契 三卷 一册 徐渭

周易參同契測疏 一卷 俱陸西星

又 參同契口義 一卷

太上飛行九神玉經 一卷 俱《雲笈》內 一名《金簡內文》

太微帝君太乙造形回元經 一卷

金碧古文龍虎經 三卷 俱《道書》內

太上赤文洞古經注 一卷

太上大通經注 一卷 李道純

洞玄靈寶定觀經注 一卷

玉皇息胎經注 一卷

無上玉皇心印經注 一卷

心印經測疏 一卷

老子說五厨經注 一卷

清淨經注 一卷

太上虛無自然本起經　一卷　以下八書俱《雲笈》內

太清中黃真經并釋題　一卷

天機經　一卷

老子中經　二卷　一名《珠宮玉歷》

常清淨經釋略　一卷　一冊　林兆恩　又常清淨經一卷　載《稗乘》

太上昇玄消災護命妙經注　一卷　載《道書全集》

太上老君開天經　一卷

靈寶洞玄自然九天生神章經　一卷

中山玉櫃服氣經　一卷

解悟真經　八卷　五冊

既濟真經　一卷　載《夷門廣牘》

傳注太上感應經　八卷　二冊

太上感應篇　一卷　一冊

又　太上感應篇　二卷　二冊

太上感應經句解　八卷　八冊　陳嘉猷纂

張仙延嗣真經　一卷　一冊　附《化機玄微》一卷

祈嗣真經　一卷　一冊　又載《袁氏叢書》

大忠至孝文昌帝君訓誥　一卷　一冊

文昌化書　一卷　二冊　附《籤詩》

文昌事略　一冊

文昌訓科　一卷　一冊

淨明忠孝宗教經　二卷　二冊　許真人著

玄洞靈寶定觀經　一卷　載《雲笈》

胎息經　一卷　載《夷門廣牘》

澹生堂藏書目　子部二　道家

四九五

以上俱諸經

[金丹]

金丹大要 十卷 以下五種俱《道書全集》內
金丹四百字內外解 一卷
黃自如注金丹四百字 一卷
紫虛金丹大成集 一卷
金丹秘訣 一卷
黃帝九鼎神丹法 一卷
孫思邈太清真人大丹法 一卷
大還丹契秘圖 一卷
陳少微七返靈砂論 一卷
真一子還丹內象金鑰匙 一卷
陰真人龍虎歌注 一卷

張玄德心照篇
內丹三要 一卷
金丹密語 一卷 陶宗儀
金丹百問 一卷 李光玄
青華秘文丹訣 二卷 俱張叔平
又 金丹四百字解 一卷 又一冊 載《廣秘笈》
龍眉子金丹印證側疏 一卷 俱陸西星
金丹就正篇 一卷
金丹大旨圖 一卷
又 張紫陽金丹四百字測疏 一卷
金液還丹印證 一卷
紫虛注解崔公入藥鏡 一卷
又 崔公入藥鏡注
又 崔公入藥鏡測疏 一卷

讀丹錄 一卷 一冊 彭文質

金丹語錄 三卷 一冊 洪道光輯

金丹真傳 一卷 一冊 孫汝忠著

金丹纂要玉洞藏書 四卷 二冊

悟真篇集注 四卷 三冊 薛光道 陸墅 陳致虛
張伯端

悟真篇分注玉洞藏書 二卷 李堪

悟真篇注疏 三卷 無名子翁葆光注 空玄子戴
起宗疏 俱《道書》

悟真篇小序 一卷 陸西星 又 悟真篇 載《百家
名書》

悟真篇直指詳說 一卷 翁葆光述

翠玄還源篇 一卷 石得之述

陳泥丸翠虛篇 一卷

紫清指玄篇 一卷

紫虛注解呂公沁園春 一卷

緣督子仙佛同源論 一卷

許真人石函記 二卷

玉清金笥寶錄 三卷

易火篇 一卷

以上俱金丹

[彙書]

道書全集 計七十種 細目別注各類下

雲笈七籤 一百二十二卷 三十六冊 六套 張君
房著

道德一卷 混元混洞開闢劫運一卷 道教本
始一卷

道教經法傳授一卷　經教相承一卷　三洞經教十五卷

天地二卷　日月星辰三卷　十洲三島一卷　洞天福地一卷　二十八治一卷　稟生受命三卷

雜修攝五卷　齋戒一卷　說戒三卷

七籤雜法一卷　存思三卷　秘要訣法七卷　雜要圖訣法一卷　雜秘要訣法一卷　鬼神二卷

諸家氣法七卷　金丹訣三卷　丹論訣旨一卷

金丹四卷　內丹三卷　方藥五卷

符圖二卷　庚申三卷　尸解三卷

諸真要略一卷　仙籍旨訣一卷　諸真語論一卷

七部要語一卷　七部名數要記一卷　仙籍語

論要記四卷

讚頌詩歌四卷　紀傳八卷　列仙傳二卷

洞仙傳二卷　神仙感遇傳一卷　續仙傳一卷

墉城集仙錄三卷　道教靈驗記六卷

紫府奇玄　十一卷　四冊　顧[起]元輯

金丹正宗　天隱子　南岳金丹暢旨　上天至寶

內丹三異　金丹密語　霞外雜俎　金丹百問

蕊珠洞微　心書　至理洞微

五真玄脉　八卷　五冊　羅維輯

悟真篇三卷　紫清摘粹二卷　還源篇一卷

復命篇一卷　翠虛篇一卷

仙家四書

參同契　鍾昌集　金丹詩訣　玉清金笥寶籙

金丹辨惑錄

四九八

又 仙家四書 卷帙冊同

玄宗內典諸經注 十一卷

鄒沂注陰符經注一卷 李道純注常清淨經一卷

太上赤文洞古經注一卷 李道純注太上大通經一卷

混然子注太上昇玄說消災護命妙經一卷 洞

玄靈寶定觀經注一卷

幻真先生注胎息經一卷 李簡注無上玉皇心印經一卷

尹愔注老子說五廚經一卷 混然子崔公入藥鏡注一卷

混然子青天歌注釋一卷

以上俱彙書

方壺外史 八卷 八冊 陸西星述

玉皇心印經測疏 陰符經測疏 道德經玄覽

參同契測疏 參同契口義 悟真篇小序

入藥鏡測疏 呂真人百字碑測疏 金丹四百字測疏

金丹印證測疏 青天歌測疏 玄膚論

金丹就正 金丹大指八圖七破論

[詮述]

玄綱論 一卷 吳筠

元氣論 一卷 三書載《雲笈》

幻真先生服元氣訣法 一卷

太清王老口傳法 一卷

玄膚論 一卷 陸西星

玄學正宗 二卷 以下八書俱載《道書全集》內

群仙珠玉集 四卷

玄宗内典　十一卷

玉峰注敲爻歌　一卷

青天歌注　一卷

又　丘（直）[真]人青天歌測疏　一卷　陸西星

群仙要語　二卷

青華秘文　一卷　又　青華秘文一卷　載《百家名書》

中和集　七卷

華陽隱居集　二卷

真誥　二十卷　十冊　陶弘景　一套

運題象四卷　甄命授四卷　協昌期二卷　稽神樞四卷　闡幽微二卷　握真輔二卷　翼軫檢二卷

鍾呂修真傳道集　三卷　混然子崔公入藥鏡注

混然子青天歌注釋

呂純陽全集　八卷　一冊　又一部　載《道書全集》內　卷數同

白玉蟾先生集　正集六卷　續集二卷　共十俱白[玉蟾]

又　玉隆集　六卷　一冊

枕中書　一卷　葛洪

無上秘要　一卷　二種俱《秘冊》內

玄真子外篇　一卷[二]

心書九章

脉望　三卷　三冊　趙台　又一冊　載《續秘笈》

大道真詮　三卷　三冊　桑喬

全真活法　一卷　二冊　載《道書全集》

五〇〇

玄筌　一卷　柳存賦著

聖教心宗　三卷　三冊　吳允如

以上俱詮述

[一]《玄真子外篇》天頭附條簽：見上。

[修攝]

尹真人性命圭旨　四卷　四冊

規中指南　二卷　載《道書全集》

修真要旨　二卷　以下俱載《雲笈》

行持要旨　一卷　鬼谷子劉軻述

道生旨　一卷

三一　二卷

行持要事　一卷

栖真子養生辨疑訣　一卷　施肩吾述

七守　一卷

上乘正宗全書　二卷　一冊　徐元則

三乘要旨　三卷　二冊　楊弘宿

度身筏　二卷　二冊　彭好古

錦身機要　一卷　一冊

煉形內旨　一卷　以下九種俱《夷門廣牘》內

赤鳳髓　一卷

玉函秘典　一卷

金笥玄言　一卷

逍遙子導引訣　一卷

祿嗣奇談　二卷　冲一真君著

修真演義　一卷

又 修真秘要 一卷 載《百家名書》

靈笈寶章 一卷

修養要訣 三卷 三冊

養生導引 一卷 載《百家名書》

靈寶畢法 三卷 一冊

真靈位業圖 一卷 載《秘冊彙函》

神事日搜 二卷 一冊 胡文煥編

玉洞金書 一卷 載《百家名書》

以上俱修攝

[養生]

唐宋衛生歌 一卷 載《夷門廣牘》

攝養枕中方 一卷

山中玉櫃服氣經 一卷

養生集要 四卷 一冊

養生醍醐 一卷 一冊 又載《枕中書》

隄疾恒談 十五卷 二冊 陳士元 又載《歸雲外集》

養生日錄 二卷 王三聘

養生內外篇 二卷 二冊 鄭炳 又載《太朴山居冗編》

養生約言 一卷 一冊

內養真詮 二卷 一冊 邵煒

修養秘論 一卷

益齡單 一卷 俱周履靖 載《夷門廣牘》

怪疴單 一卷 載《夷門廣牘》

泰定養生至論 十六卷 二冊 王中陽

養生類要 二卷 二冊

遵生八牋　十六卷　十六冊

保生要錄　一卷　載《稗乘》

三元延壽保産書　一卷

延生秘機　一卷　沈宗沛　載《百谷諧聲》

厚生訓纂　四卷　二冊　一套

以上俱養生

[記傳]

歷代真仙體道通鑑　前集三十八卷　後集四卷　共三十八冊　三套

七真仙傳　七卷　一冊

真系　一卷

道教靈驗記　六卷　以下八書俱載《雲笈》內

唐真宗御製先天紀　一卷

列仙傳　一卷　又載《夷門廣牘》　又載《古今逸史》

神仙傳　一卷　又載《夷門廣牘》

洞仙傳　二卷

神仙感遇傳　一卷

續仙傳　一卷　又載《夷門廣牘》

墉城集仙錄　三卷

嶽瀆名山記　一卷　一冊　杜光庭　載《呂氏十種書》

廣列仙傳　七卷　四冊

疑仙傳　一卷　周履靖　載《續秘笈》

瓊笈考　二卷　屠隆二種俱載《鴻苞》

補列仙傳　二卷

香案牘　一卷　載《夷門廣牘》　又載《秘笈》

清河內傳 一卷

蜀中神仙記 十卷 二冊 曹學佺

兩浙神仙著作考 二卷 一冊 淡生堂輯

廣黃帝本行紀 一卷

玄帝真武全傳 八卷 二冊 孫希化輯

漢武帝內傳 一卷

漢武帝外傳 一卷

南岳小錄 一卷 載《四十家小說》

宋真宗御製翊聖保德真君傳 一卷 以下俱載《雲笈》

玄洲上卿蘇君傳 一卷

太和太極太清三真人傳 元陽子附 共三卷

太元真人東嶽上卿司命真君傳 一卷

清靈真人裴君傳 一卷

清虛真人王君內傳 一卷

紫陽真人周君內傳 一卷

馬明生真人傳 一卷

陰真君傳 一卷

吳猛真人傳 一卷

許遜真人傳 一卷

許邁真人傳 一卷

楊羲真人傳 一卷

鮑靚真人傳 一卷

陶先生小傳 一卷

華陽隱居先生本起錄 一卷

梁茅山貞白先生傳 一卷 一冊

玄宗三傳 一冊

曇陽子傳 一卷 一冊 王世貞

張神實錄 一卷 一冊

天地宮府圖 一卷 司馬紫薇輯 載《雲笈》

太平興國宮真仙事實 八卷 二冊 葉義問編

以上俱記傳

[餘集]

物外清音 二卷 一冊 亦名《方外玄言》

霞外雜俎 一卷 鐵腳道人 載《後四十家小說》

煙霞集 二卷 二冊 華俊承輯

洞天玄語 五卷 一冊 楊宗業集

群仙乩語 一卷 周履靖編 載《夷門廣牘》

玄應道化篇 一卷 劉鳳

玉壺遐覽 二卷 一冊 胡應麟

大明道藏經目錄 四卷 一冊

保合編 十二卷 五冊 孫成名輯

厚生訓纂二卷 百忍箴一卷 修真要義二卷

霞外雜俎一卷 褚氏遺書一卷 王氏醫論

四卷

孫簡肅公嘉便錄一卷

玉洞仙書 二冊

以上俱餘集

續收[道家]

王弼道德經注 二卷 一冊

老子疏略 一卷 一冊 龔錫爵

郭象南華經注 十卷 四冊【重】

仙苑編珠 一卷 一冊 唐王松年撰

太上感應篇續傳 二卷 一冊 王志堅

玄帝化書 七卷 二冊 蔡淑達輯

老莊因然 八卷 五冊 一套 吳伯與著 道德經（卷）[經] 二卷 南華經六卷

宜真子傳 一卷 一冊 王士騏著

釋家類 大乘經 小乘經 宋元續入經 東土著述 律儀 經典疏注 大小乘論 宗旨 語錄 止觀 警策 銓述 提唱 淨土 因果 記傳 禪餘 文集

大乘
般若 寶積 華嚴 涅槃 重譯 單譯

摩訶般若波羅蜜經 三十卷 六冊
光讚般若波羅蜜經 八卷 二冊
道行般若波羅蜜經 十卷 二冊
金剛般若波羅蜜經 三卷 三譯
勝天王般若波羅蜜經 七卷 二冊
大明度無極經 五卷 二冊
摩訶般若波羅蜜鈔經 五卷 一冊
小品般若波羅蜜經 十卷 二冊
又 金剛經 一卷 一冊
能斷金剛般若波羅蜜經 二卷 二譯
仁王護國般若波羅蜜經 二卷
實相般若波羅蜜經
般若波羅蜜多心經 六經同本
摩訶般若波羅蜜大明咒經
放光般若波羅蜜經 三十卷

文殊師利所說摩訶般若波羅蜜經 一卷
文殊師利所說般若波羅蜜經 一卷
　以上俱般若部
大寶積經 一百二十卷 廿四冊
大方廣三戒經 三卷 一冊
佛說阿閦佛國經 三卷 一冊
佛說阿彌陀經 二卷
文殊師利佛土嚴淨經 二卷 一冊
發覺淨心經 二卷 一冊
佛說優填王經
得無垢女經 一卷 一冊
文殊師利所說不思議佛境界經 二卷 一冊
佛說如幻三昧經 三卷 一冊
善住意天子所問經 三卷 一冊

佛說菩薩念佛三昧經 六卷 二冊
大乘顯識經 二卷 一冊
太子刷護經 三經同本 一冊
太子和休經
入法界體性經
　以上俱寶積部
大方廣佛華嚴經 六十卷 十二冊
又　大方廣佛華嚴經 八十卷 廿四冊
大方廣佛華嚴經普菩薩行願品 四十卷 八冊
信力入印法門經 五卷 一冊
佛說如來興顯經 四卷
佛華嚴入如來德智不思議境界經 一卷 二經同本

大方廣入如來智德不思議經
大方廣佛華嚴經修慈分 十一經同本
顯無邊佛土功德經 三經同卷
大方廣佛華嚴經不思議境界分
大方廣如來不思議境界經 二經同卷
大方廣普賢所說經
莊嚴菩提心經
佛說菩薩本業經 三經同卷
大方廣佛華嚴經續入法界品
佛說兜沙經兜
大方廣菩薩十地經 三經同卷
度世品經 六卷 二冊
十住經 三卷 一冊
佛說羅摩伽經 四卷 一冊

漸備一切智德經 五卷 一冊
等目菩薩所問三昧經 二經同本
文殊師利問菩薩署經 一卷

以上華嚴部

南本大涅槃經 三十六卷 七冊
大般涅槃經 四十卷 一冊
佛說方等般泥洹經 二卷 一冊
大般涅槃經 三卷 二經同本
佛說方等泥洹經 二卷
大般泥洹經 六卷 二冊
四童子三昧經 三卷 一冊

以上涅槃部

金光明最勝王經 十卷 二冊
金光明經 四卷 一冊

集一切福德三昧經　三卷　一册

合部金光明經　八卷　一册

妙法蓮華經　七卷　七册

無量義經　一卷　三經同本

法華三昧經

薩曇分陀利經

妙法蓮華經觀世音菩薩普門品經　一卷　此經未有　又四經同本

添品妙法蓮華經　八卷　二册

正法華經　十卷　二册

悲華經　十卷　二册

六度集經　八卷　四册

維摩詰經　三卷　一册

維摩經　三卷

説無垢稱經　六卷　一册

阿惟越致遮經　四卷　一册

佛昇忉利天爲母説法經　三卷　一册

不退轉法輪經　四卷　一册

廣博嚴淨不退轉法輪經　四卷　一册

普曜經　八卷　二册

諸法本無經　三卷　一册

佛説大灌頂神咒經　十二卷　今作六卷　二册

佛説文殊師利現寶藏經　二卷

大方廣寶篋經　二卷　卾

藥師如來本願功德經　一卷

藥師琉璃光七佛本願功德經　二卷

楞伽阿跋多羅寶經　四卷　二册

入楞伽經　十卷　二册

五〇九

菩薩行方便境界神通變化經　三卷　一册
善思童子經　二卷　一册
大莊嚴法門經　二卷　一册
佛說觀無量壽佛經　一卷　五經一疏同本
稱讚淨土佛攝受經
佛說阿彌陀經淨土神咒不思議神力傳
後出阿彌陀偈經
大阿彌陀經
彌陀經疏
佛說觀彌勒菩薩上生兜率陀天經　以下六經
　同本
佛說彌勒下生經
佛說彌勒來時經
佛說彌勒下生成佛經

佛說觀彌勒菩薩下生經
佛說彌勒成佛經　一卷
佛說第一義法勝經　一卷　以下四經同本
佛說大威燈光仙人問疑經　一卷
一切法高王經　一卷
佛說諸法勇王經　一卷
順權方便經　二卷　以下二經同本
佛說樂瓔珞莊嚴方便經　一卷
菩薩睒子經　以下十六經同本
佛說睒子經
佛說九色鹿經
佛說太子（沐）[慕]魄經
太子慕魄經　五經同卷
無字寶篋經

大乘離文字普光明藏經
大乘遍照光明藏無字法門經
佛說老女人經
佛說老母經
佛說老母女六英經 六經同卷
佛說長者子制經
佛說菩薩逝經
佛說逝童子經
佛說月光童子經
佛說申日兒本經 五經同卷
佛說德護長者經 二卷 以下六經同本
佛說犢子經
佛說乳光佛經
佛說無垢賢女經

佛說腹中女聽經 四經同卷
佛說轉女身經 一卷
文殊師利問菩提經 以下六經同本 又八經同本 一套
伽耶山頂經 二經同卷
佛說象頭精舍經
大乘伽耶山頂經 二經同卷
佛說決定總持經
佛說謗佛經 二經同卷
大方等大雲經 四卷 一冊
如來莊嚴智慧光明入一切佛境界經 二卷
深蜜解脫經 五卷 一冊
解深蜜經 五卷 一冊
佛說諫王經 以下八經同本

如來示教勝軍王經
佛爲勝光天子説王法經
寶積三昧文殊師利菩薩問法身經
佛説濟諸方等學經　四經同卷
大乘方廣總持經　一卷
太子須大拏經　一卷
佛説如來智印經　一卷
佛説慧印三昧經　二卷　以下三經同本
佛説無極寶三昧經　二卷
寶如來三昧經　二卷
佛説未曾有經　以下四經同本
佛説甚希有經
佛説如來師子吼經
佛説大方廣師子吼經　四經同卷

無上依經　二卷　以上十一經同本
佛説大乘百福相經
佛説大乘百福莊嚴相經
佛説大乘四法經
佛説菩薩修行四法經
佛説希有校量功德經　五經同卷
佛説最無比經
佛説銀色女經
佛説阿闍世王受決經
採華違王上佛受決經
佛説正恭敬經　四經同卷　以下十經同本
稱讚大乘功德經
妙法決定業障經
佛説貝多樹下思惟十二因緣經

佛說緣起聖道經
佛說稻稈經　三經同卷
佛說轉有經
大方等修多羅王經
佛說文殊師利巡行經
佛說文殊尸利行經　四經同卷
大乘造像功德經　二卷　以下十八經同本
佛說作佛形像經
佛說造立形像福報經
佛說灌佛經
佛說灌洗佛經
佛說浴像功德經
浴像功德經
佛說校量數珠功德經

曼殊室利咒藏中校量數珠功德經　八經同卷（二）
佛說龍施女經
佛說龍施菩薩本起經
佛說八陽神咒經
佛說八吉祥神咒經
佛說八吉祥經
佛說八佛名號經
佛說盂蘭盆經
佛說報恩奉盆經　八經同卷
佛說觀藥王藥上二菩薩經　一卷　以上三經同本
佛說了本生死經
佛說自誓三昧經

如來獨證自誓三昧經

佛說大孔雀咒王經 三卷 一冊

佛母大孔雀明王經 三卷 一冊

不空罥索咒心經 以下二經同本

不空罥索神咒心經 二卷

不空罥索神變真言經 三十卷 六冊

千眼千臂觀音菩薩陀羅尼神咒經 以上三經
一咒同本

千手千眼觀世音菩薩姥陀羅尼身經 一卷

千手千眼觀世音菩薩廣大圓滿無礙大悲心
陀羅尼經 一卷 翻大悲咒附

佛說前世三轉經 一卷 一冊

觀自在菩薩怛縛多利隨心陀羅尼經 一卷
一冊

請觀世音菩薩消伏毒害陀羅尼咒經 以下十
二經同本

佛說十一面觀世音神咒 二經同本

梵女首意經

有德女所問大乘經

佛說七俱胝佛母心大準提陀羅尼經 一卷
一冊

種種雜咒經

佛頂尊勝陀羅尼經 二經同卷

佛說佛頂尊勝陀羅尼經

最勝佛頂陀羅尼淨除業障經

佛說最勝陀羅尼經 二經同卷

佛說無量門微密持經

十一面神咒心經 以下五經同本

千轉陀羅尼觀世音菩薩咒經

咒五首經

六字神咒經

咒三首經　五經同卷

大方廣菩薩藏經中文殊師利根本一字陀羅尼法　以下一法三經同本

曼殊室利菩薩咒藏中一字咒王經

十二佛名神咒校量功德除障滅罪經

佛說稱讚如來功德神咒經　四經同卷

佛說一向出生菩薩經　一卷　一冊

善法方便陀羅尼經　以下四經同本

金剛秘密善門陀羅尼經

護命法門神咒　三經同卷

金剛場陀羅尼經　一卷

入定印經　一卷　二經同本

不必定入定印經　一卷

　　以上重譯經

　　〔一〕八經同卷：據大連本補。

佛說首楞嚴三昧經　三卷　一冊

未曾有因緣經　三卷　一冊

稱揚諸佛功德經　三卷　一冊

未來星宿劫千佛名經　一卷　一冊

佛說五千五百佛名神咒除障滅罪經　五卷　二冊

力莊嚴三昧經　二卷　以下三經同本

佛說八部佛名經

百佛名經 二經附前經下卷

金剛三昧本性清淨不壞不滅經 以下三經同本

佛說師子月佛本生經

演道俗業經

佛說華手經 十卷 二冊

法集經 六卷 二冊

大方廣圓覺修多羅了義經 二卷 二冊

觀佛三昧海經 十卷 二冊

金剛三昧經 二卷 共一冊

佛說施燈功德經

大方便佛報恩經 七卷 二冊

菩薩本行經 三卷 一冊

月上女經 二卷 一冊

文殊師利問經 二卷 一冊

出生菩提心經 以下三經同本

佛說佛印三昧經

佛說長壽王經

阿吒婆拘鬼神大將上佛陀羅尼經 以下十七經同本

佛說大普賢陀羅尼經 一卷

佛說大七寶陀羅尼經 一卷

佛說安宅神咒經 一卷

幻師颰陀神咒經 一卷

六字大陀羅尼咒經 一卷

佛說闕除賊害咒經 一卷

佛說咒時氣病經 一卷

佛說咒齒經 一卷

佛說咒目經 一卷
佛說小兒經 一卷
阿彌陀鼓音聲王陀羅尼經 一卷
佛說摩尼羅亶經 一卷
佛說佛地經 一卷
百千印陀羅尼經 一卷
香王菩薩陀羅尼咒經 一卷
文殊師利般涅槃經 一卷 以下十一經同本
異出菩薩本起經
佛說賢首經
千佛因緣經
八大人覺經
佛說月明菩薩經
佛說心明經

佛說滅十方冥經
佛說鹿母經
佛說魔逆經
佛說賴吒和羅所問德光太子經
商主天子所問經 以下十一經同本
大乘四法經
離垢慧菩薩所問禮佛法經
寂照神變三摩地經
佛說造塔功德經
佛說不增不減經
佛說堅固女經
佛說大乘流轉諸有經
佛說大意經
受持七佛名號所生功德經

金剛光焰止風雨陀羅尼經
大毘盧遮那成佛神變加持經 四卷 一册
蘇婆呼童子經 二卷 一册
佛說十二頭陀經 以下四經同本
佛說樹提伽經
佛說法常住經
佛說長壽王經 【重】
大吉義神咒經 二卷 一册
佛說檀持羅麻油述經 以下八經同本
佛說護諸童子陀羅尼經
諸佛心陀羅尼經
拔濟苦難陀羅尼經
八名普密陀羅尼經
佛說持世陀羅尼經

佛說六門陀羅尼經
清淨觀世音菩薩普賢陀羅尼經
諸佛集會陀羅尼經 以下三經同本
佛說智炬陀羅尼經
佛說隨求即得大自在陀羅尼經
佛說一切法功德莊嚴王經 以下三經一法同本
佛說拔罪障咒王經
佛說善夜經
佛說虛空藏菩薩能滿諸願最勝心陀羅尼求聞持法
優婆夷淨行法門經 以下二經同本
諸法最上王經
菩薩內習六波羅蜜經 以下二經同本

菩薩投身飼餓虎起塔因緣經

以上俱單譯

[以上俱大乘]

小乘 [阿含部 單譯]

增壹阿含經

雜阿含經

佛說長阿含經

起世因本經 十卷 二冊

佛說樓炭經 六卷 一冊

中本起經 二卷 一冊

佛說七知經 一卷

佛說鹹水喻經 一卷

佛說一切流攝守困經 一卷

佛說閻羅王五天使者經 一卷

佛說鐵城泥犁經 一卷

佛說古來時世經 一卷

佛說阿那律八念經 以下六經同本

佛說離睡經

佛說是法非法經

佛說樂想經

佛說漏分布經

佛說阿耨颰經

佛說求欲經 以下三經同本

佛說受歲經

佛說梵志計水淨經

佛說泥犁經 以下三經同本

佛說優婆夷墮舍迦經

佛說齋經
佛說鞞摩肅經 以下六經同本
佛說婆羅門子命終愛念不離經
佛說十支居士八城人經
佛說邪見經
佛說箭喻經
佛說普法義經
佛說廣義法門經 以下五經同本
佛說戒德香經
佛說四人出現世間經
佛說諸法本無經
佛說瞿曇彌記果經
三歸五戒慈心厭離功德經 以下四經同本
佛說須達經

佛爲黃竹園老婆羅說學經
佛說梵魔喻經
佛說義足經 以下四經同本
鬼問目連經
雜藏經
餓鬼報應經
四十二章經 一卷 一冊
　以上俱小乘阿含部
佛說處處經 一卷 一冊
須菩提長者經 以下四經同本
長者懊惱三處經
犍陀國王經
阿難四事經
佛說五苦章句經 以下十七經同本

佛說堅意經
佛說淨飯王般涅槃經
佛說興起行經
長爪梵志請問經
佛說譬喻經
佛說比丘聽施經
佛說略教誡經
佛說療痔病經
佛說業報差別經
佛說四自侵經
佛說大迦葉本經
佛說羅云忍辱經
佛為年少比丘說正事經
佛說沙曷比丘功德經

佛說時非時經
佛說自愛經
佛說五恐怖世經　以下五經同本
佛說弟子死復生經
佛說懈怠耕者經
無垢優婆夷問經
佛說辨意長者子所問經
〔以上俱單譯〕

以上小乘

宋元續入經

佛說大乘日子王所問經
佛說金耀童子經　以下二經同本
佛說帝釋般若波羅蜜多心經　以下十一經

佛說諸佛經
同本
舍黎娑擔摩經
佛說大金剛香陀羅尼經
佛說薩鉢多酥哩踰捺野經
佛說一切如來烏瑟膩沙最勝總持經
菩提心觀釋
佛說大愛陀羅尼經
佛說阿羅漢具德經
佛說八大靈塔名號經
佛說尊那經
大乘本生心地觀經 八卷 二冊
佛說出生無邊門陀羅尼經 以下八經同本
一切如來心秘密全身舍利寶篋印陀羅尼經

佛說大吉祥天女十二契一百八名無垢大乘經
佛說一切如來金剛壽命陀羅尼經
佛說穰麌黎童女經
佛說雨寶陀羅尼經
慈氏菩薩所說大乘緣生稻稈喻經
佛說除蓋障菩薩所問經 八卷 二冊
地藏菩薩本願經 二卷 一冊
大乘理趣六波羅蜜多經 十卷 二冊
諸菩薩求佛本業經 以下八經同本
菩薩十住行道品經
佛說菩薩十住經
佛說爲優填王說王法政論經
佛說五大施經

佛說無畏陀羅尼經
佛說大威德金輪佛頂熾盛光如來消除一切災難陀羅尼經
佛說熾盛光大威德消災吉祥陀羅尼經
佛說如來不思議秘密大乘經 二十卷 二冊
大乘瑜伽金剛性海曼殊室利千臂千鉢大教王經 十卷 二冊(二)
穢蹟金剛說神通大滿陀羅尼法術靈要門經
穢蹟金剛法禁百變法門經 以下四經同本
佛說大乘大方廣佛冠經
佛說八種長養功德經
佛說大乘無量壽莊嚴經 三卷 一冊
佛說四無所畏經 以下十經同本

增慧陀羅尼經
聖六字增壽大明陀羅尼經
佛說大乘戒經
佛說聖最勝陀羅尼經
佛說五十頌聖般若波羅蜜經
大乘八大曼拏羅經
佛說校量一切佛殺功德經
囉嚩拏說救療小兒疾病經
迦葉仙人說醫女人經
佛說解夏經 以下二經同本
佛說帝釋所問經
佛說未曾有正法經 六卷 一冊
佛說大方廣善巧方便經 四卷 一冊
佛說光明童子因緣經 以下二經同本 一冊

佛說白衣金幢二婆羅門緣起經

佛說蟻喻經　以下八經同本　一冊

聖觀自在菩薩不空王秘蜜心陀羅尼經

佛說巨力長者所問大乘經

佛說妙吉祥菩薩所問大乘法螺經

佛說四品法門經

佛說八大菩薩經

佛說施一切無畏陀羅尼經

佛八千頌般若波羅蜜多一百八名真實圓義
陀羅尼經

聖觀自在菩薩功德讚　以下六（般）[經]同本

讚觀世音菩薩頌

佛說聖觀自在菩薩梵讚

聖多羅菩薩梵讚

犍椎梵讚

事師法五十頌

以上俱宋元續入諸經

〔二〕十卷 二冊：據大連本補。

東土著述經

六祖大師法寶壇經　一卷　一冊

賢愚因緣經

阿育王經　十卷　二冊

大乘修行菩薩行門諸經要集　三卷　三冊

大明仁孝皇后夢感佛說第一希有大功德經
二卷　一冊

以上東土著述

律儀

梵綱經 二卷

佛藏經 四卷

佛說文殊悔過經 一卷 一册

沙彌十戒法并威儀 一卷 共一册

佛說目連問戒經 一卷 一册

四分戒本 二卷

四分律藏 六十卷

四教儀 一卷 一册

優婆塞戒經 七卷 二册

國清百錄 四卷 一册 灌頂纂

百丈清規 八卷 四册 釋德輝

金剛頂瑜伽金剛薩埵五秘密修行念誦儀軌 一卷 一册

觀自在菩薩如意輪咒課法 一卷 一册

無量壽如來修觀行供養儀軌 一卷 一册

南海寄歸內法傳 四卷 一册 唐沙門義淨述

沙彌儀律要略 一卷 一册

禮觀音文

瑜伽焰口 四卷 一册

梁皇懺 十卷 二册

慈悲水懺法 三卷 一册

大悲懺法 一册

法華三昧懺儀 一卷 一册

龍華懺儀式 一卷 一册 管志道

中峰和尚庵事須知 一卷 一册 明本

楞嚴壇表法 一卷 一冊 傳燈

放生儀 一卷

禪門佛事要略 二卷 一冊 沙門性和

僧訓日記 沙門袾宏

雲棲共住規約并遺囑 二卷 二冊

淨住稽 一卷 一冊

諸經日誦集要 二卷 二冊 雲棲

菩薩戒懺 一卷 首楞嚴壇海印三昧二卷 俱釋

傳燈

以上律儀

經典疏注

法華玄義 二十卷 五冊 俱智者大師撰

法華文句 二十卷 五冊

法華大籤 七卷 八冊

法華合論 一卷 一冊

又 法華安樂行義 一卷 一冊

法華經智音考證 一卷 一冊 僧如愚著

李長者華嚴合論 八十一卷 唐李通玄述

李長者華嚴合論抄 二卷 二冊

華嚴經吞海集 三卷 釋道通述 以下二集共一冊

華嚴經法界觀披雲集 一卷

華嚴三要 一卷

方山新華嚴十明論 一卷 一冊

釋略新華嚴經決疑論 四卷 二冊

華嚴原人論解 四卷 一冊 員覺

華嚴原人論

華嚴淨行品疏 一卷 一冊 雲棲小板 沙門澄觀疏

華嚴經指歸 一卷

華嚴經指南 四卷 一冊 曹胤儒述

法華通義 七卷 七冊 釋德清集 附 華嚴法界境 一卷 一冊

法華玄籤 二十卷 十一冊

華嚴綸貫

華嚴字母

注華嚴法界觀門 一卷 一冊 釋宗密

華嚴金師子章

修華嚴奧旨妄盡還源觀 二卷 一冊

妙法蓮花景合論 七卷 七冊 惠洪 張商英

妙法蓮華經解 二十卷 四冊 比丘戒環解

妙法蓮華經解科 一卷 一冊

妙法蓮華經要解

金剛經注解 一卷 一冊 如玘註

金剛經會譯 一卷 一冊 姚秦鳩摩羅什 元魏留支 陳真諦

金剛經解 一卷 一冊

又 金剛經解 一卷 一冊 宋太宗序

金剛經十七家解注 四卷 二冊

金剛解義

金剛經雪浪解義 一卷 一冊

金剛經統論 四卷 一冊 林兆恩

金剛般若宗通 二卷 二冊 曾鳳儀

金剛筏喻 二卷 二冊 俱如愚

《释乘》

金剛重言 一卷 一冊

釋摩訶般若波羅蜜經覺意三昧 一卷 一冊

圓覺經略釋 二卷 一冊 善月

又 圓覺經略疏 四卷 二冊 宗密述

圓覺經略疏之鈔

圓覺大疏

心經奉法要 一卷 晉郄超集

心經慧燈集 二卷 一冊 [釋]文才注

心經直談 一卷 四種共一冊 俱釋真可

心經要論 一卷

心經淺說 一卷

心經出指 一卷

心經釋 一卷 一冊 曾鳳儀

心經釋略 一卷 俱林兆恩 附多心經一卷 載

心經概論 一卷 二書與《常清淨經釋略》共本

心經說 一卷 釋洪恩

心經鉢柄 一卷 一冊 釋如愚

心經集解 一卷 楊時芳

李卓吾心經提綱 一卷 載《李氏叢書》

大佛頂首楞嚴經合論 十卷 五冊 德洪

楞嚴要解 二十卷 四冊 溫陵戒環

楞嚴正脉

楞嚴義疏

楞嚴纂注

楞嚴正觀

楞嚴合論

楞嚴決疑論 四卷 二冊

楞嚴玄義　四卷　二册　俱天台傳燈
楞嚴圓通疏前矛　二卷　二册
楞嚴會解疏　十卷　十册　附楞嚴丸一卷　一册
　惟則會解　傳燈疏
楞嚴宗通　十卷　十册　曾鳳儀
楞嚴通義　十卷　十册　釋受教（二）
楞嚴摸象記　二卷　一册　袁宏道
楞嚴述旨　十卷　四册　陸長庚
楞嚴約旨　二卷　沈宗霈　載《百谷諧聲》
楞嚴員通品　四卷　一册　王應乾
楞伽會譯　八卷　八册　沙門員珂會譯
楞伽科釋　八卷　四册　員智
楞伽宗通　八卷　八册　曾鳳儀
觀楞伽經記

阿彌陀經疏鈔　四卷　四册　小板　雲棲釋袾
　又一部卷帙同
彌陀疏抄問辨
彌陀句解
彌陀頌
維摩詰所説經注　十卷　二册　僧肇
佛遺教經論疏節要　一卷　一册　釋淨源節要
　釋雲樓補注
菩薩戒義疏發隱　五卷　四册
戒疏發隱事義　一卷　一册
菩薩戒問辨　一卷　一册　俱雲棲
大般涅槃經疏
涅槃玄義　三卷　一册
思益梵天所問經簡解　四卷　二册　釋圓澄注

釋摩訶般若波羅蜜經覺意三昧【重】

金師子章雲間類解 一卷 一册 淨源

佛祖三經注解沙門 沙門守遂注

壇經節略 一卷 一册

請觀音經疏

請觀音疏義鈔

觀心論疏 一卷

淨行品疏

法喜隨筆 五卷 五册 丘東昌

楞嚴 圓覺 維摩 思益 楞伽 金剛 蓮華 大涅槃

以上經典疏注

[一] 受教：二字朱筆删。

大小乘論

金剛般若波羅蜜經論 三卷 一册 無著菩薩造 一名《金剛能斷般若》

金剛般若波羅蜜經論 三卷 一册 天親菩薩造

大智度論 一百卷

瑜伽師地論 一百卷

顯揚聖教論 二十卷 四册 唐玄奘譯

中論 六卷 二册 秦鳩摩羅什譯

百論 二卷

廣百論 共一卷

辨中邊論 三卷 一册 唐玄奘譯

發菩提心論 一卷 一册 秦沙門鳩摩羅什譯

大乘起信論 二卷 一册 唐譯

大乘起信論 二卷 一册 梁譯

大乘起信論疏筆削記

大乘起信論略疏 十卷 二册

起信論纂注 二卷 一册 沙門惟淨譯

大乘中觀釋論 四卷 一册 真界

因明入正理論 一卷 一册

因明入正理論解 一卷 一册 釋真界解 附

百法論鈔略節一卷

遺教經論 一卷 一册 陳沙門真諦譯

成唯識論 十卷 二册 玄奘譯

唯識論集解 十卷 十册 一套

成實論 二十卷 四册

原人論 一卷 一册 沙門宗蜜述

析疑論 五卷 一册

護法論 一卷 一册 唐張商英述

注解析疑論 二卷 二册 沙門子成著 慈恩比丘

解

佛法正論 二卷 二册

原教論

續原教論 二卷 二册

大莊嚴經論 十五卷 四册 待詔沈十榮著

八識規矩百法明門論 三卷 雲棲小板

肇論 三卷 僧肇撰 光隆注

肇論新疏 三卷 三册 釋文才述

肇論新疏游刃 三卷 三册

肇論注疏

實藏論 三卷 一册 僧肇

三教平心論 一卷

觀所緣緣論 一卷 以下二卷共一冊

物不遷論 一卷

觀所緣緣論集解 一卷 二解共一冊

物不遷論辨解 一卷

般若融心論 一卷 一冊 釋傳燈

又 徵心百問 一卷 沈宗霈 載《百谷諧聲》

以上大小乘論

宗旨

宗鏡錄 一百卷 三十二冊 四套

又 宗鏡錄 一百卷 三十冊 官板

冥樞會要 四卷 四冊 釋祖心集

宗鏡廣删 十卷 五冊 一套 陶周望

景德傳燈錄 三十卷 二冊 釋宗曉編

五燈會元 二十卷 二十冊 舊版 二十卷 十一冊 新板

五燈法語 二十卷 二十冊 釋圓澄輯

指月錄 三十卷 十冊

五宗天人眼目 三卷 一冊 晦巖編

宗門統要續集 十二卷 五冊 宋僧宗永集 元僧清茂（續）[續]

禪宗集要 四卷 二冊 無相禪師集 斷際禪師心要 又 宛陵錄 普照禪師修心訣

禪宗正脉附禪決疑集

正法眼藏 三卷 三冊

黃蘗傳心要法 一卷 一冊

天如禪師禪宗要訣 一卷 一冊

參禪要訣 二卷 一冊 王肯堂

古德心要 一卷 一冊

古德禪要 一卷 一冊

禪宗或問 二卷 一冊 釋圓澄

宗門玄鑑圖 一卷 一冊

了心集 二卷 二冊

博山和尚信地說 一卷 一冊 沙門大艤著

以上宗旨

語錄

古尊宿語錄 四十四卷 十冊

四家語錄 四卷 一冊 馬祖 百丈 黃檗 臨濟

後四家語錄 四卷 一冊 天童 雪竇 投子 丹霞

濟臨禪師語錄 一卷 一冊 抄本

龐居士語錄 二卷 一冊 詩頌附

圓悟佛果禪師語錄 二十卷 四冊

虎丘隆和尚語錄 一卷 一冊

雲庵真淨禪師語錄 六卷 二冊

應庵和尚語錄 十卷 二冊

湖州山峻禪師語錄 二卷 一冊 靜端著

羅湖野錄 二卷 一冊 曉瑩集

大慧普覺禪師語錄 三十卷 八冊

卓吾和尚批選大慧業 語錄 機緣 頌古 普說 法語 書問 武庫 拾遺

大慧禪師書 二卷 二冊 并《拾遺》一卷 一冊

高峰大師語錄 一卷 一冊

澹生堂讀書記　澹生堂藏書目

中峰和尚廣錄　三十卷　六冊
元叟端禪師語錄　一卷　一冊
恕中和尚語錄　六卷　二冊
楚石禪師語錄　二卷　四冊
楚石禪師西齋淨土詩　二卷　二冊
璣峰和尚語錄　一卷　一冊
明覺禪師語錄
傅大士語錄
天如語錄　四卷　四冊　善遇編
雪巖禪師語錄　二卷　二冊　希陵編
月心和尚笑巖集　南集二卷　北集二卷　共四冊　曇芝編
普庵禪師語錄　四卷　四冊
石屋和尚山居詩并當湖語錄　二卷　一冊　釋至柔編

太初語錄　三卷　三冊
鄧豁渠南詢錄　一卷　一冊
卓吾禪談　一卷　一冊
李氏道古錄　二卷　又載《李氏叢書》
李氏觀音問　一卷　又載《李氏叢書》
達觀和尚語錄　附《圜中錄》一卷
憨山大師雙經錄　一卷　一冊
基隆復問　一卷　一冊
袁石公德山暑談　一卷
那鏡　一卷　一冊
教外別傳　一卷　載《林子分內》集

以上[俱語錄]

五三四

[止觀]

天台智者大師四念處 四卷 一冊

天台禪門口訣 一卷 一冊

天台止觀 一卷 一冊 小板 灌頂記

天台止觀 一卷 一冊 小板 智顗述

止觀義例 二卷 一冊 小板

止觀輔行傳弘訣

大乘止觀法門 四卷 一冊 式遵述

摩訶止觀 十卷 四冊 天台大師述

靜坐要訣 一卷 一冊 袁黃 又載《袁氏叢書》

止觀大意 一卷 唐天台沙門湛然述 以下三種

共一冊

始終心要 一卷

修懺要旨

釋禪波羅蜜次第法門 十卷 三冊 天台智者大師

諸法無諍三昧法門 二卷 一冊 南嶽思大師撰

大乘百法明門論注八識規矩注

頓悟入道要門 二卷 一冊 慧海述

法界觀門 一卷

法界次第初門 九卷 智者大師撰

入不二門指要 一卷

入不二門科 一卷

袁生懺法 一卷 載《袁氏叢書》

以上[俱止觀]

警策

南嶽大師誓願文 一卷

佛事要略 一冊

禪林寶訓 四卷 一冊 淨善

緇門警訓 二卷 共二冊 俱沙門景隆

緇門警訓續集 一卷 釋宏

緇門崇行錄 一卷 一冊 俱雲棲

僧訓日紀 一卷 一冊

自知錄 二卷 一冊

禪關策進 一卷 一冊

勸善錄 二卷 二冊 蔣鵬集

普勸修行文 一卷 一冊

慨古錄 二卷 一冊 湛然

以上[警策]

詮述

永嘉大師禪宗集 一卷 一冊

永嘉集注

證道歌 一卷 唐玄覺撰

證道歌注

又 雲棲板永嘉集 一卷 一冊

又 金陵板永嘉集 二卷 一冊

宗禪辨 一卷 張商英 載《稗乘》

歸元直指 四卷 四冊 釋一元集

顯密圓通成佛心要集 二卷 一冊 道殿

禪海二珍 二卷 一冊 信心銘 證道歌

陶理觀心鑑 一卷 一冊

永明壽禪師心賦 一卷 一冊 俱釋延壽撰

又 心賦注 四卷 四冊

永明禪師唯心訣 一卷 智覺述 又惟心訣一

册 小板

禪宗決疑集 一卷

傳佛心印 一卷

萬善同歸 三卷 一冊

三教聖經心印 一冊

高麗普照師修心訣 一冊

真心直說 一卷 下二種共一冊

又 修心訣 一卷 一冊

是非關 一卷

放牛居士是非關 一冊

頓悟入道要門 二卷 一冊【重】

又 頓悟入道要門論 一卷 唐沙門海慧述【重】

諸方門人參問錄 一卷

教禪辨疑 二卷

十疑或問 一卷

又 四十八問答 一卷

性相通說 二卷 一冊

相宗八要 八卷 一冊 玄奘

相宗八要解 二卷 二冊

八識略說 一卷 一冊

又 相宗八要 八卷 五冊 百法噴言 緣論

擇記 規矩證義 惟識約意 緣論會釋 六

釋同關《因明直疏》《三支義鈔》

圭峰和尚禪源諸詮集 四卷 一冊 釋宗密述

通翼 四卷 二冊 曾大奇述 又一部卷帙同

博山別古 一卷 一冊

以上[俱詮述]

提唱

禪宗頌古聯珠通集 四十卷 八冊 宋沙門法應

集 元沙門普會續

萬松老人從容錄 三卷 三册

萬松老人請益錄 二卷 二册

林泉老人空谷集 三卷 三册

林泉老人虛堂集 三卷 三册

佛果擊節錄 二卷 二册 明覺拈古 佛果擊節

圓悟老人碧巖集 十卷 四册

又 圓禪師碧巖集 十卷 四册 雲棲小板

通玄青州二百問 二卷 一册

寒山子詩 一卷 一册

擬寒山詩 一卷

和張無垢頌 一卷 一册

拈古頌 一卷 一册 來斯行

擬詩和頌 一卷 一册 俞彥

善人咏 一卷

雲棲護法偈 一卷 一册

以上提唱

淨土

龍舒居士淨土文 十二卷 十二册 王日休

西方直指 三卷 一册 一念居士

西方合論 十卷 二册

淨土資糧

又 三時繫念

慈心功德錄 三卷 一册

淨土境規

淨土指歸 二卷 一册

淨土或問

淨土十疑論　一卷　一冊

四十八願文　一卷　一冊

淨行別品　一卷　俱袁宏道　載《袁氏叢書》

懷淨土記　一卷

月心和尚淨土偈　一卷　一冊　釋德寶

淨土生無生論　一卷　一冊　傳燈　又一冊

李氏因果錄　三卷　俱卓吾李贄　以下三種俱載

《李氏叢書》

淨土訣　一卷

三教品　一卷

懷淨土詩　一卷

懷極樂詩　一卷

以上淨土

因果

經律異相　五十卷　十冊　梁沙門寶唱撰

往生集　三卷　二冊　雲棲釋宏輯

密咒圓因往生集　一卷　一冊

女往生集　一卷

因果錄　二卷　一冊　俱李贄

業報案　二卷　二冊

報應公案　二卷　一冊　施時行

新集歷代輪迴集　二卷　一冊　釋如相等輯

冥司語錄　一卷　一冊

廣慈編　三卷　一冊

慈印錄　二卷　一冊

餘慶錄　一卷　一冊

勸善錄 二卷 二冊 蔣鵬集【重】

護生品 二卷 二冊 趙㢸光

好生編 一卷 一冊 張位 載《閒雲館別集》內

戒殺放生文 一卷 一冊 雲棲

戒殺放生合論 一卷

戒殺辨疑篇 一卷

殺生炯戒 一卷

問羊集 四卷 二冊

牛禁集 五卷 一冊 郭子章

樵史可己編 一卷 一冊 葛曉

轉因錄 二冊

以上因果

記傳

佛祖統紀 五十四卷 二十冊 宋沙門志磐輯

如來成道記 一卷 一冊 唐王勃撰 釋道成注

傳法正宗記 十卷 二冊 僧契嵩撰

釋氏應化事蹟 二卷 二冊 釋寶成編

禪林僧寶傳 三十卷 三冊 釋惠洪撰

高僧傳 十三卷 三冊 梁沙門慧皎輯

續高僧傳 四十卷 八冊

宋高僧傳 三十三卷 六冊 釋贊寧輯

求法高僧傳 一卷

高僧事略 一卷

神僧傳 九卷 載逸史

西域求法高僧傳 二卷 一冊 俱僧義淨撰

武林西湖高僧事略 一卷 一冊

皇明名僧輯略 一卷 一冊 袾宏

智證傳 十卷 一冊 覺慈編

智者大師傳 一卷 一冊

甬東三佛傳 一卷 一冊

廬山十八高賢傳 一卷 一冊

蓮宗寶鑑 十卷 二冊 優曇輯

林間錄 三卷 二冊 小板 德洪集

法喜志 二卷 二冊

長水塔院紀 六卷 二冊 俞汝爲輯

達觀禪師塔銘 一卷 一冊

雲棲大師塔銘 一卷 一冊

雲棲大師傳 一卷 一冊 虞淳熙

以上俱記傳

禪餘

弘明集十四卷 五冊 梁僧佑

廣弘明集 四十卷 十二冊 唐道宣

法苑珠林 一百二十卷 二十四冊 唐道世

皇明護法錄 三冊

法藏碎金 十卷 四冊 俱晁迥

法藏金液 二卷 以下三種俱載《晁氏三書》

道院集要 二卷

昭德新編 一卷

樂邦文類 六卷 六冊 宗曉

尚直尚理編 一卷 一冊 釋景隆述

禪玄顯教編 一卷 載《稗乘》

翻譯名義集 二十卷 四冊 宋法雲編

大藏一覽 十卷 五冊 宋陳實編

三教總覽法數 三卷 一冊 古音編

大明三藏法數 五十卷 十冊 釋如一等輯

佛法金湯

又　增定佛法金湯　十卷　八冊　一套　方士雄

增定

諺謨曲典

宋文憲護法錄　十卷　五冊

管東溟憲章餘集

續憲章餘集

青原山重建淨居禪寺緣起　一卷　一冊

修寺諸疏　一卷　一冊

象教皮編　六卷　三冊　陳士元　載《歸雲別集》

四家禪喜集　共十九卷　六冊　王荆公二卷　蘇東坡喜集　蘇穎濱三卷　黃山谷六卷

長慶集警悟選　一卷

蘇長公警悟選　一卷

文字禪　四卷　一冊　李贄　又載《枕中十書》

禪燕　二十卷　六冊　俱徐可求

禪燕別集　共二卷　二冊　刪蒲室集一卷　刪松雲普錄一卷

赤水玄珠　一卷　一冊　俱王正位

旃檀林　一卷　一冊

禪林餘藻　一卷　一冊　陸樹聲　又載《陸文裕公外集》

釋教編　六卷　劉鳳

貝典雜說　葉秉敬　載《徹雲館別集》

竺乾宗解　四卷　四冊　李樹喬

善世法言　六卷　二冊

井涯剩語　二卷　一冊　釋傳慧

竹窗隨筆　一卷　一冊　俱雲樓釋宏著

竹窗二筆 一卷
竹窗三筆 一卷
雲棲記事 一卷 一冊
山房雜錄 一卷 一冊
正譌集 一卷 一冊
模象記 一卷
金屑編 一卷 一冊 袁宏道
雲棲大師遺稿 答問 一卷 書 一卷 共二冊
雙樹幻抄 四卷 一冊 胡應麟
琴藏羯磨 一卷 一冊
刻藏緣起 一卷 一冊
大明三藏聖教目錄 四卷 一冊
藏經字函號簿 一卷 一冊
五大部直音 一冊

教乘法數 十二卷 六冊

以上禪餘

文集

鐔津文集 二十二卷 四冊
石門文字禪 三十卷 六冊 洪覺範著
雨華集 十二卷 五冊 古溪澄著
侑堂禪師山居詩 一卷 一冊
笑巖集 四卷 附淨土偈 一卷
全室外集 九卷 一冊
徑山集 三卷 一冊 釋宗淨集
冬溪內集 二卷 二冊 釋方澤著
雪浪集 二卷 二冊 釋洪恩著
憨山東游集 四卷 二冊 俱釋德清

澹生堂藏書目 子部二 釋家類

五四三

又 憨山夢游集 一卷

巖棲集 五卷 一册 釋惠秀

金剛寺甘露稿 一卷 一册 釋如愚

遷塔詩 一卷 俱釋大壑

西湖三潭放生詩 一卷 一册

同聲集 二卷 一册 釋圓復集

毘耶室詩 一卷 一册 管雲山集

以上文集

續收總附 [釋家]

摩訶般若波羅蜜經 三十卷 六册【重】

道行般若波羅蜜經 十卷 二册【重】

小品般若波羅蜜經 十卷 二册【重】

勝天王般若波羅蜜經 七卷 二册【重】

大寶積經 一百廿卷 廿四册【重】

佛説菩薩念佛三昧經 六卷 二册【重】

大方廣佛華嚴經普賢菩薩行願品 四十卷 八册【重】

信力入印法門經 五卷 一册【重】

金光明最勝王經 十卷 二册【重】

正法華經 十卷 二册【重】

入楞伽經 十卷 二册【重】

佛説華手經 十卷 二册【重】

佛説施燈功德經 一卷【重】

金剛三昧經 二卷 共一册【重】

大乘本生心地觀經 八卷 二册【重】

佛説除蓋障菩薩所問經 廿卷 二册【重】

地藏菩薩本願經 二卷 一册【重】

大乘理趣六波羅蜜多經 十卷 二冊

佛說如來不思議秘蜜大乘經 廿卷 二冊 【重】

大乘瑜伽金剛性海曼殊室利千臂千鉢大教主經 十卷 二冊 【重】

大明度無極經 六卷 二冊 【重】

合部金光明經 八卷 一冊 【重】

佛說前世三轉經 一卷 一冊 【重】

大方廣三戒經 三卷 一冊 【重】

佛說大灌頂神咒經 十卷 二冊 【重】

添品妙法蓮華經 八卷 二冊 【重】

佛說五千五百佛名神咒除障滅罪經 八卷 二冊 【重】

菩薩行方便境界神通變化經 三卷 一冊

稱揚諸佛功德經 三卷 一冊 【重】

佛昇忉利天爲母說法經 三卷 一冊 【重】

佛說阿閦佛國經 三卷 一冊 【重】

發覺淨心經 二卷 一冊 【重】

得無垢女經 一卷 一冊 【重】

佛說如幻三昧經 三卷 一冊 【重】

大般涅槃經 四十卷 一冊 【重】

入定不定印經 二卷 一冊 【重】

不必定入定印經

悲華經 十卷 二冊 【重】

阿惟越致遮經 四卷 一冊 【重】

諸法本無經 三卷 一冊 【重】

觀自在菩薩怛縛多利隨心陀羅尼經 一卷

一冊【重】

佛說一向出生菩薩經 一卷 一冊【重】

佛說首楞嚴三昧經 三卷 一冊【重】

未曾有因緣經 二卷 一冊【重】

未來星宿劫千佛名經 一卷 一冊【重】

南本大涅槃經 三十六卷 七冊【重】

善思童子經 二卷 一冊【重】

文殊師利所說不思議佛境界經 二卷 一冊【重】

文殊師利佛土嚴淨經 二卷 一冊【重】

十一面神咒心經 五卷 一冊【重】

大乘顯識經 二卷 一冊【重】

六祖大師法寶壇經 一卷 一冊【重】

佛遺教經論疏節要 一卷 一冊【重】

金剛頂瑜伽金剛薩埵五秘密修行念誦儀軌 【重】

無量壽如來修觀行供養儀軌 二卷 共一冊【重】

觀自在菩薩如意[三]輪咒課法 一卷 一冊【重】

慈悲水懺法 三卷 一冊【重】

楞嚴經通義 【重】

楞嚴經臆說 四卷 圓澄【重】

法華經通義 【重】

法華意語 一卷 一冊 圓澄

金剛經會譯 一冊【重】

圓覺經略疏 一冊【重】

金剛三昧經注解 一卷 一冊 圓澄【重】

觀楞伽經記　四册【重】

大藏一覽　五册【重】

大悲懺法　一册

釋摩訶般若波羅蜜經覺意三昧　一卷一册【重】

修華嚴奧旨妄盡還源觀原人論　二卷一册【重】

析疑論　五卷一册【重】

黃蘗傳心要法　一卷一册【重】

萬善同歸　三卷一册【重】

古尊宿語錄　四十卷十册【重】

五燈會元　十册【重】

涅槃玄義　三卷一册【重】

相宗八要　八卷一册【重】

八識略說【重】

百論　二卷【重】

廣百論　一卷一册【重】

佛事要略　一册【重】

五大部直音　一册【重】

護生說　一卷一册【重】

慨古錄　一卷一册　湛然【重】

金剛經心經合刻　一册

甬東三佛傳　一卷一册【重】

雲門湛禪師語錄　八卷四册　圓澄

因明論正義　二卷二册

宗門設難　一册　麥浪

宗門寢言　一册　麥浪

［以上釋家類續收］

澹生堂讀書記　澹生堂藏書目

〔一〕曼殊：據大連本補。
〔二〕縛多利：據大連本補。
〔三〕如意：據大連本補。

澹生堂藏書目 子部三

兵家 將略 兵[政]

將略

六韜 三卷 呂望

孫子兵法十三篇 一卷 一冊 徐昌會注

孫子 三卷 魏武注 外又載《廿子全書》載《諸子萃覽》

孫子參同 三卷 載《李氏叢書》

孫武子纂注 十三卷 六冊 黃邦彥校

司馬兵法 一卷 司馬穰苴 載《廿子全書》又載《諸子萃覽》

尉繚子 二卷 載《諸子萃覽》

吳子 一卷 載《廿子全書》又載《諸子萃覽》

黃石公素書 一卷 一冊 亦入道家內

赤松子 一卷 載《說鈔》

武侯心法 一卷 載《武侯全書》又載《諸子萃覽》

李衛公問答 三卷 載《諸子萃覽》

武經七書 十二卷 四冊

又 武經七書 二卷 二冊

韜鈐內篇 一卷 國朝趙本學

韜鈐續編 一卷 俞大猷

武經總要　前集廿二卷　附行軍須知二卷　後集二十二卷　附百戰奇法十門　共十八冊

行軍須知　二卷 二冊

百戰奇法　十卷 二冊

續武經總要　八卷 四冊

武經節要發揮　一卷 一冊　陳珌

百將傳　十卷　張預

又　百將傳　七卷 四冊

續百將傳　四卷

圖書編兵制圖考　十八卷　章潢

百戰奇法總論一卷　百戰奇法列傳一卷　成

周兵制圖說一卷

漢南北軍圖說一卷　唐府兵圖說始末一卷

宋三衛四廂兵制圖說一卷

國朝兵制沿革總考一卷　黃帝所傳風后握奇陣圖考一卷　八陣圖大中小成圖考一卷

天覆陣圖一卷　地載陣圖一卷　常山陣圖說一卷

李靖陣圖一卷　九疇陣圖說一卷　營陣總考一卷

裴緒營法一卷　水操營船圖說一卷　戰陣圖說一卷

兵制通考　共十卷　俱馬端臨

兵制總論六卷　教閱考一卷　車戰考一卷

舟師考一卷　軍器考一卷

歷代兵制考略　八卷　章俊卿　載《山堂考索》

武侯將苑　一卷 一冊　甯杲

行師選要　一卷 一冊　高舉　又一部

唐荊川武編 十二卷 十二册 一套 抄本 唐順之

又 武編 一部 前集六卷 後集六卷 共十二册
二套 南京新刻板

運籌綱目 十卷 八册 葉夢熊

將將紀 二十四卷 八册 李材

紀効新書 十八卷 六册 戚繼光

登壇必究 四十卷 四十册 王鶴鳴

將略類編 二十四卷 二十四册 高折枝輯

古今紆籌 十二卷 十二册 施浚明輯

將評心見 二卷 二册 王詔

兵政紀略 五十卷 十二册 李材

木鐘臺未學學 一卷 唐樞 載《木鐘臺再集》

陣法舉要 一卷 附八陣圖數一卷 俱徐常順之

兵垣四編 五卷 五册 唐順之撰

八陣合變圖說 一卷 一册 藍章

戰陣圖說 附邊略 三卷 三册 畢侍御

將臣寶鑑 一卷 一册 戚繼光

利器解 一卷 一册 温編撰

城書 四卷 一册 吉安版 又一部 一卷 一册 杭州板

備書 二十卷 十册 王應遴輯

以上俱[將略]

兵政

風后握奇經 一卷 公孫弘汪

虎鈐經 二十卷 三册 許洞

遁甲吉方直指 一卷 以下一十一種俱抄本 共

十六冊 二套 俱兵書秘抄

遁甲奇門 一卷

歷代兵陣圖 一卷

白猿經 三卷

望江南占 一卷

天遁劍法 一卷

勦寇神器 二卷

勦寇陣圖 二卷

六甲靈文 一卷

選將八門 一卷

太乙奇門 三卷

登壇六壬 一卷

握機經傳 六卷

人事律 三卷

翠微先生北征錄 三卷

兵餘備覽 一卷

必勝奇術 二卷

陣圖雜輯 十卷

復套陣圖 一卷

遁甲八陣圖 一卷

火龍神器圖法 六卷

武侯八門神書 一卷 一冊 抄本

捷徑六壬端坐書 二卷 一冊

武藝要略 二卷 一冊

諸史將略十六卷 八冊 劉幾輯

神器譜 四卷 二冊 趙士楨

兵略 三冊 畢懋康輯

武備志 二百四十卷 八套 茅元儀

[以上俱兵政]

續收[兵家]

新刻紀效新書 十八卷 四冊 楚藩板

兵機要集 一卷 一冊 李桂芳

乘城要法 一冊 高第刻

蠹紀 一卷 一冊 王模

耕餘剩技 蹶張心法 一冊 少林棍法闡宗三卷 一冊 程宗猷

西洋火攻圖說 一卷 一冊 張燾 孫學詩

職方司新刻練兵諸書 十八卷 六冊 戚繼光

握機經傳解 一卷 一冊 曹放明

白猿奇書 三十六篇 一冊 唐李靖

師尚 五卷 三冊 歸醇子輯

王文成用兵心法 一卷 一冊 華復元編

城守要機 七卷 一冊

百戰奇法 十卷 二冊【重】

兵機秘纂 十三卷 五冊

讀史機略 十卷 十冊 何撰輯

方略摘要 十卷 三冊 趙大綱

籌國勝著 四卷 四冊

類輯練兵諸書 十八卷 六冊 戚繼光【重】

河朔治兵虞言 二卷 二冊

占候

天文家 占候 曆法

天文會通 二十卷 二十冊 抄本 一套

紫薇垣統占一卷　紫薇垣內外星座統占一卷

太薇垣中外官星統占一卷　天市垣統占一卷

二十八宿統占十六卷

朱子天文圖注　一卷　一冊　抄本

天文百陽經　三卷　一冊　抄本

天元玉曆災異賦　七卷　一冊　抄本

馬貴與日星通考　十六卷　馬端臨

中宮三垣考一卷　二十八宿考一卷　十二度

次考一卷

日星雜變考一卷　日食考二卷　日食月變考

一卷

五星凌犯考四卷　星隕星見考四卷

圖書編天文各圖說　十二卷　章潢

仰觀義例一卷　步天歌一卷　昊天混元圖說

一卷

三垣二十八宿圖說一卷　七政圖說一卷　五

辰圖說二卷

六經天文篇　二卷　王應麟　載《玉海》

五星行度圖考二卷　四餘行度圖考二卷

鄭氏天文略　二卷　鄭樵　載《通志略》

天文圖會考　二卷　二冊　王圻

天文便覽圖　一卷　夏良勝　載本集

天文圖說　一卷　李元庚

乾象圖說　一卷　一冊　周述學

玉曆輯　二卷　俱王鶴鳴　二種俱載《登壇必究》

天文輯略　二卷

天文緒論　一卷　俱徐常吉　二種俱載《諸家要

指》

冲合定考 一卷

天文占驗 一卷 又 占驗錄一卷 俱載《夷門廣牘》

象形質疑 一卷

天文地理星度分野集要 四卷 二册 陸佺抄本

樵子五行志 一卷 一册 抄本 又載《淡生堂餘苑》抄本

五行秘錄 一卷 一册 抄本 又載《淡生堂餘苑》抄本

玉曆通政經 三卷 三册 抄本 唐李淳風

春秋繁露禱雨法 一卷 一册 宋應昌刻

以上俱占候

曆法

周髀算法 二卷 趙嬰注 載《秘册彙函》

甘石星經 二卷 甘公 載《漢魏叢書》

中星考 一卷 王廷相 載《王氏家藏集》

中星別解 一卷 陳錫 載《楮瘦集》

山堂曆法雜考 七卷 章俊卿 載《山堂考索》

曆法圖編 六卷 章潢

治曆明時圖說 一卷 四仲中星圖說 一卷 曆象圖說總論 一卷

璿璣玉衡圖說 一卷 黃道總覽圖說 一卷 歷代曆法 一卷

革節厄言 五卷 二册 戴廷槐

古今律曆考 七十二卷 二十八册 邢雲路

天官舉正 六卷 范守己 載《御龍子集》

曆法新書 四卷 二册 袁黃 又載《袁氏叢書》

曆書考 一卷 吳懷

澹生堂讀書記　澹生堂藏書目

曆理管窺　一卷　一册　何注撰　載《諸家要指》

經世曆法　一卷　徐常吉

曆布成算　一卷

大明大統曆解　三卷　田藝衡　載《留青日札》

戊申立春考證　一卷　邢雲路　載《廣秘笈》

枝幹釋　七卷　一册　郭子章　又載《淡生堂餘苑》

　抄本

幾何原本　六卷　六册　俱利瑪竇

測量法義　一卷　一册

（管）[簡]平儀說　一卷　一册　熊三拔

　以上俱曆法

[續收天文]

曆法便覽時用通書　四十卷　十册

聖壽萬年曆　一卷　二册　即《曆學新書》

萬年曆備考　二卷

律曆融通　四卷　共一册

律曆融通音義　一卷

測圓（鏡海）[海鏡]　十卷　二册　元李冶撰　明

　顧應祥釋

嘉量算經　三卷　三册

算經品　一卷　一册

方圓勾股圖解　一卷　一册

九九古經歌　一卷　一册

五行家　占卜　陰陽　星理　堪輿

占卜

焦氏易林　四卷　四册

周易占林　四卷　四册[一]

易卦類選大成　四卷　三册　張其堤

邵康節先生先天易數撮要　三卷　三册

皇極經世圖覽　十八卷　十八册　三套　邵雍著

皇極經世圖覽　劉基解

皇極心易發微　六卷　三册　楊向春

玄谷神易數　一卷　一册　蔡玄谷

中庵籤易　一卷　一册　盧翰

易卜詳義　一卷　徐常吉　載《諸家要指》

邵子玄機　一卷　一册　抄本

黃石公望空四字數　一卷　載《夷門廣牘》

康節玉門數　一卷　一册　抄本

黃石公潤經　一卷　李靖授　載《淡生堂餘苑》

抄本

陳希夷河洛數　三卷　一册　抄本

觀梅數　二卷　一册

梅花數　二卷　一册

靈棋經　二卷　二册　晉顏幼明　宋何承天注　元

陳師凱　明劉基解

鬼谷子前定書　二卷　二册

鬼谷子亨卜法　一卷　周履靖校

玉洞仙書　二卷

鎖地鈐 二卷 載《錦囊瑣綴》

大六壬畢法 一卷 一册 鈔本

六壬課 一卷 載《百家名書》

六壬釋義 一卷 徐常吉 載《諸家要指》

心易觀梅六壬數 一卷 一册

九天明鑑奇書 一卷 預知子

火珠林 一卷 載《百家名書》

黃金策 三卷 一册 王許

異授奇書 一卷 一册

五行弈數 二卷 一册 陳情

太乙原古 三卷 一册

六壬原古 三卷 一册

奇門原古 三卷 一册

圖書卦解 一卷 一册

九圖史 一卷 一册 趙宧光

遁甲符應經 三卷 三册 宋仁宗御製序

六壬神定經 六卷 二册

玉管照神經 十卷 四册 宋齊丘增補

何柏齋管窺 四卷 一册 何塘

鹿門隱書 一卷 皮日休著

遁言 十七卷 五册 孫宜著

元圖符 二卷 一册 劉黃裳

筮仕涓吉便覽 二卷 一册

年月集要 五卷 二册

發微通書 共六十卷 五册

趨避檢 二卷 附曆合覽二卷 神會曆一卷

大明曆一卷 連珠曆一卷 拜命曆一卷

金符經一卷 玉匣記一卷

紫薇斗數　一卷　一冊　抄本

質龜論　一卷　載《百家名書》　載《夷門廣牘》

龜經心法　一卷　一冊　抄本

解夢心鏡　五卷　二冊

卜家萃覽　十五卷　八冊

大小六壬一卷　諸家占法三卷　占候成書二卷

五行靈應課一卷　九天玄女課一卷　玉洞金書一卷

燈齋發橄一卷　神光經一卷　祛病書二卷

解夢一卷　靈籤一卷

推背圖說　一卷　一冊　抄本

玉洞仙書　一卷　載《錦囊瑣綴》【重】

古今記夢要覽　二卷　二冊

以上俱占卜

陰陽

皇明選擇曆書　五卷　四冊

筮策理數日抄　二十卷　十二冊

三台通書　二十卷　八冊

選擇類編　八卷　一套　劉最

彙選筮吉指南　十一卷　十冊　萬邦孚

克擇正諺　一卷　徐常吉　載《諸家要旨》

日家指掌　二冊　萬邦孚

諏擇秘典　二冊　二冊　黃汝和

臞仙肘後經　二卷　二冊

通書便覽　一卷

[一]《周易占林》上天頭附條簽：「占林已入經內。」

統曆寶鏡 二卷 一冊 載《錦囊瑣綴》內

出行寶鏡經 一卷 一冊 又載《錦囊瑣綴》

都天 一卷 一冊

八門禽演碎金書 三卷 一冊

奇門微義 一卷 一冊 俱鮑稺卿

奇門陽遯 一卷 一冊

奇門陰遯 一卷 一冊

選擇禽奇盤例定局 五卷 四冊 徐之鏌

寶鏡 一卷

玉匣記 一卷 一冊

玄女經 一卷

握奇經 一卷 載《夷門廣牘》

三才運用通書 十八卷 九冊

[以上俱陰陽]

星理

文武星案 六卷 六冊 陸位輯

三命會通 十二卷 十二冊 萬民育

禽奇直指 共十卷 六冊 一套

八門碎金三卷 窮鄉便方一卷

永定通書二卷 禽星直指三卷 都天一卷

星學綱目正傳 二十卷 十冊

星學大成 十八卷

耶律星命秘訣 五卷 一冊

耶律五星

琴堂五星 二卷 載《百家名書》

張果老星命大全 十卷 四冊 陸位輯

果老子平大成 三卷 二冊

五星或問 一卷

星平總會 十卷 六冊

命學全書 三十卷 六冊 內 星平會海 十卷 臺曆便覽 十卷

蘭臺妙選 三卷 二冊 西窗老人著

星學源流 二十卷 五冊 楊源編

子平管見 二卷 一冊 雷鳴夏

四字經 一卷 唐德行禪師著 載《夷門廣牘》

三命會通 十二卷 十二冊 萬民英輯

三命或問 一卷 徐常吉 載《諸家要旨》

淵海子平大全 六卷 二冊 李欽

三辰通載 四卷

紫府珍藏 一卷

星經雜著注解 二卷

鄧史喬扤星論 一卷

光霽淵微 一卷

望斗經 一卷 歐陽友山著 載《百家名書》

神光經 一卷 載《百家名書》

碧玉經 一卷 一冊

命理千里馬賦 一卷 一冊

五星玉鏡 四卷 二冊

相字心法 一卷 載《百家名書》

麻衣相法 一卷 載《百家名書》

許員相法 一卷 載《夷門廣牘》

人象賦 一卷 袁忠徹 載《古今識鑒》

風鑑秘機 一卷 載《百谷諧聲》

以上俱星理

堪輿　營宅　卜葬　理氣

黃帝八宅周書秘奧

黃帝宅經　二卷

陽宅集成　九卷　六冊　陳夢和

陽宅陰宅一訣千金　二卷　二冊　彭好古　又載《夷門廣牘》

陽宅真傳　二卷　一冊　李邦祥

陽宅本旨圖解集成　一卷　四冊　一套

相宅圖說　一卷　一冊

相宅圖式　一卷

營宅圓機

陽宅大全　共十卷　六冊

八宅四書四卷　陽宅真訣二卷　神搜經一卷

井經一卷　玄空經一卷　宅寶經一卷

卜居全集　四卷　四冊

陽宅珍藏[一]　二卷

［以上俱營宅］

[一] 珍：《續修四庫全書》影印漫堂抄本作「真」。

葬經　一卷　晉郭璞

葬書古文　二卷　一冊　陳國幹衍義　即《葬經注解》

葬書演　一卷　一冊　鄭之惠演　又載《太朴山居冗編》

郭子翼　二卷　一冊　韓惟之刪定

地理天機會元　三十五卷　十二冊　顧乃德輯

玉尺經二卷　元劉秉忠著　明劉文成公注

太華經一卷　許亮著

至寶經一卷　謝和卿著　夾竹梅花共七卷　宋吳景鸞著

金函賦一卷　劉敦素　葬書一卷

葬經一卷　雪心賦一卷

黑囊經一卷　范越鳳　□龍記三卷　唐曾文通著

叢珠金鎔一卷　六賦一卷　蔡板堂

劉公天寶經葬法一卷　劉江東著

撼龍經　青囊經　六法心經　疑龍經　倒杖法　黃囊經　各一卷　附二十四砂法

水訣　俱唐楊筠松著

催官篇一卷　理氣葬法一卷　披沙揀金一卷　俱賴文俊

金璧玄文一卷　龍六砂水格四卷　五行傳變一卷　卦例一卷

九星傳變一卷　四法心鏡一卷　俱宋廖瑀著

雪心賦　一卷　唐卜則巍著

地理正宗　八卷　八冊　一套　徐國柱編

玉髓真經　五十卷　十二冊　張子微著　劉允中輯前集三十卷　後集二十卷

本原三卷　秘傳三卷

堪輿秘旨　六卷　六冊　董章纂

人子須知　三十五卷　十六冊　徐善繼等編

玉尺新鏡　二卷　二冊　劉秉忠撰

堪輿宗旨　三卷　三冊

　堪輿與旨　堪輿秘傳

　堪輿管見　堪輿續論　各一卷各一冊

澹生堂讀書記　澹生堂藏書書目

地理紫囊　八卷　六冊　趙祐

堪輿眞諦　三卷　二冊　陳時陽

校定天玉經七注　七卷　四冊　郭子章

黃帝授三千玄女經　一卷　載《夷門廣牘》

青烏先生葬經　一卷　載《夷門廣牘》

論地總訣　一卷

地理撮要　一卷

青囊經　三卷

青囊奧旨　一卷　楊益

五寶經　一卷

堪輿秘傳　一卷　一冊　劉潛

堪輿漫見　一卷

堪輿續論　一卷

堪輿秘寓集　一卷　賴克俊

堪輿秘傳　一卷　一冊　司馬頭陀

地理直說　二卷　一冊

趙氏葬說　一卷　趙汸

陳氏葬說　一卷　瞿佑

風水辯論　一卷　俱徐常吉　載《諸家要旨》

八荒一覽　一卷

風水答問　一卷　載《百家名書》

地理正言　一卷　載《百家名書》

俯察精言　一卷　一冊

地理秘要　二卷　沈宗沛　載《百谷諧聲》

堪輿庭訓　一卷　郭子章

地理先知　四卷　二冊　王崇德撰

〔以上俱卜葬并理氣〕

以上堪輿

五六四

[續收五行]

羅經解 一卷 一冊

地理粹裘編 二卷 二冊 范有學

陽宅新編 二卷 一冊 周繼

松盛舊編 二卷 一冊 胡經

乾象圖 一卷 一冊

金彈子 三卷 一冊 劉伯溫注

八宅抽爻分房秘訣 二卷 一冊

醫家 經論 脉法 治法 方書 本
草 傷寒 雜治 婦人 小兒
外科

經論

素問注釋 十二卷 七冊 啟玄子注 孫兆重
改誤

素問遺篇 一卷

滑氏素問注鈔 三卷 二冊 滑壽注

素問心得 一卷 一冊

靈樞經 十卷 三冊

靈樞經樞注 十卷 四冊

靈樞經心得 二卷 一冊

圖注難經 八卷 四册 張世賢注

滑氏醫案 一卷 《醫説》内

十四經絡發揮 二卷 一册 在《醫學發蒙》内

褚氏遺書 一卷 一册 舊版 齊褚澄

葛可久十藥神書 一卷 《醫説》内

中藏經 八卷 一册 華陀

内經要旨 二卷 徐春甫 即在《古今醫統》内

心印紺珠經 二卷 一册

古今醫家經綸彙編 五卷 五册 俱徐常吉

氣運總論 一卷

頤生微論 四卷 四册 李中梓著

醫家正典 一卷

華陀内照經圖 一卷 載《百家名書》

銅人腧穴鍼灸圖經 四卷 二册

醫宗粹言 十四卷 十二册 羅周彦

醫學發蒙 二十三卷 六册

醫經小學 六卷 二册

醫林繩墨 八卷 二册 方隅著

醫便 五卷 四册 張受孔輯

醫旨緒餘 二卷 二册 一載《醫學發蒙》内 一載《醫書粹覽》内

醫學權輿 一卷 一册 載《百家名書》

醫學要數 一卷 一册

醫學發明方 一卷 東垣

醫學便覽 四卷 二册 解禎

醫學碎金 四卷 一册 周禮

翼醫通考 二卷

王氏醫論 四卷 王肯堂

以上俱經論

〔一〕按，正文內無雜治條目。

脉法

滑氏脉訣　一卷　一冊　舊版　又一冊　新板　俱滑壽

脉訣刊誤　二卷　二冊　元戴起宗

王氏脉經　十卷　二冊　王叔和

丹溪脉訣　一卷　朱震亨

內經脉訣　二卷　徐春甫

崔真人脉訣　一卷

脉書訓解　三卷　二冊　宋劉元賓撰　明劉浴德解

脉經直指　七卷　一冊　方穀著

程氏脉薈　一卷　程伊

太素脉訣　一卷

太素心要　二卷　一冊

脉學奇經　一卷

運起指明　二卷　二冊　王三傑著

以上俱脉法

治法

黃帝鍼灸甲乙經　十二卷　四冊

丹溪心法　五卷

格致餘論　一卷

局方發揮　一卷

劉（何）〔河〕間宣明論　十五卷　俱劉守真

原病式 一卷

保病集 三卷

河間六書 二十七卷 八冊 一套

東垣十書 二十二卷 十三冊

古今醫統 一百卷 四十六冊 徐春甫輯

薛立齋醫案

醫學綱目 四十六卷 三十一冊

證治準繩 八卷 八冊 王肯堂

醫學入門 七卷 十冊 李挺

張季明醫說 十卷 八冊 一套

續醫說 十卷

戴元禮證治要訣 十二卷 一冊

丹溪先生金匱鈎玄 三卷 一冊 戴元禮輯

鈎玄秘集 一卷 劉一仁

明醫雜著 六卷 三冊 俱薛氏醫案

原機啟微 三卷 一冊

張子和儒門事親 十五卷 四冊

丹溪纂要 八卷 共四冊 二種總名《名醫四要》

名醫三要 三卷 劉守真 韓飛霞 汪機同著

名醫雜著 二卷 一冊 王綸

名醫類案 十二卷 八冊 江瓘

石山醫案 九卷 一冊

正體類要 三卷 一冊 俱《薛氏醫案》

家居醫錄 二卷 一冊

蘭室秘藏 三卷 二冊

活法機要 一卷 一冊

醫壘元戎 一卷 一冊

此事難知 一卷 一冊

溯洄集 一卷 一册 王履著

明醫雜著 二卷 二册【重】

醫家大法 二卷 徐師曾

巢氏病源 五十卷 八册

醫家大法 三卷 一册 王好古

保生心鑑 一卷 一册 載《百家名書》

體仁彙編 十卷 八册 彭用光輯

程氏醫書 十[六]卷 八册 程伊

脉薈一卷 釋藥二卷 釋方四卷

醫林史傳四卷 史傳拾遺一卷 醫林外傳四卷

壽親養老書 一卷 陳君直 載《百家名書》

壽親養老新書 四卷 二册 鄒鉉

老老餘編 二卷 一册

醫壘元戎 十一卷 十册 元王好古輯

家塾事親 一卷 載《錦囊瑣綴》

調理四症切要 一册 邵之翰述

[以上俱治法]

方書

戴元禮證治要訣 四卷 一册

孫真人千金方 九十三卷 二十册

醫方選要 十卷 十册 周义采編

證治類方 八卷 八册 王肯堂

攝衆妙方 四卷 四册 張司馬時徹集

衛生易簡方 四卷 四册 胡淡

扶壽精方

醫便 五卷 三册 張受孔輯【重】

蘇沈內翰良方　十卷　二冊　蘇子瞻　沈存中

急救良方　二卷　一冊　張司馬時徹集　又急救良方二卷一冊　載《錦囊瑣綴》內

萬病回春　八卷　八冊　龔廷賢

醫方外科選要　二卷　二冊

萬氏濟世良方　七卷　六冊　萬表

種杏仙方　四卷　四冊　龔廷賢

師古齋彙聚單方　七卷　六冊　一套

中流一壺　一卷　一冊

瑞竹堂經驗良方　三卷　三冊　元薩謙齋集

途中備用方　一卷　一冊　徐師曾輯

程氏釋方　四卷　一冊　程伊

醫方考　六卷　六冊　吳崑編

孫真人海上仙方　一卷　以下五種俱載《醫家萃覽》內　又載《百家名書》

溫隱居海上仙方　一卷

怪症奇方　二卷

應急良方　一卷

軒轅氏治病秘法　一卷

以上俱方書

本草

本草綱目　五十二卷　三十六冊　三套

證類大觀本草　三十一卷　十冊　一套　宣郡板

本草蒙筌　一卷　一冊

本草集要　二卷　一冊

本草集要　十二卷　一冊　方穀輯

本草便　二卷　一冊　張懋辰

藥性賦 二卷 一册 一載《醫學發蒙》內 一載
《醫書粹覽》

藥性輯要 一卷 一册

藥性會元 三卷 三册 梅得春

藥性粗評 四卷 四册 許希周

藥性解 二卷 二册 李中梓

本草圖形 四卷 四册

藥類證明 二卷 一册

湯液本草 一卷 王好古集

程氏釋藥 二卷 程伊宗

食物本草 二卷 一册 官板

食品集 二卷 一册 吳祿編

證類本草 三十卷 十册 唐慎微

以上俱本草

傷寒

南陽類證活人書 二十二卷 四册 一套

張仲景傷寒全書 二十卷 六册 一套

注解傷寒論 十卷 張仲景述 王叔和次 成無己
解

金匱要略方 三卷 張仲景述 王叔和集 林億詮
次

傷寒類證 三卷 張仲景撰

傷寒明理論 四卷 成無己撰

劉河間傷寒標本 二卷 劉守真

傷寒直格 三卷 葛雍編

傷寒醫鑑 一卷 馬宗素撰

傷寒心要 一卷 鎦洪編

傷寒心鑑　一卷　常德編

陶庵傷寒六書　七卷　四冊　一套　陶華述

傷寒瑣言　一卷

家秘的本　二卷

殺車槌法方　一卷

一提金　一卷

截江網　一卷

明理續論　一卷

以上俱傷寒

婦人

女科撮要　一卷

婦人良方　二十四卷　七冊

保產育嬰錄　二卷　一冊

產症須知　一卷　一冊　抄本

胤產全書　四卷　四冊　王肯堂

婦科心鏡　二卷　一冊　載《古今醫統》内

以上俱婦人

小兒

保幼大全　二十卷　四冊　宋何大任序刻　即《小兒衛生總微論方》

保嬰金鏡錄　一卷　一冊　俱《薛氏醫案》

保嬰撮要　二十卷　十冊

保嬰粹要　二卷　一冊

小兒直訣　四卷　一冊

嬰童百問　十卷　二冊

增定痘疹彙書

博愛心鑑二卷 痘疹寶鑑二卷 俱魏直

痘疹全書二卷 萬全 聞人氏痘疹論方二卷

陳中文

陳氏蔡氏痘疹論 稀痘集方二卷 痘書三卷

郭子章

錢氏小兒方訣十卷 閻孝忠 熊宗立

秘傳小兒痘科 一卷 附《婦人瘡疹》一冊

治痘詳説 三卷 一冊 孟孔

小兒痘疹方論

幼幼類集 三卷 一冊 徐春甫

原幼心法 三卷 三冊 一套 彭用光

袖珍小兒方 十卷 六冊 徐用宣

治痘三法 一卷 一冊

疹痘世醫心法

痘疹格致要論 十一卷 一冊

秘傳經驗痘疹方 四卷 二冊 黃廉

小兒推拿秘訣 一卷 一冊 周子蕃

以上俱小兒

外科

瘍瘡機要 三卷 一冊

外科樞要 四卷 二冊

外科精要 三卷 一冊

外傷金鏡錄 一卷 一冊

寶太史瘡瘍經驗全書 十三卷 十二冊 一套

宋寶漢卿

內外傷辨 三卷 一冊

外科精義 二卷 一冊 齊德之集

外科理例　八卷　四册　汪機　又二卷一册　載
《古今醫統》內

癰論粹英　一卷

銀海精微　二卷二册一套

眼科撥雲圖集　二卷二册

眼科神授奇書　二卷一册　即《原機啟微》

眼科原機啟微　二卷二册　倪維岳

明目方　一卷一册

以上俱外科

續收總附 [醫家]

仁文書院集驗方　七卷七册　鄒元標　馮嘉會
和著

經驗良方　一卷一册　段成冕

簡便驗方　一卷一册　王象晉

飲膳正要　三卷三册　元忽思慧　常普蘭奚

潔古老人注脉訣　一卷一册

王氏脉經　十卷　四册　綿　又一部　竹　王叔

醫家大法　十卷　附《皆效方》一卷　四册　伊尹

湯液　張仲景廣

太素脉訣　二卷二册　彭用光著

醫說　十卷　五册　宋張景集

黃帝素問　共廿五卷　十册　趙藩藏板

醫方選要　十卷　十册　《外科驗方》二卷二册
共十二册　周文案編集　又一部同

松篁翁劉氏經驗方　三卷一册

談野翁試驗小方　四卷　附加減十二方一卷

味齋經驗眼論方　一卷　心鑑撮要一卷　共四册

太乙紫金丹方　一卷　一册

便產須知　二卷　二册　顏漢輯

玄微秘要　八卷　四册　謝奇舉輯

宦邸便方　二卷　二册

保生餘錄　上下二卷　二册

藝術家　書畫棋琴數射

雜伎

書

宣和書譜　二十卷　二册

王氏書苑　十卷　五册　一套　俱王世貞

書苑補益　八卷　一册

杜氏書譜　三卷　二册

王逸少書記　一卷　載《書苑》

庾肩吾書品　一卷

劉孝標書品　一卷　一册　又載《秘笈》

寶泉述書法賦　二卷

張懷瓘書斷　三卷

學古編　一卷　載《秘笈》又載《夷門廣牘》

廣川書跋　十卷　一册　董逌　一載《書畫苑》

書法要錄　十卷　四册

書法鈎玄　四卷　一册　元蘇子啟

思陵翰墨志　一卷　一載《百川》一載《書苑》

孫過庭書譜　一卷　一載《百川》一載《書苑》

姜堯章讀書譜　一卷　一載《百家》一載《百川》

　一載《書苑》

米元章書史　一卷　俱米芾　載《百川學海》

米元章書斷 一卷 一載《百家》 一載《百川》

米元章法帖題跋 一載《書苑》

海嶽名言 一卷 一載《百川》

寶章待訪錄 一卷 一載《百川》 一載《書苑》

法帖釋文 十卷 劉次莊 一載《百川》

法帖刊誤 二卷 一册 黃伯思 一載《百川》

法帖譜系 一卷 曹大冕 一載《百川》 一載《書苑》

法帖通系 一卷 秦觀

歷代法帖釋文考 共十卷 一册 顧從義

東觀餘論 二卷 二册

古今碑帖考 一卷 一册

蘭亭博論 十二卷 二册 宋桑世昌 即《蘭亭考》

歐文忠試筆 一卷 一載全集 一載《百川》 一載《書苑》

陸文裕公書輯 三卷 陸深 載《文裕外集》

墨池瑣錄 四卷 一册 楊慎 載《楊升庵雜錄》

字學新書摘抄 一卷 劉惟志 一抄本 一《書苑》

玄抄類摘 六卷 二册 徐渭

書法雅言 一卷 項穆

又

書法通釋 一卷 載《夷門廣牘》

書法三昧 一卷 載《百家名書》

以上俱法書

畫

宣和畫譜 二十卷 二册

王氏畫苑　卷數細目開後

畫苑補益　二卷　一冊　王元貞

古畫品錄　一卷　南齊謝赫

續畫品　一卷　唐李嗣真

後畫品錄　一卷　釋彥悰

續畫品　一卷　陳姚最

貞觀畫史　一卷　唐裴孝源

沈存中圖畫歌

荊浩山水錄

王維山水論　共一卷

歷代名畫記　十卷　張彥遠

廣川畫跋　六卷

聖朝名畫評　三卷　劉道醇

杜氏畫譜　三卷　杜浚

五代名畫補遺　一卷

唐朝名畫錄　一卷　朱景玄

畫繼　十卷　鄧椿

益州名畫錄　三卷　黃休復

米海嶽畫史　一卷　又載《秘笈》

山水繩全集　一卷

李方叔畫品　一卷　一冊　一載《百川》又載《四十家》

畫鑑　一卷　一冊　宋湯垕

畫説　一卷　一冊　莫士龍　載《續秘笈》

圖畫要略　一卷　一冊　載《百家名書》

繪事指蒙　一卷　一冊　鄒德中　又載《百家名書》

皇明畫譜　一卷　一冊　韓昂輯　又載《餘苑》抄本

吳中丹青志　一卷　王穉登　載《續秘笈》又載

澹生堂讀書記　澹生堂藏書目

《廣四十家》

書畫史　一卷　俱陳繼儒　載《秘笈》

妮古錄　四卷　載《秘笈》

唐六如畫譜　三卷　三册　小板

畫藪七種　九卷　周履靖　載《夷門廣牘》

繪妙　一卷　欣賞編

梅花全譜　四卷　王思義

梅花譜　二卷　一册　沈襄

蜀中畫苑

以上俱畫

琴　附絲竹

文會堂琴譜　六卷　五册

琴譜　一卷　徐時琪

太古遺音　八卷　四册　二種總載《琴譜合璧》

伯牙心法　八卷　四册

古琴疏　一卷　虞汝明　載《草玄雜俎》

洞天清錄　一卷　宋趙鵠　載《百家名書》載《說郛》

琴書類集　一卷　宋僧居月

義軒琴經　二卷　二册　張一亨

嘯旨　一卷　載《夷門廣牘》又載《四十家》

籟記　二卷　王叔齊　載《夷門廣牘》

瑟譜　一卷　一册　衡藩岱翁述[二]

樂府雜錄　一卷　段安節　載《古今逸史》又載《古今說海》《百家名書》

琵琶譜　一卷

羯鼓錄　一卷　唐南卓　《廣秘笈》内

五七八

以上俱琴

〔二〕《瑟譜》書名下注：重。一見前樂部。

棋

玉局藏機　二卷　二冊　邵棟輯

玉局鈎玄　一卷　項世芳　載《夷門廣牘》

坐隱訂譜　八卷　八冊　汪廷訥

文會堂弈選　一卷　一冊

弈志　二卷　二冊　汪貞度

弈正　二卷　二冊

手談萃要　一卷　一冊

五行弈藪　二卷　一冊　陳情

弈律　一卷　一冊　王思任

以上俱棋

數

數術記遺　一卷　一冊　徐岳　又載《秘册彙函》

測圓算術　四卷　二冊

算法啟蒙　二卷　二冊　顧應祥編

雙珠算法　二卷　一冊

九章算法　一卷

以上俱數

射　附投壺

射法　一卷

射禮　一卷

雜伎

王琚射法歌 一卷 馮應京 載《經濟實用編》

射㽞 載《草玄雜俎》

司馬溫公投壺新格 一卷 載《集略》

投壺儀制 一卷 載《夷門廣牘》

以上俱射

名馬記 一卷 一冊 郭子章 又載《廣秘笈》

問馬集 一卷 一冊 吳子孝 又載《徵信叢錄》

抄本

馬戲圖譜 一卷 載《夷門廣牘》

打馬圖 一卷

古局象棋圖 一卷

五木經 一卷 以下二種俱載《夷門廣牘》

丸經 二卷

蹴踘譜 二卷 一冊 徽藩序刻

胸陣篇 一卷 載《夷門廣牘》

色譜 一卷 載《百家名書》

詩牌譜叙 一卷

穎譜 一卷

葉子譜 一卷

譜雙 一卷

六博碎金 八卷 共四冊

賞采一卷 宣和譜一卷 續貂譜一卷
除紅譜一卷 鬭腰譜一卷 雙成譜一卷
投瓊譜一卷

謎社便覽 二卷 一冊

詩牌譜 載《夷門廣牘》

牌譜　載《百家名書》

以上俱雜伎

類家　會輯　小纂　隨筆

會輯

北堂書鈔　一百六十卷　二十冊

初學記　三十卷　八冊

藝文類聚　一百卷　二十冊　二套

事文類聚　二百三十六卷　八十冊　十套

白孔六帖　一百卷　五十冊　五套

唐類函　二百卷　四十冊　四套　俞安期彙纂

冊府元龜　一千卷　二百冊

太平御覽　一千卷　二百冊　二十套

合璧事類前後續別外五集　共三百六十六卷　四十冊　五套

翰墨大全　一百四十卷　廿冊

翰苑新書　前後續別共三十五卷　三十二冊　四套

山堂考索　共二百十二卷　三十冊　三套

記纂淵海　一百卷　四十四冊　宋潘自牧纂

海錄碎事　二十二卷　廿冊　宋葉廷珪諸

玉海　二百四卷　又附錄五十卷　八十冊　八套　宋王應麟纂

秘笈新書　十六卷　十二冊　一套　謝方德編

錦繡萬花谷　四十卷　又別集一部三十卷

錦繡萬花谷　前四十卷　後四十卷　續四十卷　共

澹生堂藏書目　子部三　類家

五八一

澹生堂讀書記　澹生堂藏書目

四十八册　河南板

古今源流至論　四十卷　十六册　林駉

群書會元截江網　十六卷　八册　一套　宋胡煦

唐荊川稗編　一百二十卷　四十一册　唐順之纂

天中記　六十卷　三十册　四套　陳耀文纂

山堂肆考　二百四十卷　八十册　十套　彭大翼

事詞類奇　三十卷　廿册　徐常吉

三才圖（説）[會]　一百六卷　六十册　六套　王圻

圖書編　一百廿七卷　六十八册　章潢

群書集事淵海　四十七卷　四十八册　六套

曾公雜説　二十卷　二十册

經濟類編　一百卷　六十册　六套　馮琦

五車韻瑞　一百六十卷　四十册　凌以棟輯

韻府群玉　廿卷　十册　元陰時夫編輯

廣博物志　五十卷　二十三册　二套　董斯張

喻林　一百二十卷　二十四册　四套　徐元太

鴻書　二十[卷]　二十册　劉光斗

宋朝類苑　六十卷　十册　江少虞

以上俱會輯

小纂

諸經類纂　三十四卷　十六册　楊聯芳

六經類雅　五卷　五册　徐常吉

事類賦　三十二卷　八册

韻府群玉纂　五卷　五册

漢儁　十卷　五册　宋林越輯

群書備數　十二卷　四册　張九韶

小學紺珠 十卷 四冊 王應麟

五侯鯖 十二卷 四冊 一套 彭儼著

文林綺繡 二十卷 八冊 凌迪知

修辭指南 二十卷 四冊 一套 浦南金

博物策會 十七卷 四冊 戴璟(二)

楮記室 十五卷 四冊 潘塤

事物紺珠 四十六卷 十冊 黃一正

記事珠 十卷 五冊 劉國翰

雋古洪音 二卷 一冊 陸士璘

古雋考略 十卷 四冊 顧充

臆見彙考 五卷 二冊 游日陛

事物元本 十七卷 六冊 呂柟校

彊識略 二十四卷 十冊 吳楚材編

博聞類纂 二十卷 八冊 商濬

故事白眉 十二卷 四冊 一套 鄧志謨

代弈編 二卷 二冊 陳遷輯

三才括典 四卷 四冊 潘晟

文選雙字類要 三卷 一冊 宋蘇易簡編

典籍便覽 八卷 四冊 范泓纂

卓氏藻林 八卷 八冊 卓明卿輯

駢志 二十卷 十冊 陳禹謨

儒函類數 六十二卷 十二冊 汪宗姬輯

劉氏類山 十卷 四冊 劉胤昌

黔類 十八卷 二冊 郭子章

詩學事類 四卷 載《詩法統宗》

韻學事類 四卷 載《詩法統宗》

以上俱小纂

澹生堂讀書記　澹生堂藏書目

〔一〕戴璟：據大連本補。

隨筆

夢溪筆談　廿六卷　共六冊　又一部卷冊同　宋沈括　又補筆談　□卷　俱載《稗海》

學齋佔畢　二卷　載《百川學海》　載《續稗海》

容齋隨筆　七十四卷　十八冊　舊版二套　洪邁

又　容齋隨筆　七十六卷　十二冊　新板一套

讀書雜鈔　一卷　宋魏了翁　載《續秘笈》

經外雜鈔　二卷　一冊　又載《廣秘笈》

緯略　十二卷　四冊　一套　高似孫　又緯略摘抄一卷　載《淡生堂餘苑》抄本

野客叢書　三十卷　八冊　吳門板　宋王楙　又

一部載《廣秘笈》　又一部載《稗海》

兩漢博聞　十二卷　六冊　楊侃輯　黃曾校

能改齋漫錄　十八卷　六冊　宋吳曾

示兒編　二十卷　四冊　一套　宋孫弈

丹鉛總錄　二十七卷　十冊　俱楊慎

丹鉛餘錄　十七卷　四冊

丹鉛續錄　八卷　二冊

藝林伐山　二十四卷　四冊

升庵外集　一百卷　十六冊　二套

五色綫　四卷　四冊

正楊　四卷　二冊　俱陳文燿

學圃蕙蘇　六卷　六冊

餘冬序錄　六十卷　十三冊　一套　何孟春　又餘冬序錄摘抄　載《紀錄彙編》　又比事摘錄

二卷 載《子書[雜抄]》

宛委餘編 十九卷 王世貞

留青日札 三十九卷 十册 田藝蘅 又留青日札摘抄 四卷 載《紀錄彙編》

七修類稿 五十一卷 十册 郎瑛

瑯琊代醉編 四十卷 十册 張鼎思

金罍子 四十四卷 八册 陳絳

石室私抄評古 二卷 二册 魏文燉

讀書一得 四卷 四册 黃訓

仕學類鈔正續 六卷 六册 李顯陽

焦氏筆乘 十六卷 八册 焦竑

焦氏説楛 七卷 四册

余氏説頤 八卷 余懋學

珍珠船 四卷 俱陳繼儒 以下二種俱載《秘笈》

群碎錄 一卷

筆叢 四十八卷 十册 胡應麟

翼學編 十三卷 十册 朱應㝡

芸心餘識 八卷 四册 陳其力

張氏疑耀 七卷 四册 張萱

學殖編 三卷 二册 [鄧伯羔]著[二] 載《天荒合刻內》

田居乙記 四卷 二册 方大鎮

文史雜言 王可大 載《國[獻][憲]家猷》內

覽古評語 五册 一套 陳師

沈氏學弢 十四卷 八册 沈堯中

顧氏説略 三十卷 十二册 二套 顧起元

玄亭涉筆 十卷 二册 王志遠

剡溪漫筆 六卷 二册 孫心傳

澹生堂藏書目 子部三 類家

五八五

澹生堂讀書記　澹生堂藏書目

偶得紺珠　附憶言　六卷　三冊

五雜組　十六卷　六冊　謝肇淛著

正誤　二卷　二冊　郭孔太著

丹鉛新錄　八卷　一冊　俱胡應麟　又載《筆叢》

藝林學山　八卷　一冊　又載《筆叢》

讀書隨錄　二卷　胡嘉胤　載《柳堂遺集》

群書備考　六卷　四冊　袁黃

以上俱隨筆

〔一〕鄧伯羔：據大連本補。

續收類家

初學記　三十卷　十二冊　唐徐堅輯【重】

藝文類聚　一百卷　十六冊　歐陽詢輯【重】

文選雙字類要　三卷　三冊　蘇易簡輯【重】

事林廣記　六卷　六冊　陳元靚輯

名義考　十二卷　六冊　周析

叢書類　國史　經史子雜　諸子　小

說　雜集

國朝典故

天潢玉牒　平吳錄　北平錄　皇明本紀

平蜀記　聖政記　國初事蹟　滁陽王碑

奉天靖難記　國初禮賢錄　壬午賞功錄　北

征記

北征前錄　北征後錄　建文遺蹟　宣宗御製

官箴

宣宗御製詩　正統臨戎錄

敕議或問　大狩龍飛錄　立齋閒錄　李侍郎使北錄

宸章集錄

世典

周顛仙傳　三朝聖諭　天順日錄　李文公正

損齋備忘錄　陳石亭畜德錄　王文恪公筆記

燕對錄

前聞記

清溪暇筆　寓圃雜記　病逸漫記　蓬軒類紀

彭文憲公筆記　菽園雜記　懸笥瑣探　瑯琊

漫鈔

日詢手鏡　朝鮮紀事　朝鮮賦　平夷賦

定興王平交錄　安南奏議　安南事宜　平蠻

錄抄

東征紀行　馬公三紀　平番始末　雲中紀變

使琉球錄　日本考略　後鑒錄　華夷譯語

國朝紀錄彙編

御製皇陵碑一卷　御製西征記一卷　御製平西蜀文一卷

御製孝慈錄一卷　御製紀夢一卷　御製周顛仙傳一卷

御製廣寒殿記一卷　御製詩一卷　敕議或問一卷

諭對錄一卷　皇朝本記一卷　天潢玉牒一卷

龍興慈記一卷　國初禮賢錄一卷　遇恩錄一卷

否泰錄一卷　北使錄一卷　北征事蹟一卷

正統臨戎錄一卷　北狩事蹟一卷　復辟錄一卷

澹生堂讀書記　澹生堂藏書目

天順日錄一卷　古穰雜錄一卷　聖駕南巡日錄一卷
大駕北還錄一卷
平漢錄一卷　平胡錄一卷　北平錄一卷
平夏記一卷　平吳錄一卷　平蜀記一卷
北征記一卷　北征錄一卷　後北征錄一卷
西征石城記一卷　撫安東夷記一卷
興復哈密國王記一卷　平番始末一卷　平夷賦一卷
平蠻錄一卷　西征日錄一卷　制府雜錄一卷
雲中事記一卷　張司馬定浙二亂志一卷　雲南機務鈔黃一卷
南翁夢錄一卷　勘處播州事情疏一卷　防邊紀事一卷
滇載記一卷　平定交南錄一卷　安南傳二卷

伏戎紀事一卷　撻虜紀事一卷　靖夷紀事一卷
綏廣紀事一卷　炎徼紀聞一卷　星槎勝覽一卷
瀛涯勝覽一卷　改正瀛涯勝覽一卷　奉使安南水程日記一卷
朝鮮紀事一卷　使琉球錄一卷　鴻猷錄十六卷
治世餘聞八卷　繼世紀聞六卷　名卿蹟紀四卷
靖難功臣錄一卷　國琛集二卷　國寶新編一卷
續吳先賢讚十五卷　明詩評一卷　吳郡二科志一卷
新倩籍一卷　金石契一卷　守溪筆記一卷

震澤長語一卷　彭文憲筆記一卷　畜德錄一卷

青溪暇筆一卷　閒中古今錄一卷　剪勝野聞一卷

玉堂漫筆摘鈔一卷　金臺紀聞摘鈔一卷　停驂錄摘抄一卷

續停驂錄摘鈔一卷　豫章漫鈔摘錄一卷　科場條貫一卷

水東日記四卷　水東日記摘抄二卷　今言一卷

餘冬序錄三卷　餘冬序錄摘鈔三卷　鳳洲雜編六卷

醫閒漫記一卷　譯語一卷　海槎餘錄一卷

君子堂日詢手鏡一卷　庚巳編十卷　四友齋叢說三卷

四友齋摘鈔叢說三卷　菽園雜記三卷　菽園雜記摘鈔四卷

留青日札四卷　松窗寤言摘錄一卷　漫記一卷

近峰略記一卷　百可漫志一卷　錦衣志一卷

星變志一卷　瑯琊漫鈔一卷　病榻遺言一卷

懸笥瑣探一卷　蘇談一卷　病逸漫記一卷

前聞記一卷　寓圃雜記一卷　蒹葭堂雜著一卷

窺天外乘一卷　二酉委談摘錄一卷　閩部疏一卷

江西輿地圖說一卷　饒南九三府圖說一卷

志怪錄一卷

涉異志一卷　奇聞類紀二卷　見聞紀訓二卷

新知錄一卷

澹生堂藏書目　子部三　叢書類

五八九

今獻彙言

賢識錄　遵聞錄　平夏錄

北狩事蹟　可齋雜記　守溪長語　否泰錄

聽雨紀談　蘇談　籑曝偶談　雙溪雜記

西征石城記　興復哈密記　西樵野記　瑣綴錄

雜記

庚己編　林泉隨筆　緑雪亭雜言　石田

備忘錄　瑯琊漫抄　懸笥瑣探　竹下寱言

青溪暇筆　菽園暇記　聽雨

金聲玉振

周顛仙傳　天潢玉牒　機務鈔黃　帝王紀年

聖政紀　禮賢錄　國初事蹟　水東日記

平胡錄　讀書錄　奉天刑賞錄　石城記

撫安東夷記　哈密記　北征事蹟　革除遺事

平吳錄　平漢錄　北平錄　平蜀記

震澤紀聞　浮物　空同子　大復論

易大象說　小爾雅　松窗寱言　寓圃雜記

讀書筆記　蘇材小纂　前北征紀　後北征紀

問水集　呂梁洪記　六詔記聞　蒙泉類博

三吳水利論　國寶新編　平番始末　茂邊

紀事

海道經　海運則例　供祀記　海道漕運記

海運編　海寇後編　西番事蹟　太素外史

國朝徵信叢錄

大明初略　二卷　皇明紀略　二卷　太宗政要

仁宗政略　宣宗政要　代祀高麗山川記

西巡扈從錄附疏　書武廟初所見事　聖駕渡

黃河記

陵祀扈蹕錄附疏　春游咏和集　御製孔子祀

皆係抄本　凡家藏刻本不載　臣燦手輯

計二百十二卷　五十三册　五套

典記

夏日同游御製詩　南城召對錄　記召廟庭事

講大寶箴記事　張居正召辭紀事　召見紀事

毓德宮召見紀事　王文肅召對紀事　趙文懿平臺召見紀事

煖閣召對紀事　萬曆乙卯召對錄　又　宣召紀略二[卷]

肅穆二朝儀注考二卷　太廟祧遷考　詞臣恭題聖製集錄

治世餘聞二卷　陸氏詩紀二卷　磯園稗史二卷

內閣首臣傳七卷　皇明統宗繩蟄錄十卷　藩獻記四卷

皇明琬琰錄二卷　琬琰續錄二卷　皇明理學

名臣言行錄二卷

國朝江右名賢編二卷　先進遺風二卷　紀善錄

款識錄　善行錄　五同傳忻慕編

都城故老傳　楊東里榮遇錄　于少保憐忠錄

王三原純忠紀略　夏忠靖公遺事　薛文清公遺事

陽明先生浮海傳　瀛國公事實　袁廷玉傳

雙槐歲抄十卷　于文定公筆塵十二卷　惜陰錄摘抄

江陵雜記　管窺小識二卷　朱文懿公茶史

勘楚始末　妖書始末　蔡儀部勘楚記事

妖書記事　東觀志　史職考

王文恪公職官考　擬皐言　庶子生母服制考

沈青霞戍死始末　江陵逸事　黔中止權記

五九一

澹生堂讀書記　澹生堂藏書目

涇臯瘖言寐言　杞人問答　京城圖志

兩京賦　北京賦　平胡頌

平江漢頌　江淮平亂碑　平胡頌

平浰頭記　平都蠻記　彭澤征西記事

平白草番碑　嶺南平寇碑　平都蠻進銅器事實

府江紀事　叙嘉靖間倭入東南事　淮陽紀功碑

本末　　　　　　　　　　　　　　記剿徐海

張司馬定浙變記　王豐輿東征記　播事述

卜酉封貢記略　略黔中平播記　播酉始事

西番外紀　烏思藏外記　九夷古事

百夷傳二首　瀛涯勝覽　李文忠開平大寧錄

撫夷錄　平安南錄　使交錄

交南錄　平蠻記　卧憂志

古冲閒談　河館閒談　典章略

庚申記事　河上雜言　問馬集

名臣寧攘編

西征石城記　撫安東夷記　北

虜事蹟

西征日錄　江上錄　制府雜錄

東戍錄　監軍曆略　復套議

三關過截編　邊關過截編　江南實錄

治河論　劉松石治河記　經略九邊總考三卷

北虜記略　北虜世系　北虜重譯

官釋十卷　泉史十卷　河渠志十卷

大獄錄　會問劉東山疏　泳化雜錄三卷

西征日錄　江上錄　制府雜錄

虜事蹟

西番事蹟　西夷事蹟　龍凭紀略　藤峽紀聞

紫荊考　大同紀事　雲中紀變　平黔三記

交事紀聞　大寧考　大同平叛志　藤峽

紀聞〔二〕

南大紀略　款塞始末　伏戎紀事　雲中降

虞傳

西南紀事　撫夷紀略　夷俗記

西南三征記　征南紀事　平番

紀事　　　　征西紀事

綏交記

范氏二十種奇書

乾坤鑿度　元包經傳　元包數總義　周易古

占法

周易略例　周易舉正　京氏易傳

麻衣正易心法　穆天子傳　孔子集語　論語

筆解

郭子翼莊　廣成子解　三墳　商子

素履子　竹書紀年　潛虛

呂氏十種書

十洲記　洞冥記　嶽瀆名山記　洛陽名園記

詩品　畫品　茶經　禽經

獸經　廣桑子游

淡生堂餘苑　共六百零四卷　共壹百四十六冊

十八套　計一百八十八種

經傳沿革一卷　古易考原一卷　周易義海撮

要一卷

詩緝略一卷　尚書譜五卷　書疏叢抄一卷

周禮復古論一卷　大學繁露一卷　禮緯含文

嘉三卷

春秋書法鈎玄四卷　經典稽疑六卷

以上俱經之餘

封氏見聞記十卷　牛羊日曆一卷　五代史補

五卷

五國故事二卷　江南野史十卷　馬令南唐書

三十卷

澹生堂讀書記　澹生堂藏書書目

釣磯立談一卷　王得臣麈史四卷　鐵圍山叢談三卷

邵氏聞見錄二十卷　邵氏聞見後錄三十卷

涑水紀聞二卷

曲洧舊聞十卷　隆平集二十卷　南燼餘錄一卷

竊憤錄一卷　竊聞續錄一卷　歸潛志六卷

庚申外史二卷　保越錄一卷　僞吳雜記三卷

世史稽疑二卷　漢書雜論一卷　呆齋宋論二卷

元史闡幽一卷　歷代世譜十卷　傳國璽譜一卷

東宮備覽六卷　文昌雜錄六卷　愧剡錄十五卷

歷代制度詳說十二卷　朝野類要五卷　武

林舊事四卷

夢(梁)[梁]錄二卷　古杭夢游錄一卷　越嶠方域志一卷

月山叢談一卷　豫章雜記四卷　荊楚歲時記一卷

桂林風土記一卷　南[海]古蹟記一卷　紀古滇說一卷

宇內古蹟考六卷　古今郡國類名三卷　遺蹟志十二卷　汴京

西湖里語四卷

以上俱史之餘

［一］貼簽：重見。

程氏考古編十卷　續考古編五卷　兼明書

緯略摘抄二卷　晁氏儒言一卷　晁氏客語一卷

漫叟拾遺一卷　笠澤雜言一卷　慶曆民言一卷

渭南雜說一卷　蘇伯衡蓍說一卷　梁溪漫志十卷

寓簡十卷　劉子邇言二卷　天地萬物造化論一卷

呆齋雜言一卷　執齋雜筆一卷　夜行燭一卷

桃溪劄記一卷　志學錄一卷　箐齋讀書錄二卷

又　南皋雜言一卷　厭次瑣談一卷　海涵萬象錄四卷

洪鐘末響一卷　物原一卷　百物紀原十卷

樵子五行志五卷　潤經一卷　五行秘錄一卷

太玄闡　枝幹釋六卷

劇談錄二卷　開顏集一卷　投轄錄一卷

溫公瑣語一卷　真率記事一卷　南野閒居錄一卷

漫堂隨筆一卷　南窗記談　楊公筆錄一卷

賓退錄十卷　西塘集耆舊續聞十卷　澄懷錄二卷

續澄懷錄二卷　巖下放言一卷　灌畦暇語一卷

張荃翁貴耳集三卷　書齋夜話四卷　銓古錄一卷

能改齋漫錄十八卷　應庵隨意錄十四卷　席上輔談二卷

萬柳溪邊舊話一卷　霏雪錄二卷　夢醒錄

澹生堂讀書記　澹生堂藏書目

二卷
廣筆疇一卷　楚漢餘談一卷　蝶庵道人清夢錄一卷
孫簡肅嘉言便錄一卷　王宮庶家庭庸言二見錄一卷
六鑑舉要六卷
益齋嘉話一卷　勿齋臆説一卷　陳永之閒中古今錄一卷
沈嘉則見聞私記一卷　定軒暇一卷　矯亭漫言一卷
青囊館寱言一卷　鷃林子五卷　南園漫錄十卷
傍秋亭雜記二卷　芳洲雜言一卷　藥房瑣言一卷
蓉塘詩話一卷　投甕隨筆一卷　大賓辱語一卷

鶴亭筆乘一卷　墨畬錢鎛一卷　輟築記一卷
瓠里子筆談一卷　外築補遺一卷　〔舖〕糟篇一卷
半村野人閒談一卷　蓉塘紀聞一卷　五莊日記一卷
風月堂雜識一卷　剔齒閒思錄一卷　招璞簡記
梣窗隨筆一卷　曝背隨筆一卷　攬轡錄一卷
平江記事一卷　北行記一卷　東祀錄一卷
西遷注一卷　小隱書一卷　南州高士雜記一卷
蘇雲卿逸事一卷　永新人物錄二卷　山人家事一卷
草堂清興一卷　種樹書一卷　錄鬼簿二卷
汴京勾異摘錄一卷　和維愚見記忘一卷　江

五九六

湖記聞一卷　幽怪錄十卷　癸辛雜識後集一卷　續夷堅志二卷

雷藪四卷　年歲紀十卷

以上俱子之餘

苕溪漁隱叢話六十卷　梅磵詩話二卷　嚴滄浪詩話一卷

都玄敬詩話二卷　秋臺清話一卷　騷壇白戰錄一卷

麓堂詩話一卷　定軒詩話一卷　歸田詩話一卷

拘虛詩話一卷　續豫章詩話十卷　曹安丘長語一卷

學詩管見一卷　藝苑雌黃一卷　文式錄一卷

皇明畫譜一卷　會稽掇英集二十卷　金石錄三十卷

以上俱集之餘

漢魏叢書

京房易傳　周易略例　三墳書

詩說　韓詩外傳　大戴禮

春秋繁露　白虎通　獨斷

忠經　方言　元經薛氏傳

汲塚周書　穆天子傳　西京雜記

素書　新語　孔叢子

新序　說苑　新書

法言　潛夫論　申鑒

中論　顏氏家訓　商子

人物志　風俗通義　劉子新論

神異經　洞冥記　述異記

王子年拾遺記　甘石星經　飛燕外傳

澹生堂讀書記　澹生堂藏書目

古今刀劍錄　論衡

古今逸史

　方言　釋名　白虎通　廣雅

　風俗通　小爾雅　獨斷　刊誤

　古今注　中華古今注　博物志　續博物志

　王子年拾遺記　山海經　海內十洲記　吳

　地記

　岳陽風土記　洛陽名園記　桂海虞衡志　北

　邊備對

　臘風土記　三輔黃圖　雍錄　洛陽伽藍記

　教坊記　樂府雜錄　九經補韻　三墳

　真穆天子傳　竹書紀年　汲冢周書　西京

　雜記

　別國洞冥記　漢武故事　趙飛燕外傳　海

　山記

秘册彙函

　易解　易解附錄　於陵子　道德指歸

　山海經圖讚　數術記遺　搜神記

　佛國記　漢雜事秘辛　周髀算經　異苑

　東京夢華錄　齊民要術　錄異記　益都方物

　略記

　南唐書　泉志　銅劍讚　靈寶真靈位業圖

　周氏冥通記　大唐創業起居注　歲華紀麗

　迷樓記　開河記　六朝事蹟　晉史乘

　楚檮杌　越絕書　吳越春秋　華陽國志

　高士傳　列仙傳　劍俠傳　神僧傳

　本事詩　續齊諧記　博異志　遼志

　金志　松漠紀聞　集異志

百川學海

　李國紀聖門事業圖　康節漁樵問對　學齋

五九八

佔畢　蔡邕獨斷　李涪刊誤　楊彥瞻九經補韻

中華古今注　釋常談　顏師古隋遺錄

李肇翰林志　宋朝燕翼貽謀錄　宋敏求退朝錄

周益公玉堂雜記　誠齋揮麈錄　丁晉公談錄

王文正筆錄　開元傳信錄　李國紀厚德錄

韓忠獻公遺事　王文正公遺事　濟南師友談記

朱彧可談　河東先生龍城錄　鍾輅前定錄

王君玉國老談苑　晁氏客語　道山清話

胡太初晝簾緒論　呂居仁官箴　儲華國祛疑說

劉賓客因論　宋景文公筆記　戴氏鼠璞

陳錄善誘文　東坡志林　子俞子螢雪叢說

蘇黃門龍川略　西疇常言

李東谷所見　趙元素雞肋　孫君孚談圃

王公四六話　謝伋四六談麈　文房四友除授集

胡國器耕祿稿　疏寮了略　疏寮騷略

梅屋獻醜集　疏寮選詩句圖　石林詩話

六一詩話　東萊詩話　珊瑚鉤詩話

劉貢父詩話　后山詩話　許彥周詩話

溫公詩話　庚溪詩話　竹坡詩話

法帖釋文　海岳名言　寶章待訪錄

元章書史　書斷　姜堯章讀書譜

歐公試筆　孫過庭書譜　黃伯思法帖刊誤

思陵翰墨志　曹陶齋法帖譜系　端硯譜

研譜　洪景伯歙研譜　元章硯史

陶隱居刀劍錄　洪芻香譜　陸鴻漸茶經

澹生堂藏書目　子部三　叢書類

五九九

張又新煎茶水記　蔡君謨茶錄　東溪試茶錄
竇子野酒譜　本心蔬食譜　贊寧筍譜
陳仁玉菌譜　怪山蟹譜　蔡君謨荔枝譜
韓彥直橘錄　南方草木狀　戴慶豫竹譜
劉蒙菊譜　石湖菊譜　史老圃菊譜
石湖梅譜　歐公牡丹記　牡丹榮辱志
王觀芍藥譜　陳思海棠譜　師曠禽經
名山洞天福地記

百家名書

詩傳　詩說　詩考　韓詩外傳
詩地理考　白虎通　方言　獨斷
李氏刊誤　戴氏鼠璞　急就篇　風俗通
釋名　博物志　續博物志　釋常談
古今注　小爾雅　顏氏家訓　忠經
畫簾緒論　呂氏官箴　治安藥石　山海經

神異經　述異記　名物法言　寰宇雜記
芥隱筆記　宜齋野乘　三餘贅筆　聽雨紀談
慎言集　三家雜說　資暇集　孔氏雜說
星槎勝覽　溪蠻叢笑　三皇玉訣　青華秘文
規中指南　修真秘要　養生導引　內景臟
腑說
素書　化書　參同契　悟真篇
壽親養老書　保生心鑑　華陀內照圖　脉訣
海上仙方　醫學權輿　玉洞金書　相字心法
神光經　火珠林　六壬課　風水問答
地理正言　麻衣相　神異經　琴堂五星
望斗經　文錄　詩品　談藝錄
助語辭　書斷　續書譜　書法三昧
圖畫要略　繪事指蒙　茶經　茶譜
茶錄　東溪試茶錄　茶具圖贊　文房清事

文房圖贊　續文房圖贊　山房十友贊　洞天
清錄
香譜　樂府雜錄　教坊記　牌譜
色譜　山家清事　田家五行　紀歷撮要
探春歷記　種樹書　草木幽微經　南方草
木狀
禽經　獸經

格致叢書

爾雅　小爾雅　爾雅異　廣雅
埤雅　釋名　方言　釋常談
胡氏詩釋　風俗通　白虎通　急就篇
山海經　師曠禽經　獸經　神異經
述異記　溪蠻叢笑　北户錄　博物志
續博物志　獨斷　孔氏雜説　李氏刊誤
戴氏鼠璞　芥隱筆記　宜齋野乘　資暇集

三餘贅筆　聽雨紀談　造化論　歲時廣記
原物　事物紀原　古今注　古今事物考
古今原始　格古論要　古器具名　古器總
附説
洞天清錄　香譜　事物異名　古今碑帖考
寶貨辨疑　南方草木狀

歷代小史

路史　拾遺記　西京雜記　漢武故事
世説新語　海山記　開河記
隋遺記　隋唐嘉話　唐語林　翰林志
松窗雜錄　柳氏舊聞　朝野僉載　卓異記
開天傳信錄　開元天寶遺事　江行雜錄　中
朝故事
龍城錄　避暑漫抄　幽間鼓吹　北夢瑣言
杜陽雜編　集異記　鄴侯外傳　三楚新語

六〇一

澹生堂讀書記　澹生堂藏書目

江南別錄　默記　蜀檮杌　貽謀錄

孫公談圃　聞見雜錄　行營雜錄　鐵圍叢談

高齋漫錄　談淵　春明漫朝錄　玉堂雜記

錢氏私志　桐陰舊話　揮麈錄　王氏揮麈錄

晉公談錄　王文正公宰錄　貴耳集　古杭
雜記

國老談苑　清夜錄　宣政雜錄　艮岳錄

閒燕常談　退齋筆錄　避戎夜話　朝野僉言

朝野遺記　白獺髓　齊東野語　桯史

遼志　金志　松漠紀聞　北轅錄

蒙韃備錄　北邊備對　西使記　自警編

厚德錄　韓忠獻遺事　王文正公遺事　寇萊
公遺事

南村輟耕錄　遂昌宋樵雜錄　東園友聞　廣
客談

稗史集傳　剪勝野聞　野史　平夏錄

清溪暇筆　瑯琊漫抄　病逸漫紀　震澤紀聞

皇明紀略　北征先後錄　北征記　西征石
城記

興復哈密記　復辟記　可齋雜記　否泰錄

瑣綴錄　古（襄）[穰]雜錄　西湖塵談錄

復齋日記

繼世紀聞　江海殲渠記　損齋備忘錄　靖難

功臣錄

備遺錄　（差）[星]槎勝覽　真臘風土記

炎徼紀聞

滇載記

天寶藏書

周易象通　詩故　邃古記　藩獻記

古文奇字輯解　玄覽　駢雅

六〇二

夷門廣牘

文章緣起　釋名　詩品　文錄

談藝錄　騷壇秘語　詩源撮要　籟紀

嘯旨　廣易千文　異域志　溪蠻叢笑

格古要論　群物奇制　墨經　胎息經

天隱子　赤鳳髓　煉形內旨　玉函秘典

金笥玄[玄]　導引訣　修真演義　既濟

真經

唐宋衛生歌　益齡單　怪疴單　書法通釋

干祿字書　學古編　畫評會海　天形道貌

淇園肖影　羅浮幻質　九畹遺容　春谷嚶翔

繪林顯識　山家清供　茹草編　水品

茶品要錄　茶寮記　湯品　易牙遺意

酒經　食時五觀　綠綺新聲　玉局鉤玄

投壺儀制　馬戲圖譜　五木經　詩牌譜

丸經　胊陣篇　黃帝玄女經　黃帝宅經

青鳥先生葬經　探春歷記　握奇經　祿嗣

奇談

靈笈寶章　相經　四字經　土牛經

天文占驗　占驗錄　質龜論　禽經

黃石公望空四字數　獸經　相鶴經　魚經

蠶書　蟲經　種樹書　蘭譜奧法

梅品　菊譜　耒經　稻品

芋經　逸民傳　香案牘　列仙傳

神仙傳　續神仙傳　梅墟遺瓊

五柳賡歌　梅花百詠　群仙降乩語　閒雲稿

野人清嘯　燎松吟　尋芳稿　千片雪

鴛湖倡和　山家語　泛泖吟　毛公壇倡和

香奩草　鶴月瑤笙　青蓮觴詠　香山酒頌

唐宋元明酒調　狂夫酒語

顔氏傳書

顔子　顔光禄集　顔氏家訓　還冤録

大業拾遺記　刊謬正俗　急就篇注　顔魯

公集

楊升庵雜録

升庵經説　周易義海撮要　詩輯　易解

經子難字　夏小正解　莊子闕誤　山海經

補注

春秋左傳地方考　分野附録　滇程記

記附録

希姓録　南詔野史　滇載記　古雋

群書麗句　謝華啟秀　詩話補遺　古音例略

古文韻語　古今風謡　古今諺

由醇録

忍書　忍書續編　食色紳言　家範

世範　貽謀四則　教家要略　宗儀

呂氏遺書　增損鄉約　增修鄉約　厚德録

勸善録

六子全書

老子　南華真經　荀子　列子

楊子　文中子

甘子全書

老子　文子　關尹子　列子

莊子　司馬子　譚子　管子

晏子　孫武子　吳子　鬼谷子

黃石子　韓子　商子　呂子

淮南子　荀子　楊子　文中子

子彙

儒家　鬻子　晏子　孔叢子　賈子　陸子

小荀子

道家　文子　關尹子　亢倉子　鶡冠子　黃
石子　天隱子　玄真子　無能子　齊丘子
名家　鄧析子　尹文子　公孫龍子
法家　慎子
縱橫家　鬼谷子
墨家　墨子
雜家　子華子　劉子

諸子萃覽

陰符經　廣成子　李衛公問答　太公六韜
老子　尉繚子　關尹子　亢倉子
列子　莊子　孫武子　吳子
田穰苴司馬法　素書　三略　韓詩外傳
列女傳　風俗通　白虎通　忠經
參同契　武侯心法八陣圖附　郭子翼莊　古
今注

博物志　素履子　天隱子
東萊博議　胡子知言　小學

道書全集

金丹大要　金碧古文龍虎　周易參同通真義
周易參同契解　周易參同契分章注
東萊博議 [sic] 黃自如注金丹四百字　翠源
正宗
悟真篇注疏　悟真篇真指詳說　金丹四百字
内外解
諸真玄奧集成　黃自如注金丹四百字　翠源
還源論
陳泥丸翠虛篇　金液還丹印證　紫清指玄篇
紫虛金丹大成集　紫虛注解崔公入藥鏡　紫
虛注解呂公沁園春
緣督子仙佛同源論　真人石函記　群仙珠
玉集

玉峰注敧爻歌　老子道德經　玄宗内典

張洪陽注陰符經　清淨經注　太上赤文洞古玄經注

太上昇玄消災護命妙經注　洞玄靈寶定觀經注　太上大通經注

玉皇胎息經注　無上玉皇心印經注　老子説

五厨經注

崔公入藥鏡注　青天歌注　譚子化書

三皇玉訣　矩中指南　群仙要語

玉清金笥寶錄　中和集　玄門宗旨

畫前密意　金丹秘訣　問答語錄

全真活法　鍾呂修真傳道集　呂純陽文集

文始真經　太上黄庭内〔景〕經注　太上黄庭外景經注

黄庭經五藏六府圖説

晁氏三書　法藏金液　昭德新編　道院集要

李氏叢書

道古錄　心經提綱　觀音問

莊子解　孫子參同　墨子批選　老子解

淨土訣　闇然錄最　三教品

枕中十書

精騎錄　筧窗筆記　賢弈選　文字禪

異史　博識　尊重口　養生醒醐

理談　騷壇千金訣

正稗海

博物志　王子年拾遺記　西京雜記　搜神記

述異記　續博物志　摭言　小名錄

雲溪友議　獨異志　杜陽雜編　東觀奏記

六○六

大唐新語　北夢瑣言　因話錄　玉泉子

樂善錄　蠡海集　過庭錄　泊宅編

閒窗括異[志]　搜采異聞錄　東軒筆記

青廂雜記

避暑錄[話]　畫墁錄　游宦紀聞　夢溪筆談

侍兒小名錄拾遺　補侍兒小名錄　續[補]

侍兒小名錄　墨莊漫錄

澠水燕談　冷齋夜話　老學庵筆記　雲麓漫抄

蒙齋筆談　石林燕語　清波雜志　墨客揮[犀]

異聞總錄　遂昌雜錄　懶真子　歸田錄

東坡志林　龍川別志

續稗海

龍城錄　癸辛後集　野客叢書　螢雪叢說

西陽雜俎　宣室志　儒林公議　鶴林玉露

侯鯖錄　暌車志　癸辛雜識　癸辛新識

癸辛外識　江鄰[幾]雜志　程史　隨隱

漫錄

山房隨筆　厚德錄　西溪叢語　楓窗小牘

補筆談　耕祿稿　孫公談圃　許彥周詩話

後山居士詩話　學齋佔畢　儲華谷袪疑說

秘笈

見聞錄　珍珠船　妮古錄　群碎錄

偃曝餘談　巖栖幽事　枕談　太平清話

書蕉　筆記　書畫史　長者言

狂夫之言　續狂夫之言　香案牘　讀書鏡

王照新志　雲煙過眼錄　學古編　筆疇

書品　樂郊私語　清暑筆談　貧士傳

澹生堂讀書記　澹生堂藏書目

焚椒錄　歸有園塵譚　娑羅館清言　娑羅館
觸政　吳社編　願豐堂漫書　金臺紀聞
逸稿
續清言　冥寥子游　甲乙剩言　廣莊
長水日抄　寤言　夷俗記　三事遡
瓶史　偶談　考槃[餘事]
銷夏部　辟寒部

續秘笈

尚書故實　南唐近事　文公政訓　談苑
西山政訓　林下偶談　桂苑叢談　陰符經解
枕中書　後山叢談　无上秘要　省心錄
觚不觚錄　讀書雜抄　脉望　賢弈編
煮泉小品　伏戎紀事　丹青志　畫說
柳氏舊聞　谿山餘話　耄餘雜識　西堂日記
知命錄　樂府指迷　疑仙傳　可談
玉堂漫筆　蜀都雜抄　四夷考　集異志
慎言　鼎錄　古奇器錄　井觀瑣言
蜩笑偶書　長松如退　虎薈　羅湖野錄

廣秘笈

兩同書　羯鼓錄　荊楚歲時記　丙丁龜鑑
滄浪詩話　游城南記　入蜀記　出蜀記
楓窗小牘　經外雜抄　物類相感志　還冤志
正朔考　風月堂詩話　文則　前武林舊事
後武林舊事　老子解　貴耳錄　王氏談錄
海內十洲記　農田餘話　歲華紀麗譜　庚申
外史
脚氣集　化書　傳疑錄　春風堂隨筆
燕閒錄　讀書筆記　意見　從政錄
海槎餘錄　東谷贅言　丹鉛續錄　食色紳言
閩部疏　學圃雜疏　瓶花譜　汲古叢話

六○八

馬記　劍記　雨航雜錄

龜采清課　戊申立春考證　邵康節外記

友論　　　　　　　　　金丹四百字解

木幾冗談　席上腐談

古今說鈔

穆天子傳　西京雜記　趙飛燕別傳　海內十洲記

神異經　古杭夢游錄　瀛涯記行詩　虬髯客傳

次柳氏舊聞　南唐舊事　釣磯立談　朝野類要

赤松子　玄真子外傳　王鼎翁　灌畦暇語序

開顏集　復齋日記　卓異記　巖下放言

書齋夜話　宜齋野乘　唐小說　劉賓客嘉話

松窗雜錄　投轄錄　懷古錄　澄懷錄

古今說海

北征錄　北征後錄　北征記

江南別錄　三楚新錄　溪蠻叢笑　平夏錄

金志　蒙韃備錄　北邊備對　桂海虞衡志　遼志

真臘風土記　北戶錄　西使記　北轅錄

夢游錄　星槎勝覽　崑崙奴傳　鄭德璘傳

李章武傳　吳保安傳　趙合傳　杜子春傳　洛神傳

裴伸先別傳　震澤龍女傳　袁氏傳　少室仙姝傳

李林甫外傳　遼陽海神傳　蚍蜉傳　甘棠靈會錄

顏濬傳　張無頗傳　板橋記　鄭侯外傳

洛京獵記　玉壺記　姚生傳　唐咺手記

獨孤穆傳　王恭伯傳　中山狼傳　崔煒傳

陸顯傳　潤玉傳　李衛公別傳　齊推女傳
魚服記　聶隱娘傳　袁天綱外傳　曾季衡傳
蔣子文傳　張遼言傳　侯元傳　同昌公主
外傳
陸仁蒨傳　韋鮑二生傳　張令傳　李清傳
薛昭傳　王賈傳　烏將軍記　寶玉傳
柳參軍傳　人虎傳　馬自然傳　寶應錄
白蛇記　巴西侯傳　柳歸舜傳　求心錄
知命錄　山莊夜怪錄　五真記　小金傳
林靈素傳　海陵三仙傳　默記　宣政雜錄
靖康朝野僉言　朝野遺紀　墨客揮犀　續墨
客揮犀
聞見雜錄　山房隨筆　諧史　昨夢錄
三朝野史　鐵圍山叢談　孔氏雜說　瀟湘錄
三水小牘　談藪　清尊錄　暌車志

話腴　朝野僉載　古杭雜記　蒙泉筆談
文昌雜錄　就日錄　碧湖雜記　錢氏私志
遂昌山樵雜錄　高齋漫錄　桐陰舊話　霏
雪錄
東園友聞　拊掌錄　軒渠錄　漢武故事
艮嶽記　清溪寇軌　煬帝海山記　煬帝迷
樓記
煬帝開河記　江行雜錄　行營雜錄　避暑
漫抄
養疴漫筆　樂府雜錄　教坊記　虛谷閒抄
蓼花洲閒錄　北里志　青樓集　雜纂
損齋備忘錄　復辟錄　靖難功臣錄　備遺錄
四十家小說
天寶遺事　續齊諧記　十洲記　卓異[記]
葆光錄　洛陽名園記　趙飛燕外傳　高力士

六一〇

外傳

博異志　楊太真外傳　臥游錄

資暇集　(博)集異記　幽閒鼓吹　山家清事

明道雜志　宜齋野乘　松窗雜錄　小爾雅

鍾嶸詩品　本事詩　畫品　鼎錄　柳氏舊聞

古今注　隋唐嘉話　周秦行紀　南岳魏夫人傳

劉賓客嘉話　嘯旨　文錄　深雪偶談

芥隱筆記　艾子雜說　梅妃傳　虬髯客傳

松漠紀聞　別國洞冥記　白猿傳　碧雲騢

廣四十家小說

漁樵閒話　讀書筆記　雲仙散錄　梅花什

襄陽舊耆傳　廣客談　賈氏談錄　陶朱新錄

天隱子　白獺髓　冀越集　石田雜記

友會談叢　蒬勝野聞　寇萊公遺事　歷代帝

王傳國璽譜

桂苑叢談　避戎夜話　江淮異人錄

吳中舊事　西征石城記　中朝故事　平江記事

震澤紀聞　明皇十七事　杜陽雜編　興復哈密記

莘野纂聞　摭言妓館五事　蘇談　吳社編

綠珠內傳　丹青志　否泰錄　北狩事蹟

神異經　開顏集　江海殱渠記　閒燕常談

後四十家小說

國寶新編　瑯琊漫抄　七人聯句詩　寓意編

二科志　(痊)[瘞]鶴銘考　太湖新錄　清溪暇筆

(逸病)[病逸]漫記　夷白齋詩話　讀書筆記　存餘堂詩話

六一一

澹生堂讀書記 澹生堂藏書目

日詢手鏡　陽山新錄　海槎餘錄　新倩籍
景仰撮書　蠶衣　賓檀記　霞外雜俎
彭文憲公筆記　否泰錄　蘇談　吳中往哲記
今雨瑤華　簪曝偶談　金石契　十友譜
稗史　西征記　避戎夜話　雲林遺事
天全先生遺事　清夜錄　聽雨紀談　談藝錄
蔪勝舊聞　近言　宋史辨　茶譜
懸笥瑣探

名賢說海

庚已編　西樵野記　客座新聞　閒中今古錄
志怪錄　綠雪亭雜言　莘野纂聞　枝山前聞
涉異錄　百可漫志　近峰聞略　畜德錄
三餘贅筆　駒陰冗記　聽雨紀談　西京雜記
仰山脞錄　中洲野錄　續已編　蘇談
寓圃雜記　可齋雜記

煙霞小說

吳中故語　蓬軒吳記　蓬軒別記　馬氏日抄
掾曹名臣錄　庚已編　異林　紀周文襄公見
鬼事
語怪四編　猥談　高坡異纂　艾子後語
說聽　紀善錄

稗乘

萬乘肇基錄　聖君初政記　明良錄略　造邦
賢勳錄略
逐鹿記　在田錄　殉身錄　椒宮舊事
東朝記　雪蕉館紀談　壟起雜事　鳳凰臺
紀事
已瘧編　萬松閣記客言　孝武事略　趙氏二
美遺踪
明皇十七事　熙朝樂事　掖庭佚政　希通錄

兩抄摘腴　積善錄　樂善錄略　續積善錄

適園語錄　訓子言　解醒語　隨隱漫錄

松窗錄略　家世舊聞　攬轡錄　駿鸞錄

吳船錄　因話錄　廣成子　宗禪辯

保生要錄　多心經　常清淨經　三十國記

禪玄顯教編

藏說小萃

公餘日錄　宦游紀聞　存餘堂詩話　明良記

洹詞記事抄　洹詞記事續抄　水南翰記　延

州筆記

汴游錄　保孤記　暖姝由筆

草玄雜俎

琅嬛記　雲仙雜記　緝柳編　女紅餘志

古琴疏　誠齋雜記　尤射

梓吳

七人聯句詩　太湖新錄　懸笥瑣探　瑯琊

漫抄

蠶衣　近言　吳中往哲記　金石契

新倩籍　吳郡二科志

山居雜志

南方草木狀　筍譜　竹譜　梅譜

洛陽牡丹記　牡丹榮辱志　天彭牡丹記　亳

州牡丹志

芍藥譜　海棠譜　荔枝譜　橘譜

百菊雜譜　茶經茶譜　酒譜　蔬食譜

菌譜　野菜譜　蟹譜　禽蟲述

山林經濟籍

敘籍原起　隱逸首策　群書品藻　書畫金湯

護書　山林友議　處約　隱覽

食時五觀　文字飲　閒人忙事　燕閒類纂

韋弦佩　廣放生論　卦玩　讀書十六觀

燕史固書　麴部觥述　牡丹榮辱志　瓶史

索隱

香聯　茗笈　野菜詠　五子諧策

園閣談言

陸文裕公外集

傳疑錄　河汾燕閒錄　春風堂隨筆　聖駕南

巡錄

大駕北還錄　淮封日記　南遷日記　知命錄

金臺紀聞　願豐堂漫書　谿山餘話　玉堂

漫筆

停驂錄　續停驂錄　科場條貫　豫章漫抄

中和堂隨筆　史通會要　平胡錄　春雨堂

雜抄

同異錄　蜀都雜抄　古奇器錄附藏書目錄

書輯

陸文定公雜著

陸氏家訓　陸學士題跋　病榻寱言　禪林

餘藻

汲古叢語附國[學]訓諸生十二條　長水日

抄　清暑筆談　耄餘雜識

善俗禆議　鄉會公約　適園雜著

來瞿唐日錄

弄圓篇　河圖洛書論　格物諸圖　大學古本

入聖功夫字義　省覺錄　孔子謹言功夫　省

事錄

九喜[榻]記　四箴　諭俗俚語　理學辯疑

心學晦明解　讀易悟言　悟言[二]以上內篇

客問　釜山稿　述悟賦　悟山稿

游峨嵋稿[附]游賦　快活庵稿　八關稿

游吳稿附石鼓歌

重游白帝稿　求溪稿　古詩　買月亭稿　鐵

鳳稿

游華山稿　游太和山稿　續求溪稿　以上

外篇

百谷諧聲

楞嚴約旨二卷　道德附言二卷　南華評選二

卷　華隱夢談二卷

陰符釋義一卷　微心百問一卷　延生秘機一

卷　風鑑秘機一卷

堪輿秘機二卷

林子分內集

三教會編　三教分摘　作聖　仲尼天地

度世　道無不可　三教無遮大會　道一教三

萬古此綱常　綱常教之本　復古之道　宗孔

之儒

孔門心法　九序　心是聖人　須識真心

艮背心庭　煉心實義　世出世法　在世出世

性命　性命仁丹　常明教　本體教

河圖洛書　心爻　常道篇　無生篇

太虛天地　真我昌言　佛菩薩義　元神實義

夢中人　經傳　德性問學　格物正義

立本　信難　儒經訊釋　黃老訊義

無爲真實義　見性篇談經訊釋　教外別傳

權實

寓言　破迷　三教異端　持齋辨惑

念經辯惑　心鏡指迷　絲銀喻　七竅

易解俚語　著代禮祭　崇禮　歌學解

詩文浪談　六美條答　井田　導河迂談

山人　遍叩三門　天人一氣

澹生堂讀書記 澹生堂藏書目

六一六

夏一 夏三 立本 入門
極則

天荒合刻
　字學三章　藝穀　論世編　中有錄

袁氏叢書
　學殖解
　訓兒俗說　靜坐要訣　祈嗣真詮　袁生懺法
　淨行別品　河圖洛書　勸農書　皇都水利
　詩外別傳　曆法新書　寶坻政書

陳眉公十集
　讀書鏡　狂夫之言　續狂夫言　安得長者言
　眉公筆記　書（焦）［蕉］香案牘　讀書十
　六觀
　眉公群碎錄　巖栖幽事　枕譚

歸雲別集

姓匯　姓觿　名疑　古俗字略
夢占逸旨　論語類考　孟子雜記　易象鈎解
易（解）［象］彙解　五經異文

歸雲外集
　陡疾恒談　楚故略　象教皮編　楚絕書
　荒史　世曆　江漢叢談　俚言解
　夷語音義　岳紀
　松樞十九山
　西浮籍　荊南詩　桐薪　織里草
　桃葉編　戲瑕　樟亭集　二蕭篇
　聽濫志　獪園　討桂篇

閒雲館別編
　經筵國學講章　詞林典故　翰苑題名　史
　職議
　莊子題評　道德陰符解　經史格言　諸子

格言　問奇集　好生編　明心寶鑑

徹雲館別集
警心類編

甌餘漫錄　書肆說鈴　文字藥　坐塵轉語
貝典雜說

王奉常雜著
關洛紀游稿　歸田倡酬　閩部疏　三郡圖說
名山游記　澹思子　經子臆解　讀史訂疑
藝圃擷餘　望崖錄內編　望崖錄外編　二西
委譚

胡氏筆叢
窺天外乘　學圃雜疏　卻金傳　遠壬文
經籍會通　史書佔畢　九流緒論　四部正譌
三墳補逸　二酉綴遺　華陽博議　莊嶽委譚
玉壺遐覽　雙樹幻抄　丹鉛新錄　藝林學山

（大）〔太〕朴山居冗編
偶語　日記功過目　武夷紀游詩　睡記
邵詩轉轉語　老子解　郭子演　經義
養生內篇　養生外篇　測莊　莊砭

淡生堂雜著
藏書訓約　壁拈　邵楊二先生詩轉語
和張無垢論語頌　密園前記　密園後記　泰
岱記游
天台半游記　瑯琊過眼錄　兩浙著作考檄
數馬三記
出白門曆　江行曆　歸航錄　白門二吟
曠亭小草　遼警

雪濤閣四小書
譚叢　聞紀　諧史　詩評
錦囊瑣綴

澹生堂藏書目　子部三　叢書類

六一七

唐詩極玄集二卷　中興間氣集二卷　論文心印一卷
茅坤語助一卷　盧以緯韻略易通二卷　清溪樂府二卷
牟天錫玉洞仙書二卷　鎖地鈐二卷　統曆寶經二卷
出行寶鏡二卷　朧仙神隱二卷　養魚經一卷
培蘭要訣一卷　藝菊書一卷　茶經一卷
酒方一卷　蔬食譜一卷　牌譜一卷
急救良方二卷　運化玄樞二卷　家塾事親二卷

漢魏名家

董仲舒集　東方朔集　司馬長卿集　揚子雲集
蔡中郎集　曹子建集　陸士龍集　陸士衡集
嵇中散集　阮嗣宗集　庾開府集　潘黃門集
陶靖節集　鮑明遠集　江文通集　顏延年集
任彥升集　謝康樂集　謝宣城集　謝惠（蓮）[連]集
陶貞白集　白玉蟾集

詩法統宗

魏文帝詩格　王少伯詩格　詩中密旨　評詩格
詩議　中序　詩式　緣情手鑑
風騷要式　風騷旨格　文彧詩格　流類手鑑
詩評　詩中旨格　炙轂子詩格　詩要格律
雅道機要　金鍼詩格　續金鍼詩格　梅氏詩評
詩學規範　詩家一指　嚴滄浪詩話　詩人玉屑

說鈔【重】

沙中金集　詩文正法　詩法正論　黃氏詩法
詩法正宗　詩宗正法眼藏　詩學正彠　詩法
家數
談藝錄　詩法　詩文要式　詩學集法　詩學事類
韻學事類　詩韻　辭韻

穆天子傳　西京雜記　趙飛燕別傳　海內十洲記
神異經　古杭夢游錄　瀛涯記行詩　虬髯客傳
次柳氏舊聞　南唐舊事　釣磯立談　朝野類要
赤松子　玄真子外傳　王鼎翁　灌畦暇語序
開顏集　復齋日記　卓異記　巖下放言
書齋夜話　宜齋野乘　唐小說　劉賓客嘉話

雜鈔

松窗雜錄　投轄錄　懷古錄　澄懷錄
士翼　正學編　明斷編　擬連珠編
比事摘錄　宛陵語　蘿山雜言　蒙泉雜語
未齋雜言　南山素言　塤語篇　拘虛晤言
平胡錄　江海殲渠記　醫閭漫記　昭示姦黨錄
明氏實錄　桑榆漫志　春雨堂隨筆　讕言編
西軒客談　詢蒭錄

百家類纂

家語　國語　晏子春秋　孔叢子
新語　荀子　新書　春秋繁露
韓詩外傳　新序　說苑　鹽鐵論
法言　潛夫論　昌言　申鑒
忠經　中論　文中子　鹿門子

澹生堂讀書記 澹生堂藏書目

卮辭 郁離子 龍門子 說林

老子 列子 莊子 文子

關尹子 亢倉子 陰符經 清淨經

洞古經 大通經 定觀經 胎息經

心印經 參同契 鶡冠子 抱朴子

天隱子 玄真子 齊丘子 素書

無能子 玉華子 管子 韓子

大復論 尹子 鄧子 公孫子

墨子 鬼谷子 戰國策 鬻子

呂覽 淮南子 論衡 白虎通

風俗通 子華子 劉子新論 六韜

司馬子 孫子 吳子 三略

尉繚子 孔明心書 李衛公 韜鈐內篇

韜鈐續篇

別六子全書

鬻子 公孫子 尹文子 鶡冠子

子華子 亢倉子

玉梅館全集

尊今林 時務林 見解林 品騭林

雅逸林 婦鑒林 談藝林 談詩林

詞話林 談字林 廣識林 夢數林

神術林 禪悟林 玄悟林 保生林

輿地林 龍穴林 紀異林 夷俗林

諸家要指

天官緒論 衝合考定 象形質疑 八荒一覽

風水辯證 剋擇正謬 易占詳義 六壬釋義

經世曆法 曆成布算 九章解略 律呂商求

緯書考證 氣運總論 醫宗正典 三命或問

五星或問 陣法舉要 八陣圖數 學稼緒言

玄學考正 東土淵源

經傳緯鈔

易通卦驗　易是類謀　易坤靈圖　易稽覽圖
尚書中候　尚書考靈耀　尚書帝命驗　尚書
大傳
詩含神霧　詩汎曆樞　詩推災度　禮稽命徵
禮斗歲儀　禮含文嘉　樂動聲儀　樂稽耀嘉
春秋元命苞　春秋運斗樞　春秋考異郵　春
秋說題辭
春秋合誠圖　春秋感精符　春秋演孔圖　春
秋命曆叙
春秋佐助期　春秋漢含孳　春秋文耀鈎　春
秋論語讖
論語摘輔象　孝經援神契　孝經鈎命訣　孝
經左契

開人叢編　五卷　五冊　一套

道餘錄　護法論　直心編
平心論　原教論

三十家小說　三十卷　八冊

集異記　離魂記　鶯鶯傳　霍小玉傳
柳氏傳　非煙傳　高力士外傳　東城老父傳
古鏡記　冥音錄　嵩岳嫁女記　廣陵妖亂志
崔少玄傳　南岳魏夫人傳　虬髯客傳　柳
毅傳
紅綫傳　長恨傳　任氏傳　蔣琛傳
東陽夜怪錄　白猿傳　無雙傳　謝小娥傳
楊娼傳　李娃傳　韋安道　傅周秦行紀
枕中記　南柯記

御龍子集　七十六卷

膚語四卷二冊　天官舉正六卷一冊　參雨通
極六卷二冊　瑣談四卷二冊

曲洧新聞四卷二册　吹劍草四十七卷十六册　造夏略二卷一册　嘉慶臣略一卷　曹正夫先生年譜一卷　揮麈雅談一卷

高文襄公文集　八十四卷　四十五册　一套[二]　掌銓題稿三十四卷　問辨錄十卷　中玄子本語六卷　政府書答四卷　南宮奏牘二卷　邊略五卷　玉堂公草講章五卷　程士集四卷

獻忱集五卷　綸扉外稿二卷　綸扉稿一卷　病榻遺言三卷

天中記　六十卷　六十册　六套　陳耀文輯[三]

[一]《讀易悟言》下注小字：原本少。
[二]《高文襄公文集》本條稿本闕，據大連本補。
[三]《天中記》本條稿本闕，據大連本補。

澹生堂藏書目 集部上

詔制類 王言 代言

皇明詔制 八卷 八冊

高皇帝詔諭輯略 三卷 三冊 楊起元輯

萬曆絲綸錄 六卷 六冊 一套 周永春輯

西漢詔令 四卷

沈休文代制 一卷 沈約 以下三十種俱載本集

江文通代制 一卷 江淹

張燕公代制 七卷 張說

翰林制誥 三卷

白氏長慶集中書制誥 七卷 俱白居易

元氏長慶集制誥 十一卷 元稹

會昌一品集內制 十卷 李德裕

陸宣公翰苑制誥 十卷 二冊 陸贄

王荊公內外制草 十卷 王安石

歐文忠公內外制草 十一卷 宋歐陽修

曾文定公制誥 七卷

蘇文忠公內外制 十卷 蘇軾

蘇文定公西掖告詞 六卷 蘇轍

又 北門書詔 十八卷

李忠定公詔制 七卷 李綱

真文忠公翰林詞草 五卷 真德秀

周益公制草 一卷

陳止齋內外制 九卷 陳傅良

汪彥章代制 二卷 汪藻

汪文定公內制 一卷 汪應辰

王文忠公詔制 一卷 王禕

梁潛應制集 一卷

王文恪公內制 一卷 王鏊

夏文愍（文）[公]應制集 十卷 夏言

鈐山堂內制 一卷 嚴嵩

王祭酒外制 三卷 王材

高文襄公外制 一卷 俱高拱

綸扉內稿 一卷

黃學士鑾坡制草 四卷 黃洪憲

馮宗伯外制 馮琦

祁氏寶綸錄 五卷 十冊

林氏累朝恩命錄 二卷 二冊

章疏類 奏議 書牘 啟牋 四六附

[奏議]

成祖敕纂歷代名臣奏議 三百五十卷 一百五十冊 十五套

皇明奏疏類鈔 六十卷 四十冊 四套 孫惟城等輯

皇明疏鈔 七十卷 三十六冊 三套 孫旬輯

熙朝奏議 十二卷 六冊 一套

皇明留臺奏議 二十卷 十二冊 一套 朱吾弼等輯

萬曆疏鈔 三十三冊 四套 吳亮輯刻

陸宣公奏議 廿四卷 四冊 陸贄

范文正公政府奏議 四卷 四冊 范仲淹

趙清獻公奏議 十卷 二冊 趙抃

包孝肅公奏議 十卷 二冊 包拯

李忠定公奏議 六十九卷 十冊 李綱

大儒奏議 六卷 二冊

朱子奏議 十五卷 八冊 朱熹

吳許公奏議 四卷 四冊 吳[潛]

真西山對越甲乙稿 十六卷 真德秀 載《真文忠公集》

于肅愍公奏議 十卷 八冊 于謙

孫尚書奏議 二卷 二冊 孫原貞

林莊敏公奏議 八卷 二冊 林聰

王端毅公奏稿 六卷 六冊 王恕

韓襄毅公奏議 一卷 一冊 韓雍

彭文憲公奏疏 一卷 一冊 彭時

祁侍御粵西奏疏 二卷 一冊 先中憲

晉溪本兵敷奏 十四卷 十四冊 王瓊

馬端肅公奏議 十六卷 八冊 馬文升

唐漁石江西奏議 二卷 一冊 唐龍

唐南川奏議 一卷 一冊

陶南川奏議 二卷 一冊 陶諧

余肅敏公奏議 三卷 三冊 余子俊

毛東塘奏議 二十卷 八冊 毛伯溫

譚襄敏公奏議 十卷 八冊 譚綸

趙莊靖公奏議 八卷 四冊 趙璜

梁端肅公奏議 十四卷 十四冊 一套 梁材

靜齋奏議 一卷 一冊 陳鳳梧

楊文忠公題奏前後錄 二卷 共四冊 共一套 俱楊廷和

楊文忠公辭謝錄 二卷

楊文襄公關中奏議 十卷 六冊 一套 楊一清

張文忠公文廟集議 一卷 一冊 俱張孚敬

張文忠公奏對稿 十二卷 六冊

桂文襄公奏議 八卷 四冊 桂萼

夏文愍公奏疏 二十卷 十冊 夏言

嚴介溪嘉靖奏對錄 十六卷 八冊 俱嚴嵩

又 南宮疏略 八卷 四冊

禮垣六事疏 二卷 二冊 陳樂

廖學士疏牘集 十卷 五冊 廖道南

霍渭崖疏要 二卷 二冊 霍韜

祁黃門奏議 八卷 四冊 先通奉公

胡端敏公奏議 八卷 四冊 胡世寧

督撫江西奏議 二卷 二冊 胡松

趙端肅公奏議 九卷 六冊 趙錦

雙巖奏疏 十五卷 十冊 樊繼祖

朱鎮山先生漕河奏議 五卷 五冊 朱衡

高文端奏議 十一冊 高儀

高文襄公奏牘 二卷 高拱 三種俱載《文襄公集》

掌銓題稿 十四卷

獻忱集 三卷

張文忠公奏疏選 四卷 二冊 張居正

曾大司空歷官奏疏 八卷 八冊 曾同亨

潘大司寇歷官奏疏 共二十卷 共十八冊 潘

巡按廣東奏議　一卷　一冊　督撫江右奏議　四卷　四冊　兵部奏疏二卷　一冊　刑部奏議二卷　一冊　總理漕河奏議前後二集共十一卷　十一冊　季馴

沈水西諫疏　二卷　二冊　沈漢

趙當湖奏議　四卷　二冊　趙漢

綸扉奏草　四卷　四冊　申文定公時行

綸扉筍草　四卷　四冊

王文肅公奏議　二十二卷　八冊　俱王錫爵

又

密揭辨疏　一卷　一冊

趙文懿公奏議　十六卷　八冊　趙志皋

沈文恭公敬事草　十九卷　十冊　沈一貫　又一部十七冊

朱文懿公奏議　八卷　八冊　朱賡

張可庵疏稿　六卷　六冊　張棟

顧黃門掖垣題稿　三卷　二冊　顧九思

管比部奏議　四卷　二冊　管志道

蕭司馬奏議　八卷　四冊　蕭廩

郭劍泉三疏稿　一卷　一冊　郭仁

周蹟山疏稿　一卷　一冊　周天佐

西垣疏議　二卷　曾忭　總載《廷諍錄》內

余中宇奏議　六卷　二冊　余懋學

張侍御奏疏　一卷　一冊　張啟元

郭中丞撫黔奏疏　十六卷　二套　郭子章

周中丞疏稿　十八卷　八冊　周孔教

督儲疏草　四卷　二冊　游應乾

鄒南皐奏疏　一卷　鄒元標　載本集

漕撫小草　十五卷　十五冊　李三才

經略朝鮮奏議 十二卷 十二冊 宋應昌
朱侍御留臺奏議 二卷 二冊 朱吾弼
言事紀略 五卷 六冊 李植
春曹書疏 五卷 五冊 于孔兼
大理賀文南奏疏 一卷 一冊 賀一桂
按遼奏疏 六卷 熊廷弼
按秦奏疏 十卷 十冊 畢
按秦奏草 四卷 □冊 一套 龍遇奇
王侍御疏稿 四卷 四冊 一套 王萬祚
典銓疏略 周應秋
方侍御二疏 一卷 一冊 方大鎮
禮垣疏草 五卷 二冊 余懋學
郭侍御留臺奏議 二卷 一冊 郭一鶚
江右奏稿 一卷 一冊 吳達可

保東疏 一卷 一冊 支應瑞
王司勳代庖錄 四卷 二冊 王士騏
南中奏牘 十八卷 六冊 鄧渼
吳給諫疏草 三卷 二冊 俱吳嗣亮
又 京營疏草 二卷 二冊
楊侍御入都疏稿 一卷 一冊 楊鶴
王侍御按遼疏稿 二卷 二冊 王雅量
姚侍御疏稿 二卷 一冊 姚祚端
韓求仲疏草 一卷 一冊 韓敬
江南平役疏揭 一卷 一冊 徐民式
南臺解額末議 一卷 一冊 俱張邦俊
國本借言 一卷 一冊
關中名臣疏 二卷 一冊
留臺奏稿 二冊

續收[奏議]

歷代名臣疏略

范忠宣公奏議　共四卷　共二冊　附經筵尚書解一卷　范恭獻奏議一卷

劉忠公公奏議　共二卷　二冊　附進講講義一卷　宋劉漢弼

經略三疏　俱楊一清

關中奏議

綸扉奏議

醒夢山堂疏稿　四卷　二冊　王國禎

劉中丞疏草　九卷　三冊　劉景韶撰

祠曹題疏稿　五卷　四冊　鮑應鰲著

東巡策荒三議　一冊　畢懋康

王端義公奏議　十五卷　六冊　王恕【重】

三寶奏草　四卷　四冊　喬應甲

撫齊疏草　八卷　八冊　俱工在晉

總部疏稿　六卷　四冊

經略疏稿　六卷　四冊

祝鳩氏奏議　十五卷　十五冊　李宗延

披垣疏稿　一卷　一冊　姚文蔚

冊立疏草　一卷　一冊　朱國祚

馬端肅公奏議　十六卷　八冊　馬文昇[一]

披垣出山疏草　二卷　二冊　林熙春

太平山房奏疏　三卷　三冊　鄒元標

敬事草　十九卷　十七冊　沈·貫【重】

計部奏疏　三十六卷　三十六冊　李汝華

撫楚奏疏　六卷　六冊　熊尚文

地官集 十七卷 九冊

粵西疏草 四卷 四冊 陳邦瞻

救荒疏草 四卷 四冊 過廷訓

房侍御疏草 三卷 三冊 房可壯

蘭臺摘稿 一冊 劉曰梧

薊門摘稿 二卷 二冊 劉□

黔疏稿 二冊 楊鶴

行邊奏疏 四冊 王象乾

中臺疏草 四卷 四冊 張修德

黃門疏稿 二卷 一冊 周之綱

京營巡視疏稿 二卷 二冊 彭汝楠

司空奏疏 四卷 四冊 王舜鼎

張侍御奏疏 一卷 一冊 張汝懋

〔以上俱奏議〕

〔一〕《馬端肅公奏議》貼簽：見上。

書牘 附啟牋四六

書記洞詮 一百二十卷 三十冊 三套 梅鼎祚纂

尺牘清裁 六十卷 六冊 一套

蘇黃尺牘 七卷 二冊

尺牘雋言 十二卷 二冊 陳臣忠輯

尺牘小簡 十卷 十一冊

歷代刀筆 二十卷 四冊 黃庭堅

山谷尺牘 十卷 二冊 宋孫覿著

內簡尺牘 十卷 二冊 宋孫覿著

國朝名公翰藻 五十二卷 凌稚隆輯

明七名公尺牘選 八卷 八冊 屠隆輯

鳳凰閣簡抄　二卷　二冊　凌約言

綸扉簡牘　十卷　十冊　申時行

魏莊渠書札　四卷　四冊　魏校

王文肅公牘草　十八卷　八冊

按遼書牘　二卷　二冊　熊廷弼

拘幽書草　一卷　一冊　馮應京

留餘堂尺牘　二卷

費生十書　一卷　一冊　費元禄

名公詒簡　五卷　韓國禎彙

瑤翰　二卷

詞致錄　十六卷　八冊

需削選章　四十卷　三十二冊　李國祥輯

橘山四六　二十卷　六冊　一套　李廷忠

四六標準　四十卷　廿四冊　三套　李劉

宋四六叢珠　五卷　五冊　一套

四六積玉　二十卷　四冊　章斐然輯

四六文精

須陽子啟劄　六卷　二冊　劉一相

遙擲編　二卷　二冊　金璋

敢陳稿　二卷　二冊

葉敬君偶牘　二卷　二冊　葉秉敬

啟札三牘　一卷　一冊　連繼芳

玉茗堂尺牘　六卷　二冊　湯顯祖

箋注四六標準　四十冊　廿四冊　宋李劉著　明孫雲翼箋

［以上書牘　附啟牋四六］

[辭賦] 騷（離）［擬］騷 賦

[騷 擬騷]

朱子校定離騷　五卷　四冊

朱子刪補離騷　三卷

晁氏楚詞後語　六卷

楚詞辨證　二卷　朱文公熹

楚詞大小序　二卷　一冊

新板楚詞　八卷　四冊　楊鶴校刊

楚詞集解　十五卷　七冊　俱汪瑗集

楚詞蒙引　二卷　二冊

楚詞刪注　二冊　張應元刪

古篆楚騷　五卷　二冊　熊宇輯

楚範　六卷　二冊　張子象

李卓吾批評楚辭抄　一卷　一冊

騷略　三卷　高似孫　載百川學海

楚騷叶韻　一卷　楊慎　載楊氏雜錄內

屈宋古音義　三卷　一冊　陳第

以上俱騷並擬騷

賦

賦苑　十六卷　十六冊　二套

古賦辨體　十卷　四冊

賦紀　三卷　二冊

幽憤三賦集　一卷　一冊

會稽三賦　四卷　二冊　宋王十朋著　明南逢

吉注

大明一統賦 一卷

二都賦 二卷 二冊 馬斯藏

兩京賦 一卷 抄本 黃器先

北京賦 一卷 抄本 陳敬宗

明蜀都賦 一卷 一冊 范櫩

廖學士詞垣賦頌 四卷 四冊 一套 廖道南

快士賦 一卷 一冊

抱膝長吟賦 一卷 一冊 沈朝煥

北堂上壽賦 一卷 一冊 張應鳳

天游山人賦 一卷 一冊 康祥卿

四明攬勝賦 一卷 一冊 董晟

〔以上俱賦〕

總集 詩文總編 文編 詩編 樂府 郡邑文獻 家乘詩文 制科藝

〔詩文總集〕

昭明文選本文 十冊 一套

五臣注昭明文選 六十卷 二十冊 二套 唐李善等注

文選纂注 十二卷 十二冊 一套 張鳳翼注

文選章句 三十八卷 十六冊 陳與郊輯

文選增定 三十三卷 八冊 一套

文選補遺 四十卷 十三冊 陳仁子輯

廣文選 六十卷 十八冊 一套

廣廣文選 廿三卷 廿五冊 二套 周應治

[文編]

文苑英華 一千卷 一百二十冊 十套 又一部
 卷冊同前 二十套
唐文粹 一百卷 二十冊 二套
宋文鑑 一百五十卷 二十冊 四套
元文類 七十卷 十六冊 二套
文體明辨 正錄六十卷 附錄十四卷 共四十冊 四套 徐師曾輯
文章正宗 二十四卷 十四冊 一套
文章正宗要選 四卷 四冊
古文真寶 十卷 四冊
 以上俱詩文總集

崇古文訣 三十五卷 八冊 樓昉編

崇正文選 十二冊
文章軌範 二冊 謝枋得輯 又文章軌範 一部
 舊板
邵虞庵文選心訣 一卷 一冊 又古文奇賞 一部
古文關鍵 二卷 二冊 又續古文奇賞 一部
 廿四冊 陳仁錫評選
文編 六十四卷 廿六冊 三套 唐順之輯
古文類抄 十二卷 八冊
古文雋 十六卷 十六冊
文苑春秋 四卷 四冊
西漢文苑 十卷 六冊 一套
唐宋八大家文鈔 一百四十四卷 五套 茅坤輯

唐宋四大家文選 四卷 二册

皇明文衡 一百卷 十二册

皇明文教錄 五卷 五册 婁樞

皇明近代文範 六卷 六册

鉅文編 十二卷 四册 屠隆選

簡文編 二卷 二册 伍袁萃選

今文選 十二卷 六册 孫鑛選

古今短編 二卷 二册

古文法眼 四卷 四册 李贄選

文章正論 二十卷 十六册 二套

文儷 十八卷 十八册 二套

四六文精 六卷 三册

建安七子選 一卷 一册 俱李贄

竹林遺語選 一卷 一册

[以上俱文編]

【古樂府】

古樂苑 五十二卷 十册 一套

古樂府 十卷 四册 元左克明編

[以上俱古樂府]

【詩編】

周詩遺軌 十卷 四册 劉節編

漢魏詩乘 十卷 十册 一套

漢魏六朝詩乘 四十七卷 十册 一套 又一部卷帙同上

六朝詩集

梁武帝集 梁簡文帝集 梁宣帝集 梁元帝

集 周明帝集 陳後主集 隋煬帝集 王子
淵集 陰常侍集 何水部集 劉孝綽集 劉
孝威集 沈約集

初唐十二家詩集

盧照鄰集 駱賓王集 王勃集 楊炯集 高
常侍集 陳子昂集 宋之問集 孟浩然集
岑嘉州集 王維集 杜審言集 沈佺期集

盛唐十家詩集

李嶠集 張九齡集 張說集 蘇頲集 儲光
羲集 王昌齡集 崔顥集 祖詠集 常建集
李頎集

中唐十二家詩集

儲光羲集 獨孤及集 劉長卿集 錢起集
盧綸集 孫逖集 崔峒集 劉禹錫集 張籍集
王建集 賈島集 李商隱集

四唐名家詩集

李嶠集 張九齡集 張說集 蘇頲集 儲光
羲集 王昌齡集 崔顥集 常建集 祖詠集
李頎集 耿湋集 張祐集 韓翃集 秦系集
許渾集 劉滄集 項斯集 溫庭筠集 李洞
集 李咸用集 曹松集 于鄴集

三唐百家詩集 細目別見各集下

合刻選詩唐詩正聲 二十九卷 五冊 一套

選詩補 四卷 四冊

選詩外編

唐詩正聲

樂府詩集 一百卷 十二冊 一套

唐雅樂府 十八卷 十冊 一套

情采編 三十六卷 八冊 屠本畯輯

古詩類苑　一百三十卷　三十二冊　四套

唐詩類苑　二百卷　一百二冊　十套

詩雋類函　一百五十卷　三十冊　三套

唐詩品彙　一百卷　三十二冊　四套

初唐彙詩　七十卷　十二冊　二套

盛唐彙詩　一百二十四卷　二十四冊　四套

詩紀　一百四十六卷　四十冊　四套　馮汝訥輯

唐詩紀　六十卷　十冊

詩所　五十六卷　十二冊　二套

唐詩緒箋　二十九卷　十冊　程元初編

雅音會編　十二卷　十二冊　康麟輯

萬首唐詩　八十卷　十二冊　二套

唐科試詩　二卷　二冊

唐絕爭奇　七卷　一冊　楊愼

五七言律祖　二卷　一冊

唐詩六集　十二卷　六冊　一套

　河嶽英靈集　三卷　殷璠集　篋中集　一卷

　元結集　國秀集　三卷　芮廷章集　極玄集

　二卷　姚合集　搜玉集　一卷　中興間氣集

　二卷　高仲武集

箋注三體唐詩　二卷　一冊　周弼選

弘秀集　十卷　一冊

瀛奎律髓選　八卷　二冊　張岱選　楊愼選

宋藝圃集　二十二卷　五冊　李蓘編

濂洛風雅　七卷　二冊　金履祥

元詩類　六卷　四冊

宋元名家詩集　北宋七十卷　南宋六十卷　元

　初四十卷　元末四十卷　共四十冊　四套　潘是

仁編

林和靖集五卷　唐子西集七卷　米元章集

五卷

蔡君謨集六卷　秦少游集六卷　文與可集

九卷

嚴滄浪集六卷　王龜齡集六卷　葛白叟集

九卷

陳后山集四卷　趙閱道集五卷　裘竹齋集

六卷

曾茶山集二卷　陳簡齋集五卷　陸務觀集

八卷

謝皋羽集五卷　戴石屏集六卷　宋器之集

三卷

戴東野集五卷　翁靈舒集四卷　趙靈秀集

四卷

徐靈暉集四卷　徐靈淵集五卷　真山民集

四卷

花蕊夫人集一卷　朱淑貞集四卷　元裕之集

十卷

劉夢吉集三卷　陳笏齋集六卷　貫酸齋集

二卷

鮮于伯機集二卷　趙子昂集七卷　吳草廬集

六卷

廬彥盛集三卷　馬伯庸集三卷　范德機集

四卷

楊仲弘集四卷　溫石屋集六卷　虞伯止集

七卷

揭曼碩集五卷　王繼學集二卷　薛宗海集

二卷

薩天錫集八卷　張伯雨集六卷　陳衆仲集

三卷
貢南湖集七卷　倪雲林集六卷　楊鐵崖集
三卷
傅與礪集四卷　柳初陽集三卷　張仲舉集
四卷
泰顧北集一卷　李季和集二卷　余心廷集
二卷
貢玩齋集三卷　成柳莊集四卷　陸德陽集
一卷
廼易之集二卷　鶴永庚集二卷　龍子高集
二卷
鄭允端集一卷

盛明百家詩
高季迪集　楊孟載集　張來儀集
徐幼文集　宋景濂集　劉伯温集

林子羽集　袁海潛集　王達善集
王孟端集　浦長源集　錢舜舉集
李賓之集　陳公甫集　邵國賢集
莊定山集　石邦彥集　夏赤城集
秦修歟集　李空同集　沈石田集
桑思玄集　史西村[集]　杭世卿集
杭東卿集　張伎陵集　顧東橋集
熊士選集　王渼陂集　王陽明集
朱升之集　朱日藩集　孫太初集
何大復集　王浚川集　左中川集
邊華泉集　康德涵集　徐養齋集
俞國昌集　俞光集　祝枝山集
徐迪功集　殷石川集　孟有涯集
王欽佩集　戴遼谷集　韓五泉集
鄭少谷集　方棠陵集　常明卿集

澹生堂讀書記　澹生堂藏書目

楊升庵集　薛西原集　張禺山集
蔣南泠集　王夢澤集　李嵩渚集
陳行卿集　馬西玄集　許少華集
許雲村集　陸盧龍集　周定齋集
周浮峰集　高蘇門集　黃泰泉集
徐少湖集　栗道甫集　傅夢求集
蔡九逵集　文衡山集　唐伯虎集
傅木虛集　王遵巖集　華鴻山集
樊南溟集　屠漸山集　王履吉集
王少泉集　陸貞山集　袁永之集
陳后岡集　黃五嶽集　黃質山集
田豫陽集　張崑崙集　唐荆川集
陳鳴野集　宗室匡南集　羅念庵集
沈鳳峰集　任少海集　薛浮休集
皇甫華陽集　皇甫少玄集　皇甫百泉集

皇甫理山集　孔文谷集　蔡白石集
王巖潭集　朱鎮山集　許茗山集
王槐野集　薛方山集　喬三石集
陳玉泉集　王仲山集　馮少洲集
侯二谷集　孟衛源集　吳霽寰集
范中方集　華補庵集　謝高泉集
何吉陽集　洪芳洲集　施武陵集
姚潛坤集　萬履庵集　鄧爲山集
宗室少鶴集　張王屋集　鄭石南集
許空石集　郭中洲集　羅海岳集
李滄溟集　王元美集　李尚寶集
徐龍灣集　吳川樓集　梁蘭汀集
宗子相集　張居來集　盧次楩集
周虛巖集　史鹿田集　王澄源集
謝茂秦集　俞仲蔚集　王伯谷集

梁伯龍集　張籹又集　俞繡峰集
龔中道集　周素庵集　釋雪江集
釋魯山集　釋半峰集　釋同石集
淑秀總集

以上俱前集

孫仲衍集　王彥舉集　黃庸之集
李仲修集　汪朝宗集　張志道集
倪雲林集　吳主一集　唐丹崖集
王子充集　趙鳴秋集　郭子章集
許士修集　華氏黃楊集　解春雨集
韓仲修集　倪維嶽集　倪汝敬集
練松月集　姚少師集　曾子啟集
郭元登集　王孟陽集　林元凱集
高廷禮集　王皆山集　劉東山集
聶壽卿集　張東海集　張白齋集

薛清江集　謝方石集　羅弦齋集
王古直集　錢希翁集　湯公讓集
顧東江集　周草庭集　秦鳳山集
錢東畬集　王蒼谷集　朱蕩南集
孫鷺沙集　楊檢齋集　湛甘泉集
周約庵集　莫南沙集　顧錫巖集
陸儼山集　顧洞陽集　齊蓉川集
王舜夫集　鄒九峰集　敖東谷集
朱子文集　錢東之集　浦文玉集
浦道微集　張水南集　顧雍里集
謝野全集　謝與槐集　張石川集
王止一集　潘靈江集　張東沙集
蘇毅原集　孫仲可集　馮三石集
吳純叔集　田莘野集　金子有集
沈石三集　唐石東集　薛畏齋集

澹生堂藏書目　集部上　總集

六四一

澹生堂讀書記　澹生堂藏書目

張餘峰集　姚本修集　沈石灣集
陳羽伯集　岳東伯集　顧伯剛集
高光洲集　趙希大集　周子籲集
包蒙泉集　秦從川集　秦虹洲集
強甫登集　王石沙集　黎瑤石集
駱兩溪集　王九巖集　王懋中集
陸修吉集　陳朝宗集　許石城集
舒東岡集　林分山集　尹洞山集
溫大谷集　茅鹿門集　莫中江集
莫少江集　曹于野集　呂中甫集
何拓湖集　萬九沙集　龔虹洲集
劉子威集　王學甫集　李青霞集
王敬美集　胡仁夫集　方篆石集
李禎叔集　張周田集　余德甫集
李少莊集　范中吳集　王氏松雲集

沈青門集　方定溪集　沈嘉則集
朱仲開集　吳之山集　張心父集
陸無從集　歐司訓集　丁少鶴集
潘象安集　金白嶼集　李用晦集
梁思伯集　徐文長集　魯宗室務本集
馮海浮集
藩宗室中立集　顧季任集　林天錫集
葉茂長集　周東四集　王崑崙集
李秀巖集　王僅初集　王貢士集
潘象安集　康裕卿集　朱邦憲集
莫公遠集　顧伯子集　張仲立集
童子鳴集　黃吉甫集　釋全室集
釋夢觀集　釋方澤集　盧羽士集
章羽士集　錢羽士集　楊狀元夫人集
馬氏芷居集　孫夫人集　潘氏集

以上俱後集

皇明十二家詩類鈔　八卷　八册

　李空同集　何大復集　徐昌穀集
　邊華泉集　孫太白集　薛西原集
　李滄溟集　謝四溟集　王鳳洲集
　宗方城集　吳川樓集　穆少春集

盛明十二家詩選　十二卷　五册

　李空同集　何大復集　徐昌穀集
　邊華泉集　顧東橋集　薛西原集
　高叔嗣集　王夢澤集　李滄溟集
　王鳳洲集　姚鳳麓集　張少谷集

廣中五先生詩集　孫西庵　王聽雨　黃雪蓬　李
　易庵　趙臨清

國初明詩選　十卷　四册　高播輯

皇明律範　二十二卷　十二册

皇明律詩類抄　二十四卷　八册

明詩粹選　八卷　四册

明詩妙絕　五卷　二册　陸應暘選

楊升庵批選古詩九種　共四册　楊慎輯

　五言律祖前集六卷　後集三卷　五言律細一
　卷　七言律細一卷　絕句衍義四卷　絕句辨
　體八卷　絕句附錄一卷　唐絕搜奇一卷　唐
　絕增奇五卷　五言絕句一卷　六言各體一卷

[以上俱詩編]

[郡邑文獻]

晉安風雅　十卷　七册　徐熥

四明風雅　四卷　四册　戴鯨

東甌詩集　十五卷　正七卷　續七卷　補遺一卷

四册 趙諫輯

古虞明詩集 二卷 二冊 謝讜

崑山雜咏 十八卷 四冊 俞允文輯

朝鮮詩選 八卷 二冊 吳濟輯

滄海遺珠 四卷 一冊 沐景顒

中原文獻 三十三卷 十六冊 一套

新安文獻志 十六冊

淮安文獻志 三十六卷 十二冊 一套

三台文獻 三十三卷 十冊 李漸編

四明文獻志 十卷 三冊 李堂輯

清源文獻志 十八卷 十冊 何炯編

蒲陽文獻 文十三卷 傳七十四卷 共六冊 鄭岳輯

金華文統 十三卷 四冊 趙鶴集

婺賢文軌 四卷 二冊 戚雄

太倉文略 六卷 六冊

嶺南文獻 三十二卷 三十二冊 三套 張邦翼輯

青溪詩集 六卷 二冊 徐楚輯

新都秀運 二卷 二冊 王寅輯

助道微機 六卷 二冊 一套 周海門師輯

以上俱郡邑文獻

[家乘詩文]

潘氏翊世宏言 四卷 二冊

祁氏傳芳録 二卷 二冊 一套

續傳芳録 二卷 二冊

蕭氏翰墨 一卷 一冊

文氏家藏選詩 十卷 二冊 文彭

葛氏家藏詩抄　內集八卷　外集十卷　共四冊

螺陂蕭氏文獻集

以上俱家乘文獻

遺文考識

金石錄　三十卷　五冊　一套　抄本　入《餘苑》

宋趙明誠

金薤琳琅　二十卷　二冊　舊板　都穆纂

又　金薤琳琅　十八卷　四冊　新板

衡岳禹碑釋文　一卷　一冊　曾鳳儀

瘞鶴銘考　一卷　載《四十家小說》

古今碑帖考　一卷　載《格致叢書》

詞海遺珠　四卷　二冊　勞堪輯

顏魯公宋廣平斷碑集　一卷　一冊　方豪輯

唐賢真蹟題跋　一卷　一冊

[以上俱遺文考識]

制科藝

唐制科策　十卷　四冊

宋元中軍論式　三卷　三冊

皇明歷科狀元策　十三卷　十冊

三狀元策　三卷　一冊

皇明八科館課　五十四卷　四十冊　四套

甲辰科館課　十六卷　十六冊　二套

[以上俱制科藝]

續收總集

文翰類選大成　一百六十三卷　六十四冊　李

澹生堂讀書記　澹生堂藏書目

伯輿

古今翰苑瓊琚　十二卷　六冊　楊慎

續古文奇賞　三十二卷　二十四冊　陳仁錫輯

古文奇賞　二十二卷　十六冊　陳明卿【重】

【重】

廣古文奇賞　二十六卷　二十冊　陳[二]

古文啟秀　六卷　六冊　王納諫

重刻坡仙集　十六卷　六冊

東坡文選　二十卷　四冊　鍾惺選

文苑春秋　四卷　四冊　崔銑輯

名世文宗　三十卷　十二冊　胡時化輯

百家唐詩　一百五十卷　三十二冊　徐忠獻編

萬首唐詩絕句　七十五卷　二十冊　宋洪邁輯

又一部　一百卷　二十冊

西崑酬倡集　二卷　一冊　楊億等

皇明詩統　四十二卷　四十二冊　李騰鵬輯

皇明中州詩選　二十二卷　十冊

李獻吉　五卷　何仲默　五卷　王之衡　二卷

薛君采　二卷　張助甫　三卷　謝茂泰　五卷

趙微生　一卷

樂府古題要解　二卷　一冊　吳兢　附吳學士遺

文一卷【重】

李西涯古樂府注　四卷　二冊

冰川詩式　十卷　四冊　梁橋

全唐詩話　六卷　六冊　尤袤

西郊詩話　一卷　一冊

南溪筆錄詩話　三卷　三冊

歸田詩話　三卷　一冊　瞿佑

六四六

山園雅咏 二卷 一冊

詩家直說 四卷 四冊 謝榛

沂東碧山樂府 四卷 二冊 武功康海

織錦回文詩譜 二卷 一冊 武功康萬民譜

餘集 逸文附摘錄 艷詩附詞曲

逸詩

〔二〕「續收總集」原在逸詩附集句摘句後，茲移入總集末。

〔三〕陳：徐本作陳仁錫。

七彙 四卷 二冊 呂□

[逸文附摘錄]

文壇列俎 十卷 二十二冊 汪廷訥輯

古文品外錄 二十四卷 十冊

古逸書 三十卷 十冊 一套

游翰寓言 四卷

游翰稗編 四卷

游翰別編 三卷

游翰瑣言 六卷 共五冊

廣諧史 十卷 六冊 一套

文府滑稽 十二卷 十二冊 一套

滑稽文傳 共四卷 一冊 又外集 一卷 後集 一卷

滑稽新傳

楊誠齋先生文膾 十二卷 四册 楊萬里

百段錦 二卷 二冊

古儁　八卷　二册　楊慎　又載《升庵雜録》

考古彙編　十二册　傅□

閱古隨筆　四卷　四册

狐腋集　四卷　二册

萃盤録　六卷　二册

諸書粹選　四卷　一册

璧水群英待問　九十卷　十六册

見滄先生待問録　四卷　一册　茅瓚撰

策樞　五卷　一册　王文禄

龍筋鳳髓判　二卷　二册　唐張鷟

以上逸文附摘録

［艷詩附詞曲］

玉臺新咏　十卷　八册　一套

續玉臺新咏　五卷　二册

唐詩艷逸品　二卷　一册

歷代宮詞　四卷　四册

編選四家宮詞　四卷　一册　王建　花蕊夫人　王珪　宋徽宗

草堂詩餘　六卷　二册

花間集　十二卷　二册

正續草堂詩餘三集　十二卷　六册

朱淑真斷腸詞　一卷　一册

雍熙樂府　十三卷　六册

環翠堂樂府

王渼陂碧山樂府

楊夫人樂府　三卷　一册

樂府指迷　二卷　張玉田　載《續秘笈》

樂府源流　一卷

樂府解題　一卷

碧雞漫志　一卷　宋玉灼

樂府古題要解　二卷　一冊　吳兢

楊升庵詞品　四卷　二冊　俱楊慎

楊升庵十段錦詞　二卷　各二冊　又越刻《升庵詞品》

錄鬼簿　二卷　一冊　鍾嗣成　又載《淡生堂餘苑》

抄本

唐宋元明酒調　一卷　周履靖　載《夷門廣牘》

弇州詞評　一卷

曲藻　一卷

南北宮詞　南詞六卷　北詞六卷　北詞外集六卷　十冊　一套

古今雜劇　二十卷　二十冊　二套

名家雜劇　十六卷　十六冊　一套

清溪樂府　載《錦囊瑣綴》

以上艷詩附詞曲

[逸詩附集句摘句]

風雅逸篇　二卷　一冊　楊慎輯

本事詩　一卷　唐孟啟　載《古今逸史》又載《四十家小說》

選詩圖句　一卷　高似孫　載《百川學海》

激衷小擬　一卷　唐樞　載《木鐘臺初集》

詩外別傳　一卷　袁黃　載《袁氏叢書》

鯨背吟　一卷　載《說郛》

聽雨亭聯句　一卷

澹生堂讀書記　澹生堂藏書書目

今雨瑤華　一卷　載《後四十家小說》

七人聯句　一卷　以下三種俱載《四十家小說》

太湖新錄　一卷

陽山新錄　一卷

新倩籍　一卷　載《紀錄彙編》又載《梓吳》《後四十家小說》

詩文浪談　一卷　林兆恩　載《林子分內集》

金石契　一卷　載《紀錄彙編》又載《梓吳》《後四十家小說》

十友譜　一卷　載《後四十家小說》

木蘭集

彤管遺編　二十卷　五冊

彤管摘奇　二卷　二冊

彤史稗音　一卷　一冊

香奩詩　二卷　桑貞白

嫏嬛集吳歌　三卷　三冊

梅柳分春　四卷　二冊

瓊芳集

梅塢遺瓊　六卷　周履靖

香雪林集　三十二卷　十六冊　王思義

中峰梅花百詠　一卷

誠齋梅花百詠　一卷

誠齋牡丹百詠　一卷

騷壇白戰錄　一卷　司馬泰編　載《淡生堂餘苑》

抄本

奇峰續集　二卷　二冊

古文韻語　一卷　俱楊慎　以下五種俱載《升庵雜錄》

六五〇

謝華啟秀 六卷

群書麗句 一卷

古今風謠 一卷

古今諺 一卷

詩城摘錦 五卷 三冊 鄧楚望輯

錦囊詩對故事 四卷 四冊

續錦囊詩對故事 二卷 二冊

陳山人集句 二卷 二冊

若耶風 二卷 二冊

雲霞錄

梅花什 載《廣四十小說》

環果園集句 一卷 一冊 呂斯美集

西溪梅花雜咏 一冊[二]

以上逸詩附集句摘句

[二]《西溪梅花雜咏》本條原在下文「以上逸詩附集句摘句」後，今移乙。

詩文評 文式 文評 詩式 詩評

[文式并文評]

文心雕龍 八卷 二冊 梁劉勰著 楊慎批選

文心雕龍注釋 十卷 二冊 梅慶生注

文章緣起 一卷 一冊 梁任昉 載《夷門廣牘》

文錄 一卷 宋唐庚 載《夷門廣牘》又載《四十家小說》

詩話

朱紫陽詩文訓略 一卷 朱仲晦

辭學指南 四卷 宋王應麟

懷古錄　三卷　一册　宋陳謨　又載《說鈔》

文則　二卷　一册　宋陳騤　又載《廣秘笈》

文斷　四卷　一册　唐之淳

徐昌穀談藝錄　一卷　徐禎卿　又載《詩法統宗》

楊升庵文論　一卷

藝苑巵言　八卷　俱王世貞

又　巵言附錄　四卷

藝圃擷餘　一卷　王世懋　載《王奉常雜著》

藝海洞酌　十一卷　馮時可

文脈　三卷　王文祿

論文心印　一卷　載《錦囊瑣綴》

談藝錄　一卷　馮時可

助語辭　一卷　盧以緯　載《百家名書》　又茅坤

《語助》一卷　載《錦囊瑣綴》

文式錄　一卷　抄本　載《餘苑》

鴻苞文論　一卷　屠隆

宗氏文訓　一卷　宗周

讀書譜　五卷　二册　湯賓尹

重訂舉業巵言　二卷　二册　武之望

小技臆談　一卷　一册　胡來朝

杜氏文譜　三卷　杜浚

文字藥　一卷　載《徹雲館別集》

以上俱[文式并文評]

[詩式]

鍾嶸詩品　三卷　一載《四十家小說》載《百家名書》《夷門廣牘》

魏文帝詩格　一卷　以下三十二種俱載《詩法統

宗》

李巨山詩格評 一卷 李嶠

王少伯詩格 一卷 俱王昌齡

密旨 一卷

僧皎然詩議 一卷 俱僧清虛

中序 一卷

詩式 一卷

風騷旨格 一卷 釋齊己

僧文彧詩格 一卷

流類手鑑 一卷 釋虛中 又緣情手鑑 一卷

風騷要式 一卷 徐衍

詩中旨格 一卷 王玄

灸轂子詩格 一卷 王叡

詩要格律 一卷 王夢簡

雅道機要 一卷 徐寅

金針詩格 一卷 白樂天

梅花詩評 一卷 俱梅堯臣

續金針詩格

詩學規範 一卷 張鎡

詩家一指 一卷

詩人玉屑 二十二卷 魏慶之

沙中金集 一卷

詩文正法 一卷 傅與礪 又 詩宗正法眼藏 一卷

詩法正宗 一卷 揭曼碩 又 詩法正論 一卷

詩學禁臠 一卷 范德機

詩法家數 一卷 楊載 又 黃氏詩法 一卷

詩文要式 一卷

詩家雜法　一卷　以上俱載《詩法統宗》

韻語陽秋　十卷　四冊　葛立方　又一部　二冊

冰川詩式　四卷　四冊【重】

四家詩法　四卷　二冊　梅花詩評　學詩規範

詩家一指　嚴滄浪詩論

群公詩法　五卷　二冊　木天禁語　詩家一指

詩學禁臠　金鍼集

詩源撮要　一卷　張懋賢　載《夷門廣牘》

詩學梯航　一卷　周功叙

詩家直説　四卷　四冊　謝榛【重】

詩家全體　十四卷　十冊　李之用輯

詩林廣記　四卷　四冊

唐詩紀事　八十一卷　廿冊　宋計有功輯

藝苑雌黄　一卷　抄本載《餘苑》

哲匠金桴　五卷　一冊　楊慎

銓古錄　一卷　抄本載《餘苑》

曹安丘長語詩談　一卷　曹□　抄本載《餘苑》

以上俱詩式

[詩評]

詩藪　十五卷　四冊　胡應麟

名賢詩評　二十卷　十冊　一套

名賢詩指　十五卷　程元初

豆亭詩學管見　一卷　俞遠　抄本載《餘苑》

秋臺清話　一卷　葉盛　抄本載《餘苑》

杜氏詩譜

詩的　一卷　王文禄

堯山堂外紀　一百卷　二十四冊　蔣一葵

騷壇千金訣　一卷　一冊　李贄　又載《枕中十言》

日札詩談　二卷　田藝衡

松石軒詩評　一卷　林懶仙

雪濤閣詩評　一卷　江盈科

菊坡叢話　五卷　四冊　單[宇]

解頤新語　二卷　二冊　皇甫子循

感世編　三卷　一冊　葛焜

明詩評　載《紀錄彙編》

以上俱詩評

[詩話]

全唐詩話　五卷　四冊　尤袤

詩話總龜　三十卷　十冊　一套

又　詩話總龜　五十卷　十冊　阮、閱編

詩話彙編　七卷　王圻

六一詩話　一卷　以下十三種俱載《百川學海》

溫公詩話　一卷

石林詩話　二卷

蘇子瞻詩話　一卷

劉貢父詩話　一卷

洪駒父詩話　一卷

陳後山詩話　二卷　又載《續稗海》

呂東萊詩話　一卷

許彥周詩話　一卷　又《續稗海》

庚溪詩話　二卷

竹坡詩話　一卷

珊瑚鉤詩話　三卷　張表臣

紫薇詩話 一卷

周平園詩話 一卷 一冊 周必大 載《選集》

風月堂詩話 二卷 一冊 朱弁 又載《廣秘笈》

梅磵詩話 二卷 一冊 韋安臣 抄本載《餘苑》

嚴滄浪詩話 一卷 一冊 抄本 嚴羽 又《滄浪詩話》一卷 抄本又載《餘苑》《廣秘笈》

苕溪漁隱叢話 十二卷 六冊 一套 胡仔 又載《餘苑》抄本

五家詩話 一卷 蘇東坡 王直方 葛常之 陶南村 葉水東

楊升庵詩話 二卷 一冊 楊慎 以下二種俱載《升庵雜錄》

又 詩話補遺 二卷 一冊

歸天詩話 三卷 抄本 瞿佑【重】

野翁詩話 一卷 王琥

蓉塘詩話 二十卷 三冊 一套 姜南 內二十種已入小說家

陸儼山詩話 一卷 陸深 載《陸文裕公集》

都玄敬詩話 二卷 都穆 抄本載《餘苑》

夷白齋詩話 一卷 顧元慶 載《後四十家小說》

存餘齋詩話 一卷 朱承爵 載《藏說小萃》又載《廣四十家小說》

虛拘詩話 一卷 陳沂 抄本載《餘苑》

定軒詩話 一卷 姚福 抄本載《餘苑》

麓堂詩話 一卷 抄本載《餘苑》

渚山堂詩話 三卷 一冊 陳霆

豫章詩話 六卷 三冊 郭子章

續豫章詩話 十二卷 四冊 載《淡生堂餘苑》

抄本

蜀中詩話 三卷 二冊 曹學佺

神仙詩話 二卷 二冊

客窗詩話 六卷 一冊 陳基虞

妙吟堂詩話 三卷 二冊 瞿佑

以上俱詩話

[續收詩話]

謝伋四六談麈 一卷 俱載《百川學海》

王公四六話 一卷

木天禁語 共一卷 一冊 俱范梈

詩家要法

杜陵詩律

騷壇秘語 一卷 載《夷門廣牘》

續收[詩文評]

唐詩解 二十卷 二十冊

詩歸 二十六卷 十四冊 鍾惺輯

類釋唐詩儁 四卷 二冊

瀛奎律髓 四十九卷 六冊 宋方回輯

楊升庵古詩九種 九卷 八冊 一套

二老堂詩話 二卷 一冊 周必大

臨漢隱居詩話 一卷 一冊 宋魏泰

娛書堂詩話 一卷 一冊 趙與虤

碧溪詩話十卷 一冊 黃徹

朱晦庵詩話 一卷 一冊 沈儉綸

風月堂詩話 二卷 一冊 朱弁【重】

歲寒堂詩話 一卷 張戒

西清詩話 五卷 一冊 蔡絛

對床夜話 五卷 一冊 范景文

復古堂詩話 一卷 一冊 吳忬

南溪筆錄續集 一卷 一冊

均藻 四卷 一冊 楊慎

辛稼軒詩 十二卷 二冊 宋辛棄疾

別集類 漢 魏 六朝 唐 宋 元

國朝

[帝王集]

梁武帝集 一卷 以下六種俱載《六朝詩集》

昭明太子文集 五卷 一冊

梁簡文帝集 二卷

梁宣帝集 一卷

梁元帝集 一卷

陳後主集 一卷

隋煬帝集 一卷

唐太宗集 一卷

陳思王集 四卷 一冊 曹植

又 曹子建集 十卷 二冊

[以上帝王集]

[漢魏六朝唐詩文集]

董江都集 一卷 一冊 董仲舒

東方曼倩集 一卷 一冊 東方朔

司馬長卿集 一卷 一冊 司馬相如

梅都尉集 一卷 一冊

揚子雲集 三卷 一冊

蔡中郎集 八卷 二冊

又 蔡中郎集 六卷 四冊

諸葛武侯集 五卷 二冊 魏壽輯

又 武侯全書 十六卷 五冊 一套 王士騏輯

陸士衡集 十卷 二冊 陸機

又 士衡集 七卷 一冊

陸士龍集 十卷 三冊 陸雲

又 士龍集 四卷 一冊

嵇中散集 十卷 三冊 嵇康

又 嵇中散集略 一卷 一冊

阮嗣宗集 二卷 一冊 阮籍

又 阮嗣宗集 三卷 一冊

潘黃門集 六卷 一冊 潘岳

陶靖節集 十卷 三冊

陶淵明集 二卷 二冊

又 淵明集 二卷 二冊

又 宋板校刊淵明集 二卷 一冊

又 合刻陶王集 四卷 二冊 李贄選

鮑明遠集 十卷 二冊 鮑照

又 鮑氏集 八卷 一冊

顏光禄集 一卷 一冊 顏延之

又 顏光禄集 三卷 一冊 載《顏氏傳書》

謝康樂集 四卷 三冊 謝靈運

又 謝康樂集略 一卷

謝宣城集 五卷 一冊 謝(朓)〔朓〕

又 謝宣城集 五卷 一冊

謝惠連集 一卷 一冊

六五九

任彥升集 六卷 一冊 任昉

劉孝威集 一卷

劉孝(棹)〔綽〕集 一卷 共一冊

王子淵集 一卷 一冊

沈休文集 四卷 四冊 沈約

又 沈休文集 五卷 二冊

支道林集 一卷 一冊 抄本

陶貞白集 二卷 一冊 陶弘景

江文通集 十卷 三冊 江淹

又 江文通集 四卷 一冊

陰常侍集 一卷 一冊 陰鏗

何水部集 一卷 一冊 何遜

又 合刻陰何集 二卷 一冊

東皋子集 三卷 一冊 王績

王子安集 二卷 王勃

楊臨川集 二卷 楊炯

盧昇之集 一卷 一冊 盧照〔鄰〕

駱義烏全集 六卷 駱賓王

駱賓王集 二卷

又 駱侍御文集集注 四卷 四冊

陳子拾遺集 十卷 四冊 陳子昂

又 陳伯玉集 二卷 一冊

張燕公集 二卷 二冊 張說

又 張燕公詩集 二卷 一冊

張曲江全集 十卷 四冊 張九齡

又 張曲江詩集 二卷 一冊

賀季真集 賀知章

合刻李杜全集 五十卷 二十四冊 二套 俱李

白　杜甫

合刻李杜分體全集　李四十二卷　杜六十五卷
　三十二册　三套

李太白全集　二十六卷　十册　一套

又　李翰林分類補註　二十五卷　十册

杜工部全集　二十四卷　十册

又　杜少陵千家集註　二十二卷　十册

又　杜工部分類詩　六册

杜律選　一卷　一册　郭正域

杜律訂注　二卷　一册　汪慰注

杜詩緒箋　六卷　一册　程元初

杜律測旨　二卷　二册　趙大綱

王右丞全集　詩集十卷　文集四卷　外編二卷　共
　十册　一套　唐王維著　宋劉辰翁評　明吳起經注

又　右丞詩文集　詩集六卷　三册　文集四卷
　二册　顧可久注

又　右丞詩集　二卷

又　王摩詰集　二卷　二册

顏魯公文集　十五卷　補遺一卷　年譜一卷
　共四册　顏真卿

又　顏魯公文集　六卷　二册　載《顏氏傳書》

劉隨州詩集　十一卷　二册　劉長卿

又　劉河間集　四卷　一册

韋蘇州集　十卷　四册　韋應物

又　韋蘇州集　十卷　二册

韓君平集　三卷　一册　韓翃

又　韓君平集　三卷　一册

陸宣公集　四册　陸贄

又　陸宣公翰苑集　六册

柳河東集　詩文四十五卷　外集二卷　龍城錄　二卷　共四十九卷　十八册　一套　吳□板　柳宗元

又　柳子厚全集　卷數同前　十二册　一套　廣西板

又　柳柳州全集　文四十一卷　詩二卷　國語二卷　共四十五卷　共十四册　一套　杭城板

又　柳柳州文鈔　八卷　四册

昌黎文集　詩文　四十卷　外集　四卷　順宗實錄六卷　遺文一卷　共十六册　一套　韓愈

韓文公文鈔　十六卷　十册　一套

朱子韓文考異集　五十卷　十二册　二套

批選韓昌黎文選　一卷　一册　郭□

孟東野集　八卷　二册　孟郊

又　東野集　十卷

唐歐陽先生集　八卷　二册　歐陽詹

白氏長慶集　七十一卷　二十四册　白居易

又　白詩甘露品　一册　陳陞輯

又　元白合刻　一百三十六卷　二十四册　四套

元氏長慶集　六十五卷　五册　元稹

李長吉集　四卷　一册　李賀

徐董批點李長吉詩集　四卷　二册

又　曾謙箋注長吉集　四册

沈下賢集　八卷　二册　沈亞之

李文饒會昌一品集　二十卷　李德裕

賈浪仙長江集　七卷　一冊　賈島

又　賈島集　二卷　一冊

杜侍御樊川集　杜牧之

孫可之集　十卷　一冊　孫樵

許郢州丁卯集　二卷　二冊　許渾

又　許郢州集　二卷　一冊

李文山集　二卷　二冊　李群玉

甫里集　二十卷　八冊　陸龜蒙

文藪　十卷　二冊　皮日休

合刻陸魯望皮襲美集　內文藪十卷　甫里集二十卷　松陵倡酬詩八卷　共八冊　一套　又一套八冊

羅昭諫甲乙集十卷　一冊　羅德

唐黃先生集　八卷　二冊　黃滔

玄英先生集　八卷　二冊　方干

李嶠詩集　一卷　一冊　以下俱載《三唐百名家詩集》内

杜必簡詩集　二卷　一冊　杜審言

沈雲卿詩集　二卷　一冊　沈佺期

宋延清詩集　一卷　一冊　宋之問

蘇許公詩集　一卷　一冊　蘇頲

孫集賢詩集　一卷　一冊　孫逖

孟襄陽詩集　二卷　一冊　孟浩然

李進士詩集　一卷　一冊　李頎

崔司勳詩集　一卷　一冊　崔顥

祖駕部詩集　一卷　一冊　祖詠

儲侍御詩集　一卷　一冊　儲光羲

王少伯詩集　一卷　一冊　王昌齡

高常侍集 二卷 一冊 高適

岑嘉州詩集 二卷 二冊 岑參

常建詩集 一卷 一冊

毘陵詩集 二卷 一冊 獨孤及

秦隱君詩集 一卷 秦系

皇甫補闕詩集 二卷 皇甫冉

皇甫侍御詩集 一卷 皇甫曾

錢考功詩集 四卷 一冊 錢起

郎鄲州詩集 一卷 郎士元

包舍人詩集 一卷 包何

包秘監詩集 一卷 包佶

盧戶部詩集 四卷 一冊 盧綸

李正己詩集 三卷 李端

司空文明詩集 二卷 司空曙

耿拾遺詩集 一卷 一冊 耿湋

崔學士詩集 一卷 崔洞

嚴校書詩集 一卷 嚴維

華陽真逸詩集 二卷 顧況

戎京兆詩集 一卷 戎昱

李君虞詩集 二卷 李益

于從事詩集 一卷 于鵠

戴幼公詩集 二卷 戴叔倫

權載之詩集 二卷 權德輿

武平章詩集 二卷 武元衡

羊刺史詩集 一卷 羊士諤

劉賓客詩集 正集十卷 外集十卷 劉禹錫

又 劉夢得詩集 二卷

張司業詩集 四卷 二冊 張籍

王仲初詩集 二卷 一冊 王建
盧玉川詩集 三卷 盧仝
張處士詩集 五卷 張祐
又 張承吉詩集 二卷 一冊
朱進士集 一卷 朱慶餘
李義山詩集 十卷 二冊 李商隱
喻坦之詩集 一卷 喻鳬
李中丞詩集 一卷 李遠
姚居雲詩集 一卷 姚鵠
會昌進士詩集 二卷 馬戴
項子遷江東集 一卷 一冊 項斯
溫飛卿詩集 二卷 一冊 溫庭筠
劉博士詩集 一卷 劉駕
儲進士詩集 一卷 儲嗣宗

曹祠部詩集 三卷 一冊 曹鄴
劉龍門詩集 一卷 一冊 劉滄
李昌符集 一卷
李從事詩集 一卷 李山甫
羅鄴集 一卷
崔禮仙詩集 一卷 崔塗
章孝標詩集 一卷
章碣詩集 一卷
曹校書詩集 一卷 曹松
李才江詩集 一卷 李洞
張膳部詩集 一卷 張蠙
李建勳丞相詩集 二卷
蘇拯詩集 一卷
披沙詩集 六卷 李咸用

六八五

劉威詩集 一卷
劉乂詩集 三卷
邵揭詩集 一卷
呂衡州詩集 一卷 呂溫
伍喬詩集 一卷
張喬詩集 四卷
劉兼詩集 一卷
鄭巢詩集 一卷
王周詩集 一卷
于鄴詩集 一卷
林寬詩集 一卷
周曇詠史集 三卷
秦韜玉詩集 一卷
殷文珪詩集 一卷

司馬先輩集 一卷 司馬札
于武陵詩集 一卷 于鄴
尚顏詩集 一卷
孟貫詩集 一卷
唐求詩集 一卷
牟融詩集 一卷
許琳詩集 一卷
于濆詩集 一卷
羅虬比紅兒集 一卷
皎然集 一卷 俱荷澤李龔編
靈一集 一卷
清塞集 一卷
無可集 一卷
貫休集 一卷

齊己集 一卷

魚玄機集 一卷

薛濤集 一卷 一册

續收〔漢魏六朝唐詩文集〕

陳思王文集 十卷 二册 曹子建【重】

何水部詩集 一卷 一册 何遜【重】

殷常侍詩集 一卷 一册 殷鏗【重】

傅休弈詩集 一卷 一册 睦樨輯

揚子雲全集 六卷 四册 法言一卷 太玄經一卷 方言一卷 文三卷【重】

李文公文集 十八卷 四册 李翺

元次山集 十卷 二册 元結

杜樊川文集 二十卷 外集一卷 内集一卷

共八册 杜牧之【重】

又 杜樊川文集 二十卷 六册 一套【重】

劉須溪批點杜工部詩 二十四卷 四册 劉辰翁批點 虞伯生註釋 趙子常評

雲臺集 二卷 一册 鄭谷

王水部麟角集 二卷 一册 王榮榮

宋之問集 二卷 一册

劉須溪批點孟浩然詩 二卷 一册

許鄆州丁卯集 二卷 二册 許渾【重】

李建州梨嶽集 二卷 一册 李頻

劉于詩集 四卷 一册 劉乂詩三卷 于濆詩一卷

浣花集 十卷 一册 韋莊

〔以上俱漢魏六朝唐詩文集〕

[宋詩文集]

文潞公文集　四十卷

司馬溫公集略　三十八卷　十二冊　司馬光

趙清獻公詩集　五卷　二冊　趙抃

趙清獻公文集　十卷　四冊

韓魏公集　五十卷　韓琦

范文正公全集　十九卷　十冊　范仲淹

范忠宣公全集　十卷　六冊　范純仁

又　文正公集

伊川擊壤集　二十卷　四冊　舊板　邵雍

又　擊壤集　卷冊同上　新板

武溪集　二十卷　四冊　余靖

梅聖俞宛陵集　六十卷　拾遺一卷　十冊　一套

又　宛陵先生集　卷冊同上　新板

舊板　梅堯臣

張乖崖文集　六卷　二冊　一套　抄本

石徂徠先生集　二十卷　四冊　抄本　石介

歐陽文忠公全集　一百廿二卷　二十冊　二套

俱歐陽修

歐陽文忠公集　五十卷　十冊　一套

歐陽文粹　二十卷　十冊

歐陽文抄　三十三卷　茅坤選

王荊公臨川集　一百卷　十六冊　二套　王安石

王荊公文鈔　十六卷　茅坤選

王荊公禪喜集　二卷　一冊

曾南豐文集　五十卷　本朝政要策一卷　八冊

建昌版　俱曾鞏

元豐類稿 五十卷 十册 舊版

曾文定公文抄 十卷

蘇老泉集 十六卷 四册 一套 俱蘇洵

又 嘉祐集一部 十五卷 四册 一套

蘇文公文抄 十卷 茅坤選

又 蘇文忠公全集 一百十五卷 五十册 五套 嘉興板 俱蘇軾

又 蘇長公全集 一百五十卷 三十册 三套 蘇州板

又 東坡全集 文七十五卷 詩三十二卷 三十册 六套 湖州板

蘇長公集選 五十卷 十五册 一套 江陵陳夢槐輯

又 蘇文忠公文鈔 二十八卷 十册 一套 茅坤選

蘇長公外集 八十六卷 十册 一套

又 東坡先生續集 十二卷 十册 舊板

蘇長公合作 六卷 六册 一套

居儋集 五卷 二册

坡仙集 十六卷 十册 一套 學贄批選

蘇長公表啟尺牘 八卷 四册

蘇長公小品 二卷 二册

蘇文忠公駢藻 二卷 二册 徐廣輯

蘇長公題跋 二册

蘇長公禪喜集 二卷 二册

蘇東坡詩百家注 三十二卷 十二册 一套 王十朋注 紀年錄一卷 詩三十卷 樂府一卷

蘇文忠公文鈔 二十八卷 十册 一套 茅

蘇長公外紀 十二卷 八册 一套 王世貞輯

蘇文定公集 八十三卷 三套 蘇轍
　欒城前集五十卷 欒城後集十三卷 欒城三
　集十卷 欒城應詔十二卷
蘇文定公文鈔 二十卷 十册 一套 茅坤批評
蘇潁濱禪喜集 二卷 一册
蘇學士滄浪亭集 十五卷 四册 蘇欽舜
黃山谷豫章集 九十七卷 二[十]册 三套 黃
　庭堅
又　黃山谷集一部 □卷 八册
黃山谷題跋 六卷 二册
黃山谷禪喜集
米襄陽志林 共十七卷 四册 一套 米芾
　志林 十三卷 遺集 一卷 研史 一卷 寶
　章待訪錄 一卷 海岳名言 一卷

米元章詩集 五卷
蔡忠惠公集 五十卷 十册 一套 蔡襄
蔡端明別紀 十二卷 二册
嚴滄浪詩集 一册
陳後山集 三十卷 八册 陳師道
後山詩集註 十二卷 四册 任淵注
文與可丹淵集 四十卷 附錄二卷 年譜一卷
　四册 文同著
秦少游淮海集 秦觀
張文潛集 □卷 四册 一套 張耒
鄭西塘文集 九卷 五册 鄭俠
晁氏具茨集 四卷 一册 抄本 晁以道
長興集 四十一卷 三册 沈括
雲巢編 八卷 三册 沈遼

西溪集 十卷 二冊 沈遘

龍雲劉先生文集 三十卷 六冊 劉弇

林和靖集 二冊 林逋

唐子西詩集 七卷 一冊 唐庚

白叟詩集 八卷 一冊 白玉蟾

裘竹齋詩集 六卷 一冊 裘萬頃

楊龜山集 四十二卷 十冊 一套 楊時

尹和靖集 二冊 一套 尹焞

羅豫章集 十七卷 三冊 羅從彥

呂東萊先生全集 十四卷 十二冊 呂祖謙

岳武穆集 三卷 一冊 岳飛

張南軒先生文集 四十四卷 六冊 張栻

劉屏山文集 二十卷 四冊 劉子翬

宗忠簡公集 六卷 四冊 宗澤

胡忠簡公策疏 一卷 一冊 胡銓

李旴江集 四十卷 六冊 李覯

張橫浦集 二十卷 五冊 張九成

陸象山集 內集二十八卷 外集四卷 語錄一卷 陸九淵

朱子全集要語

朱文公全集 十二卷 十二冊 一套

陳同甫集 三十卷 六冊 一套 陳亮著 又龍川集二十六卷 四冊 新刻

陳同甫集選 二卷 一冊 李贄選

葉水心集 二十九卷 六冊 葉適

陳止齋集 五十二卷 六冊 陳傅良

又 止齋奧論 八卷 六冊

陸渭南集 五十二卷 十冊 一套 越板 陸游

六七一

又 渭南集 五十二卷 六册 閩板

王梅溪文集 前集二十卷 後集廿九卷 十册 一套 王十朋

宋著作王先生文集 十卷 四册 王蘋

方忠惠公鐵庵集 四十五卷 八册 方大琮

拙庵李先生集 四卷 二册 李紹

真西山集 五十五卷 二十册 真德秀

真山民集 四卷 一册

周文忠公文選 五卷 五册 周必大

汪文定公集 十三卷 四册 汪應辰

浮溪文粹 十五卷 二册 汪藻

方秋崖全集 文四十四卷 詩三十六卷 共十册 宋方岳

稼村類稿 十卷 二册 王義山

四如先生文集 四卷 二册 黃淵著

劉漫塘文集 三十六卷 十二册 一套 劉寧

林艾軒文鈔

文文山全集 二十卷 二十册 文天祥

又 指南錄 四册 一套

晞髮集 六卷 四册 謝翱

劉須溪先生記鈔 八卷 二册 劉辰翁著

謝疊山先生集 二卷 二册 一套

樵雲獨唱集 一册 葉顒[一]

曾吉甫詩集 二卷 曾發 以下六種俱載《宋名家詩集》內

陳簡齋詩集 五卷 陳與義

戴石屏詩集 六卷 一册 戴復古

雪巖詩集 三卷 宋伯仁

戴東野詩集 五卷 戴昺

四靈詩集 □卷 共二冊

葦碧軒詩 四卷 翁卷字靈舒
卷 趙靈秀字紫芝 芳蘭軒詩 五卷 徐照字
靈暉 二薇亭詩 四卷 徐璣字靈淵

象岡編遺稿 一卷 一冊 宋呂定著

〔二〕「葉顒」旁批：元人。

續收〔宋詩文集〕

司馬溫公傳家集 八十卷 十二冊 舊板

張文定公樂全集 四十卷 十二冊 張安道 內
蒭蕘論十卷

韓持國南陽集 三十卷 十冊 韓維

尹師魯河南先生集 廿七卷 四冊 尹洙 內
五代春秋二卷

田表聖咸平集 三十卷 十冊 田錫

寇萊公文集 三卷 一冊 寇準

香溪先生集 廿二卷 四冊 范浚

李端叔姑溪集 五十卷 十冊 李之儀

晁無咎雞肋集 七十卷 十二冊 晁補之

張文潛宛丘集 七十六卷 十冊 張耒

樂靜先生集 三十卷 四冊 李昭玘

鴻慶居士集 四十二卷 十冊 孫覿

葉石林建康集 八卷 二冊 葉夢得

周益公大全集 共一百九十八卷 四十冊 周
必大 省齋文稿四十卷 平園續稿四十卷 省齋別

澹生堂讀書記　澹生堂藏書目

稿十卷　詞科舊稿三卷　掖垣類稿七卷　省堂類稿二十卷　政府應制一卷　歷官表奏十二卷　奏議十二卷　承明集十卷　雜著二十三卷　書稿十五卷　附錄五卷　內平園續集少卷二十四至卷三十一

葉水心文集　二十九卷　二册　葉適【重】

石湖居士集　三十四卷　八册　范成大

唐眉山先生集　七卷　二册　唐庚【重】

艮齋浪語集　三十四卷　十册　薛季宣

樓大防攻愧集　一百二十卷　三十册　樓鑰　內北行日錄二卷

枅欄先生集　二十五卷　四册　鄧肅

魏文靖公鶴山集　一百十卷　三十册　魏了翁　內周禮折衷四卷　師友雅言一卷

朱韋齋先生集　十二卷　三册　附玉潤集一卷　朱松

戴石屏詩集　八卷　四册　附戴東野戴漁村詩集各一卷　戴復古著【重】

縉雲先生集　四卷　二册　[二]

陳簡齋詩集　十五卷　三册　陳孚[二]

雪窗文集　二卷　孫夢觀

方蛟峰先生集　詩文八卷　外集四卷　共十二卷　二册　方逢辰

劉文簡公雲莊集　二十卷　四册　劉爚

熊勿軒先生集　八卷　二册　熊鉌

林霽山白石樵唱集　六卷　二册　林景熙

舊板大字臨川集　一百卷　十二册　王安石

圭齋集　十六卷　五册　歐陽玄[三]

六七四

重刻渭南集　五十二卷　六冊　陸游【重】

秦淮海集　正集四十卷　後集六卷　長短句三卷　共六冊　新板　秦少游【重】

晁氏具茨集　儒言一卷　客語一卷　具茨集四卷　共三冊

袞繡堂遺集　吳許國《履菴集》四卷　吳潛　吳莊敏《退菴集》二卷　吳淵【重】

韓魏公安陽集　四十九卷　十冊　內家傳十卷

范氏家傳集　共四十八卷　十六冊　文正公集二十卷　別集四卷　忠宣公集二十卷　言行拾遺錄四卷

劉元城盡言集　十三卷　三冊　劉安世

鄒文公道鄉集　四十卷　八冊　鄒浩

古靈先生集　廿五卷　四冊　陳襄

江湖長翁集　四十卷　二十冊　陳造　內說一卷

又　唐卿先生詩集二十卷十冊

重刻文文山全集【重】

[以上俱宋詩文集]

(一)　朱筆補：馮時可。
(二)　孚：朱筆改「與義」。
(三)　「歐陽玄」旁批：元人。

【元詩文集】

郝陵川集　三十九卷　十冊　郝經

許有壬圭塘小稿　十三卷　別集二卷　續一卷　外一卷　共四冊　許

澹生堂藏書目　集部上　別集類

八七五

魯齋遺書　全　十卷　六冊

又　魯齋遺略

吳淵穎集　十三卷　四冊　一套　吳萊

吳文正公集　五十卷　二十冊　吳澄

青陽余公文集　八卷　四冊　余闕

馬石田文集　十五卷　四冊　馬祖常

虞伯生集　五十卷　六冊　虞集

盧圭齋集　二卷　二冊　盧琦

揭文安文粹　一卷　一冊　揭傒斯

一山文集　九卷　二冊

劉靜修文集　二十五卷　八冊　劉因　內樵庵詞
一卷　遺文六卷　遺詩六卷　又拾遺七卷

朱澤民存復齋集　十卷　二冊　朱德潤

遺山文集　四十卷　十二冊　俱元好問

又　元遺山詩集　二十卷　四冊[一]

水鏡元公詩集　二卷　一冊

劉文敏先生桂隱集　四卷　四冊　劉詵

清容居士集　五十卷　十二冊　抄本　袁桷

楊廉夫文集　五卷　二冊　俱楊維禎

楊鐵崖樂府　六冊

倪雲林清閟閣集　十五卷　六冊　倪瓚

黃文獻公集　十卷　八冊　黃溍

陳剛中詩集　六卷　陳孚　以下十九種俱載《元名家詩集》內

困學齋詩集　二卷　鮮于樞

盧含雪詩集　一卷　盧亘

范錦江詩集　五卷　范梈

楊浦城詩集　四卷　楊載

薩天錫詩集　八卷　二冊　薩都剌
張外史詩集　六卷　一冊　張雨
貢南湖詩集　七卷　一冊　貢性之
傅玉樓詩集　一卷　傅若金
柳初陽詩集　一卷　柳貫
張蛻庵詩集　一卷　張翥
泰顧北詩集　一卷　泰不花
陸湖峰詩集　一卷　陸景龍
廼前岡詩集　一卷　廼賢
松谷詩集　一卷　鶴年
魚軒詩集　一卷　龍從雲
李五峰詩集　一卷　李孝光
貢玩齋詩集　一卷　貢師泰
成柳莊詩集　一卷　成廷珪

[一]　四：據大連本補。

續收 [元詩文集]

許魯齋遺書　十四卷　四冊　許衡【重】
許白雲先生集　四卷　一冊　許謙
周此山先生集　四卷　二冊　周權
王文定公秋澗大全集　百卷　十六冊　王惲
曹文貞公漢泉漫稿　十卷　二冊　曹伯啟
聞過齋集　四卷　二冊　吳海
柘軒文集　四卷　三冊　凌彥翀
張文穆公養蒙集　十卷　四冊　張伯淳
宋逸士翠寒集　六卷　一冊　宋无

寓道集 十卷 四册 張昌

近光集 三卷 一册 周伯琦 又一部同

燕石集 十五卷 附錄一卷 四册 宋褧

稼村類稿 三十卷 四册 王元高

李莊靜公遺集 十卷 四册 李用章[一]【重】

蒲順齋叢稿 二十六卷 六册 蒲道源

柳文肅公文集 三十卷 四册 柳貫

薩天錫詩集 六卷 二册 【重】

聽雨軒集 二十二卷 六册 俞希魯

續軒渠集 十卷 附錄一卷 四册 洪希文

范德機詩集 七卷 一册 范梈 【重】

王元章竹齋集 三卷 二册 王冕

九靈山房集 三十卷 八册 戴良

石初集 十卷 二册 周霆震

師山先生集 五卷 附錄一卷 四册 鄭玉

黃楊集 六卷 二册 華彥清

海巢詩集 三卷 附錄一卷 一册 丁鶴年

貢禮部玩齋集 十二卷 拾遺一卷 四册 貢師泰

傅與礪文集 十二卷 附錄一卷 二册 傅若金

安雅堂集 十三卷 四册 陳旅

玉笥集 十卷 四册 張思廉

黃晉卿文集 四十二卷 八册 黃溍

[以上俱元詩文集]

[一] 李用章：此處小字加筆：「俊民，金人」。

澹生堂藏書目 集部下

國朝詩文集 御製集 閣臣集 分省 諸公集

御製

太祖高皇帝御製文集 廿卷 五冊 一套 鳳陽舊版

太祖御製文集 又一部 卷冊同前 外附《訓行錄》三卷 楊起元輯

宣宗御製詩 一卷 載《國朝典故》

肅皇帝南游咏和詩 一卷 一冊

肅皇[除夕]輔臣贊和詩[一] 一卷 一冊 楊一清等

宸章集錄 一卷 費宏

以上俱御製

〔一〕〔除夕〕：據大連本補。

御製續收[二]

獻皇帝皇明恩記詩 一卷 一冊

御製舍春堂詩 一卷 一冊

〔二〕「御製續收」原在續收閣臣集後，兹移入御製集後。

澹生堂讀書記　澹生堂藏書目

閣臣集

解春雨先生集　十卷　十册　解縉

黃文簡公省愆集　二卷　一册　黃淮

胡頤庵文集　四册　胡儼

楊文貞公全集　前集詩文二十八卷　續集詩文六十三卷　共三十册　俱楊士奇

又　楊東里文集　廿五卷　五册

楊文敏公兩京類稿　三十卷　六册　楊榮

陳芳洲先生全集　陳循　詩文十四卷　東行咏十卷　陳情疏　鳴冤錄　傳信辨誤錄　各一卷　又芳洲續集六卷　二册

商文毅公全集　三十卷　六册　一套　新版　商輅　又一部舊版

張文僖公集　十卷　二册　張益

彭文憲公集　八卷　奏疏一卷　三册　彭時

王文通公集　八卷　四册　王一寧

蕭孟勤尚約集　廿卷　四册　一套　蕭鎡

徐武功文集　八卷　十一册　一套　徐有貞

許東魯集[二]　十卷　五册　一套　許彬

薛文清公全集　五十卷　二十册　一套　薛瑄

又全集一部　四卷　十二册　一套

岳蒙泉類博稿　十六卷　二册　岳正

劉文安公呆齋集[二]　七卷　七册　一套　劉定之

彭文惠公集　十卷　四册　一套　彭華

徐文靖公集　又謙齋集　四册　舊版　徐溥

李文達公古穰集　四册　李賢

丘文莊公瓊臺類稿　五十二卷　十六册　丘濬

六八〇

又　文莊瓊臺會稿　十二卷　六冊

李文正公懷麓堂全集　一百十七卷　二十四冊
二套　李東陽
　前集五十卷　後集六十卷　講讀錄一卷
　東祀錄一卷　南行稿一卷　北上稿一卷
　求退錄三卷

謝文正公歸田稿　十卷　四冊　一套　謝遷

古直先生集　十六卷　四冊　劉宇

王文恪公全集　三十六卷　十二冊　一套　王鏊

劉文肅公野亭遺稿　十卷　四冊　劉忠

費文憲公全集　二十卷　十冊　一套　費宏

又　費文憲公全集　卷冊同前

楊文忠公集　八卷　內視草餘錄二卷　共四冊
一套　楊廷和

楊文襄公文集　廿七卷　十四冊　一套　楊一清

石淙詩集　十九卷　十冊　又一部　卷冊同前

靳文僖公戒庵集　二十卷　六冊　靳貴

賈文靖公南塢集　詩八卷　又十卷　共八冊
　賈詠

張文忠公詩選　二卷　二冊　張孚敬

夏文愍公全集　五十卷　十六冊　一套　夏言

鈐山堂全集　四十卷　十二冊　嚴嵩

呂文安公期齋集　十四卷　八冊　呂本

徐文貞公世經堂集　二十八卷　二十冊　二套
　徐階

又　少湖文集　七卷　四冊

袁文榮公集　八卷　四冊　一套　袁煒

嚴文靖公集　十二卷　四冊　嚴訥

澹生堂讀書記 澹生堂藏書目

高文襄公集 共四十四卷 高拱

外制一卷 綸扉內外稿一卷 獻忱集二卷

政府書答二卷 掌銓題稿十四卷 奏牘二卷

邊防紀事一卷 伏戎紀事一卷 綏廣紀事

程士集二卷 本語三卷 春秋正旨一卷

大學中庸直講二卷 論語直談三卷 問辨錄

五卷

病榻遺言一卷

張太岳全集 四十七卷 十二冊 二套 張居正

趙文肅公集 二十三卷 十冊 趙貞吉

申文定公集 四十四卷 二十冊 申時行

余文敏公集 十五卷 八冊 一套 余有丁

許文穆公集 許國

王文肅公集 文章一卷 牘草十八卷 共十六

冊 二套 王錫爵

于文定公集 二十四卷 二十二冊 三套 于慎行

沈文恭喙鳴集 詩二十卷 文□ 沈一貫

又 喙鳴詩集 十八卷 六冊 沈一貫

朱文懿公集 十二卷 十冊 朱賡 又一部

一套

叢桂山房彙稿 十卷 四冊 張位

閒雲館別編 十九卷 二十冊

蒼霞集 十一卷 八冊 葉向高

〔一〕東：據大連本補。
〔二〕文：據大連本補。
〔三〕淙詩：據大連本補。

六八二

續收

馬文莊公集[一] 廿卷 八冊 馬自強

條麓堂集[二] 三十四卷 二十四冊 張四維

熊峰集 八卷 二冊 石瑤

又 古穰集[三] 三十卷 六冊 靳貴 內天順日錄三卷 古穰雜錄三卷

李文定公貽安堂集[四] 十卷 十冊 李春芳

毛文簡公集 二卷 二冊 俱毛澄

又 鼇峰類稿 二十六卷 六冊

張文簡公家藏集 三十六卷 十冊

[以上俱閣臣集]

[一] 文莊：據大連本補。

[二] 條麓：據大連本補。

[三] 古：據大連本補。

[四] 文定：據大連本補。

[國朝分省諸公集]

國朝南直諸公集

陶學士集 二十卷 十二冊 陶安

高季迪大全集 十八卷 六冊 俱高啟

又 高季迪缶鳴集 十二卷 四冊

徐幼文北郭集 六卷 二冊 徐賁

楊孟載眉庵集 十二卷 四冊 楊基

頤光先生詩集[一] 六卷 一冊 陸顒

怡庵文集[二] 十五卷 四冊 套 方勉

倪文僖公集 三十二卷 六册 倪謙
倪文毅公清谿集 廿四卷 八册 倪岳
程篁墩全集 九十三卷 十六册 程敏政 又
《篁墩文粹》二十五卷 五册
徐迪功集 十六卷 四册 徐禎卿
張東海詩集 七卷 五册 張弼
莊定山文集 十卷 四册 莊昶
邵半江詩錄 五卷 二册 邵珪
吳文定公家藏集 七十七卷 十六册 二套 吳寬 一名《匏翁集》
徐中丞文集 徐源 瓜涇文集 榆溪詩集 堯山詩集
龍皋文集 十九卷 四册 陸簡
儲文懿文集 八卷 四册 儲瓘

楊南豐遺集 二十二卷 八册 一套 楊循吉
遼小史一卷 金小史一卷 蘇州府纂修識略一卷
齋中拙咏一卷 金山雜志一卷 都下贈僧詩一卷
菊花百咏一卷 攢眉集一卷 廬陽客記一卷
燈窗末藝一卷
容春堂集 二十七卷 十册 邵寶
雪洲文集[三] 十四卷 四册 黃長壽
吳文肅公摘稿[四] 四卷 四册
顧東橋文集[五] 二十九卷 十册 顧璘
周康僖公淨稿[六] 十二卷 四册 周倫
文溫州集 十二卷 四册 文林
文待詔甫田集 三十六卷 八册 文徵明

祝枝山懷里堂集 三十卷 十一冊 祝允明
又 祝氏集略 三十卷 十六冊
五嶽山人集 三十八卷 八冊 黃省曾
黃淳父全集 廿四卷 八冊 黃姬水
王雅宜集 十卷 六冊 王寵
唐伯虎文集 五卷 四冊 唐寅
沈石田先生集 十二卷 五冊 沈周
陳白陽集 八卷 二冊 陳道復
合刻白陽石田集[七] 二十卷 六冊
南原家藏集 八卷 四冊 王韋著
周恭肅公集 六卷 二冊[八] 陸楫
陸文裕公集[九] 八十一卷 十六冊 二套 俱
陸深
又 儼山文集 卷冊同前

陸文裕公續集 十卷 二冊
又 文裕公外集
潘襄毅公集 十卷 二冊
薛考功集 四卷 四冊 薛蕙 西原集二卷
盧師邵集 十二卷 四冊 盧雍
頤山私集 十卷 吳仕
蔣南冷詩集 十二卷 四冊 蔣山卿
崔東洲集 廿卷 八冊 崔相 又續集二卷
南充文集 八卷 四冊 高零
袁永之集 廿卷 六冊 袁袠
袁魯望集 十二卷 四冊
陸子餘集[一〇] 八卷 六冊 陸燦
又 陸子餘選集[一一] 四卷 二冊
蕉葭堂集[一二] 六卷 二冊 陸相

唐荊川集 二十卷 十一册 一套 唐順之 内一卷

唐荊川續文集 十七卷 外集三卷 集六卷 三册

胡莊肅公遺稿〔一三〕 八卷 一套 胡松

環溪漫集 八卷 八册 沈愷 鳳峰子雜集 鳳峰子論衡

皇甫水部集 廿卷 六册 一套 皇甫濂

皇甫司勳集 六十卷 十二册 一套 皇甫汸

粵臺稿 一卷 一册 謝少南

余古峰先生集 三卷 三册 余光

余學士集 三十四卷 十二册 余孟麟

覺山緒言 七卷 六册 洪垣

高陽世集 十九卷 八册

許隱君集三卷 許石城省中稿四卷 二臺稿

金子有集 一卷 一册 武林稿一卷 歸田稿十卷

虛車集〔一四〕 一卷 一册 崔士元

王心齋全集〔一五〕 六卷 二册 王艮

王東崖遺集〔一六〕 二卷 二册 王襞

薛方山文集 二十八卷 二十二册 一套 薛應旂 方山隨寓錄 十五卷 四册

莫中江文集 廿卷 八册 莫如忠

萬文恭文集〔一七〕 十二卷 六册

王翰林詩集 五卷 二册 王立道

瞿文懿公集 十六卷 八册 瞿景淳

無聞堂稿 十七卷 六册 趙釴

何翰林集 廿八卷 六册 何良俊

顧水部竹梧集　四卷　四冊　顧汝玉

劉子威文集　共一百四十卷　八十八冊　六套

劉鳳

一套　客建集　越覽篇

二套　太霞草　吳釋傳　別集

三套　澹思集　禪悅小草　燕語

四套　雜俎　玄覽篇　地員篇　兵謀篇

　　　藻覽篇　原化篇　詞令篇

五套　吳先賢贊　續吳篇

六套　玄應錄　釋教篇　道化篇

山帶閣集　二十三卷　六冊　朱日藩

弇州四部稿　一百七十四卷　六十二冊　六套

王世貞

詩文一百三十八卷　劄記二卷　左逸短長

三卷　藝苑巵言十二卷　宛委餘編一八卷

弇州山人續稿〔一八〕二百七卷　六十六冊　六套

弇州山人續稿選　三十八卷　二十冊　二套

弇州律詩選　十二卷　四冊　胡應麟選

王奉常集　七十卷　三十三冊　王世懋　王敬美

　雜著

方麓居士集　十一卷　五冊　王樵

玉華子游藝集　三十六卷　十二冊　馬一龍

髫年溪上稿　弱冠湖上稿　江上稿

讀書湖上稿　秘書館中稿　山中稿

翰林院中稿　國子監中稿　林下稿

太函集　一百二十卷　四十冊　四套　汪道昆

汪南溟先生副墨　廿四卷　八冊

六八七

章玄峰集 六卷 四冊 章美中

薄游小咏 廿四卷 八冊 謝廷諒

宗子相集 廿五卷 六冊 宗臣

徐氏海隅集 七十九卷 三十二冊 徐學謨

曹太史文集 十六卷 八冊 曹大章

素園詩選[一九] 三卷 一冊 方弘靜

幽貞集[二〇] 十卷 三冊 董傳策

姜鳳阿集[二一] 三卷 二冊 姜寶

處實堂前集 十二卷 六冊 張鳳翼

處實堂後集 六卷 六冊

文起堂集 十卷 二十冊 一套 張獻翼

又 文起堂續集五卷 快士賦一卷 紉于生

志一卷

家兒私語一卷 留思別案一卷 蘭芬集二卷

尊生齋雜集 二十卷 六冊 一套 王穉登

延陵纂一卷 米真篇二卷 梅花什一卷

荊溪疏一卷 竹箭篇一卷 明月篇二卷

青雀集二卷 晉陵集二卷 燕市集二卷

金閶集二卷 客越志二卷 苦言一卷

廣長庵疏志一卷

陳莊靖公文集 六卷 六冊 陳瓚

幻游集一卷 共五冊 俱郭仁

予閒集 四卷

朱季子草 四卷 四冊 李家法

貝葉齋稿 四卷 二冊 李言恭

王仲房集 四卷 二冊 俱王寅

十嶽山人詩集[二二] 四卷 五冊

鹿裘詩草[二三] 共四冊 俱梅鼎祚

與玄草八卷　與寧草八卷　庚辛草四卷

居諸集[二四]　四卷　三冊

廖廖集[二五]　二十六卷　俞安期

　丹陽草四卷　吳中集二卷　陽羨集二卷

　楚中集十卷　豫章集四卷　新都集二卷

　嶺西集二卷

王義齋集[二六]　五卷　二冊　王鑑

三山彙稿　八卷　四冊　王可大

三山續藁　二卷　二冊

北虞集　六卷　六冊　邵圭潔

歸太僕集　三十二卷　八冊　歸有光

歸諫議松石堂集　四卷　四冊　歸大道

查毅齋闡道集　十卷　五冊　查鐸

雲東拾草　十四卷　四冊　韓世能

玉恩堂集　十卷　八冊　一套　林景暘

馮元成全集　八十三卷　六十冊　六套　馮時可

　詩文五十九卷　寶善編二卷

　談經錄一卷　談經二卷　談史一卷

　談藝錄一卷　談政一卷　談行一卷

　稗談二卷　二氏餘談一卷　藝海洞酌漢乘

　十卷

又　繡霞堂集[二七]　十七卷　十冊　一套

松石齋集　三十六卷　十四冊　趙用賢

　東甌雜記一卷　南明雜錄一卷

　北征集十卷　北征續刻五卷

鄒彥吉詩文集[二八]　八十八卷　鄒迪先

　鬱儀樓集三十卷　調象庵集二十九卷

　杜嚕齋集十卷　沙羅閣集九卷

澹生堂讀書記 澹生堂藏書目

二酉齋稿八卷 洞庭游草一卷
西湖游草一卷
沈太史郊居稿 十卷 五册 沈懋學
冶城真寓存稿 八卷 八册 李登
又 冶城真續稿 廿卷 五册
余念山集 二卷 余世儒 又未信稿八卷 破蟀
稿八卷
闇然堂遺集 六卷 六册 潘士藻
顧涇皋藏稿 廿六卷 四册 顧憲成
江州餘草 四卷 四册 于孔兼
竹素堂藏稿 十四卷 五册 陳所蘊
竹素堂續稿 廿卷 十册
學惠齋稿[三〇] 四册 王堯封
章工部近稿[三一] 七卷 四册 章士雅

山居漫筆 武塘後咏
使越行吟 鳩司漫詠
薄游小咏
焦氏淡園集[三二] 四十九卷 十册 焦竑
淡園續集[三三] 廿七卷 四册 一套
占星堂集[三四] 十六卷 八册 唐文獻
何士抑集 四十八卷 何三畏
漱六齋集 宛委齋集
拜石堂集
王岵雲集 六十三卷 共三十一册 王在晉
蘭江集廿二卷 楚編續集十卷 西湖小草
十卷
越鑴廿一卷
綠滋館稿 九卷 三册 吳士奇

六九〇

吳瑞穀集 五十一卷 十册 吳子玉

朱蘭嵎雜著 八卷 八册 朱之蕃
　使朝鮮稿四卷 紀勝詩一卷
　蘭嵎雜稿一卷 南還雜著一卷
　廷試策一卷 落花詩一卷

湯嘉賓睡庵初集 六卷 六册
睡庵二集 十四卷 湯賓尹 初集四卷 二刻六卷 三刻四卷

王緱山文集 廿七卷 八册 王衡
管涔集〔三五〕 二卷 一册 畢侍御懋康
陶庵集〔三六〕 二卷 一册 歸子慕
暨中言〔三七〕 一卷 一册 劉光復
四然齋稿 十卷 六册 黃體仁
寶日齋雜稿〔三八〕 四卷 三册 一套 張萱

菽言 學游記 館閣初試稿
鄒道卿詩集 鄒志隆
　駕部詩一卷 江州寄言一卷 北游草 北游續集一卷

北游稿 一卷 余廷吉
休夏詩 一卷 一册 吳伯與
容臺小草 一卷 一册 趙琦美 和禪詩五卷
鄭若庸北游漫稿 三卷 五册 鄭若庸
汪次公集 十二卷 三册 汪道貫
梧野山人乙巳稿 三卷 三册 鄭必撫
浮丘逸草 一卷 一册 李文泮
歷游草 一卷 一册 李萬化
搴蘭館詩草 二卷 二册 方大鉉
遠霽詩〔三九〕 二卷 一册 高維岳

唐晉卿雜著〔四〇〕 五卷 四冊 唐仲賢

　紫芝草　貝游草

　唱喁集　卧游雜詠

芳潤齋集〔四一〕 九卷 二冊 鄔佐卿

藝覺草〔四二〕 二十四卷 六冊 黃祖儒

蓬萊室存稿〔四三〕 二卷 一冊 何慶元

疏園遺稿 二卷 二冊 何湛之

劍吹樓集 廿卷 六冊 曹司直

帆影亭集 四卷 一冊 蔣鑽

黃山游草 一卷 一冊 吳伯與

雲來軒集 一卷 一冊 張捷

王鳴鶴雜集 五冊 王鳴鶴

　百粵草　跕鳶集

　西征草　緩帶吟

于燕芳雜稿 六卷 六冊 于燕芳

　鄭草　嶺噫　潞河草

　三山日筆　郢草　輂下歈

潘景升詩集 潘之恒

蘼蕪館集〔四四〕 二卷 一冊 涉江詩

髥吟集〔四五〕 二卷 一冊 唐一相

劉玉受文〔四六〕 四卷 劉玄錫

　頌帚二集　乾城游草

錢簡希集〔四七〕

　賦湘樓集　小輞川集　西浮籍

　荊南詩　樟亭集　二蕭篇

　桃葉編　織里草　討桂編

守拙齋稿〔四八〕 十卷 四冊 施衡

張孟孺葯房稿 十八冊 張允文

梅花百咏　一卷一册　林雲鳳燕社詠一卷

寒山漫草　八卷一册　趙宧光

玄芝集　四卷一册　趙陸

汪明生傭餘草　十卷二册　汪元范

客游草　一卷一册　金以誠

許子洽小草　一卷一册　許重

卧雪稿　一卷一册　俱許自昌

咏情草　一卷一册

居易齋集　三卷二册　俱朱篁　又居易齋續稿一卷一册

又　鏗鏗齋稿〔四九〕　一卷一册

引竅篇〔五〇〕　二卷二册　喬一琦

北游集〔五一〕　二卷二册　程嘉士

容膝軒遺稿〔五二〕　一卷一册　吳玉相

世藝齋集〔五三〕　八册　趙璧

三江詩草　三卷一册　江一鵬　江一魚　江一夔全著

赤城集　二卷一册　顧起綸

隴西徙倚軒集　二卷二册　金鑾

〔一〕光：原殘闕，據大連本補。
〔二〕怡庵文：原殘闕，據大連本補。
〔三〕雪洲文集：原殘闕，據大連本補。
〔四〕吳文肅公：原殘闕，據大連本補。
〔五〕東橋：原殘闕，據大連本補。
〔六〕康：原殘闕，據大連本補。
〔七〕刻白：原殘闕，據大連本補。
〔八〕周恭肅公：原殘闕，據大連本、北大本改。
〔九〕陸文裕公：原殘闕，據大連本補。
〔一〇〕子：原殘闕，據大連本補。

澹生堂藏書目　集部下　國朝詩文集

六九三

澹生堂讀書記　澹生堂藏書目

〔一二〕子：原殘闕，據大連本補。
〔一三〕兼葭堂：原殘闕，據大連本補。
〔一四〕莊：原殘闕，據大連本補。
〔一五〕虛車：原殘闕，據大連本補。
〔一六〕心：原殘闕，據大連本補。
〔一七〕王東崖：原殘闕，據大連本補。
〔一八〕文：原殘闕，據大連本補。
〔一九〕山人：原殘闕，據大連本補。
〔二〇〕園：原殘闕，據大連本補。
〔二一〕貞：原殘闕，據大連本補。
〔二二〕幽鳳阿：原殘闕，據大連本補。
〔二三〕姜十嶽：原殘闕，據大連本補。
〔二四〕鹿裘：原殘闕，據大連本補。
〔二五〕居諸集：原殘闕，據大連本補。
〔二六〕蓼蓼：原殘闕，據大連本補。
〔二七〕義：原殘闕，據大連本補。
〔二八〕繡霞：原殘闕，據大連本補。

〔二八〕松石齋：原殘闕，據大連本補。
〔二九〕彥：原殘闕，據大連本補。
〔三〇〕惠：原殘闕，據大連本補。
〔三一〕工：原殘闕，據大連本補。
〔三二〕焦氏澹園：原殘闕，據大連本補。
〔三三〕淡園：原殘闕，據大連本補。
〔三四〕占星：原殘闕，據大連本補。
〔三五〕管涔：原殘闕，據大連本補。
〔三六〕陶庵集：原殘闕，據大連本補。
〔三七〕暨中言：原殘闕，據大連本補。
〔三八〕日：原殘闕，據大連本補。
〔三九〕霽：原殘闕，據大連本補。
〔四〇〕晉：原殘闕，據大連本補。
〔四一〕芳潤齋：原殘闕，據大連本補。
〔四二〕藝覺：原殘闕，據大連本補。
〔四三〕蓬萊：原殘闕，據大連本補。
〔四四〕葭：原殘闕，據大連本補。

續收［南直諸公集］

袁海叟詩集　四卷　二册　袁凱

鴻泥堂小稿　八卷　二册　薛章

山堂粹稿　十六卷　八册　一套　徐問

三詩翁集　六卷　二册　一套　王良佐　戚韻　張

〔四五〕犎吟：原殘闕，據大連本補。
〔四六〕劉玉受文：原殘闕，據大連本補。
〔四七〕錢簡希集：原殘闕，據大連本補。
〔四八〕拙齋：原殘闕，據大連本補。
〔四九〕鏗鏗：原殘闕，據大連本補。
〔五〇〕引竅：原殘闕，據大連本補。
〔五一〕北游集：原殘闕，據大連本補。
〔五二〕容漆軒遺：原殘闕，據大連本補。
〔五三〕世藝：原殘闕，據大連本補。

一桂

潘恭定公集[一]　十二卷　六册　一套　潘恩

孫文簡公文集[二]　二卷　一册　一套　孫承恩

使交記行稿一卷　集古聖賢像贊一卷

叔夜集[三]　十一卷　四册　一套　周思兼

賜餘堂集[四]　十四卷　六册　一套　吳中行

雪岑集[五]　四卷　二册　一套　孫衍

滄漚集[六]　八卷　四册　一套　俱張重華

南北游草　三卷　一册

松韻堂集　十二卷　五册　孫七政

靜寄齋詩集　二卷　二册　任文石著

高太史凫藻集　五卷　二册　附扣舷集一卷

在野集　二卷　一册　袁凱

高啓

金川玉屑集 六卷 一冊 練子寧

開國吳狀元集 六卷 六冊 吳宗伯

汪仁峰文集 二十五卷 二冊 汪循

孔文谷詩集 八冊 孔天胤

陂門集 八卷 四冊 馮惟健

遼薊集〔七〕 二卷 二冊 王在晉

甕餘全集〔八〕 十二卷 八冊 朱紈

隆池山樵集〔九〕 二卷 二冊 彭年

潛虬山人詩集〔一〇〕 十卷 二冊 余育著

西清集〔一一〕 十三冊 畢東郊

素雯齋全集 三十八卷 二十冊 吳伯與

　　素雯齋語錄一卷〔一二〕 雲事評略一卷

　　大同款貢志一卷 史餘三卷

臥游夢游錄 四卷 四冊 鄧伯羔

雲護閣集 八卷 八冊 湯京兆

江漢紀 二卷 二冊 鄒志隆 晉疆吟 一卷

嬾真草堂集 五十卷 共十八冊 三套
　　詩二十卷 文三十卷

絡緯吟 十二卷 四冊 徐小淑

平橋鄭先生集 十八卷 四冊 鄭文康

張莊簡公集 五卷 四冊 張定庵

【以上南直】

〔一〕恭：原殘闕，據大連本補。
〔二〕文：原殘闕，據大連本補。
〔三〕叔夜集：原殘闕，據大連本補。
〔四〕賜餘集：原殘闕，據大連本補。
〔五〕雪岑：原殘闕，據大連本補。

六九六

國朝北直河南山東秦晉諸公集

[北直]

醫間先生集 九卷 四冊 賀欽

芹山集 三十八卷 七冊 陳儒

楊椒山集 六卷 四冊 一套 楊繼盛

〔六〕漚：原殘闕，據大連本補。
〔七〕薊：原殘闕，據大連本補。
〔八〕甃餘：原殘闕，據大連本補。
〔九〕隆池山樵集：大連本作「彭孔嘉集」，北大本「隆池山樵」四字括起，右側注「彭孔嘉」。
〔一〇〕潛虹山人：原殘闕，據大連本補。
〔一一〕西清：原殘闕，據大連本補。
〔一二〕雯：原殘闕，據大連本補。

蠟蠓集 五卷 五冊 盧柟

淡然軒集[二] 八卷 六冊 余孟麟

雙鶴軒集[二] 一卷 一冊 李三才

青屛詩[三] 二卷 王荔

兩都稿[四] 九卷 二冊 宋世恩

以上北直

[河南]

梁園寓稿[一] 九卷 二冊 國初人河南王翰

〔一〕然：原殘闕，據大連本補。
〔二〕《御龍子集》雙鶴：原殘闕，據大連本補。
〔三〕青屛詩：原殘闕，據大連本補。
〔四〕兩都稿：原殘闕，據大連本補。

澹生堂讀書記　澹生堂藏書目

李空峒全集　六十六卷　八冊　李夢陽
又　李空峒文集　六十六卷　十六冊
何柏齋文集　十卷　三冊　何瑭
王文莊公凝齋集　九卷　別集二卷　共四冊　王鴻儒
王氏內臺集　七卷　二冊　俱王廷相
又　王氏三世詩選　三卷　二冊　王嘉言撰
王氏家藏集　五十四卷　十三冊
何大復集　三十八卷　十冊
崔後渠集　二十一卷　六冊
高蘇門集　八卷　四冊　高叔嗣　新板
又　高蘇門集　八卷　四冊　舊版
御龍子集　七十八卷　三十冊　一套〔一〕
膚語四卷　天官舉正六卷　參兩通極六卷

瑣談四卷　曲洧新聞四卷　吹劍草五十三卷　揮麈雅談　造夏略　嘉隆臣略
燕市稿〔三〕　余廷古
蘆臺吟〔四〕　一卷　一冊　潘榛
評外篇〔五〕　四卷　二冊　王三德
三嘯集〔六〕　一冊　又秋署言稊　二冊　俱張翼明

以上河南

〔一〕梁園：原殘闕，據大連本補。
〔二〕《御龍子集》天頭貼浮簽：見上叢考類。
〔三〕燕市：原殘闕，據大連本補。
〔四〕蘆臺吟：原殘闕，據大連本補。
〔五〕評外篇：原殘闕，據大連本補。
〔六〕三嘯集：原殘闕，據大連本補。

[山東]

邊華泉文集[一] 十四卷 六冊

穆文簡公遺書[二] 三卷 三冊 穆孔暉

王文定公遺書 十二卷 十冊

大竹文集 三卷 四冊 陳鼎

殷石川芝田稿 三卷 一冊 殷雲霄

蘇穀原詩集 八卷 四冊 蘇祐

蘇舜澤緒言 二卷 一冊 蘇祐

許少峰嘯集 二卷 二冊 許用中

白雲樓詩集 十二卷 八冊 李攀龍

李于鱗先生集 三十卷 十冊 一套 李攀龍

又 滄溟集 三十二卷 十二冊 一套

馮琢庵北海集 五十八卷 二十冊 馮琦

金城集[三] 一卷 一冊 周京

海右倡和集[四] 二冊 許邦才 李攀龍

以上山東

[一] 邊華：原殘闕，據大連本補。
[二] 文：原殘闕，據大連本補。
[三] 金城：原殘闕，據大連本補。
[四] 海右：原殘闕，據大連本補。

[陝西]

康對山先生集 十九卷 十冊 康海

呂涇野先生文集[一] 三十七卷 十五冊 呂柟

槐野先生存笥稿[二] 廿九卷 十二冊 王維楨

韓五泉先生詩集[三] 四卷 二冊

太白山人集　八卷　二册　孫一元

趙浚谷文集　十七卷　八册　俱趙時春

浚谷文粹　五卷　二册

大椿堂詩選　二卷　二册　楊博

孫公存笥稿　二卷　二册　孫岱

馮少墟先生集　廿二卷　十四册　馮從吾

皇極篇　共二十八卷　文翔鳳

　二寺草一卷　輶軒草一卷　出關草一卷

　入洛草一卷　游梁草一卷　遵汝草一卷

　青溪草一卷　丹壑草一卷　汝海稿一卷

　汝潰書院講錄　伊川書院講錄　空同講院
　講錄

　連珠講院講錄　翠臺講院講錄　南國視學
　講錄

南國答問講錄　雲夢藥淡談　孔邇錄　太

紫草

于役錄　吾猶錄

作聖齋詩[四]　一卷　一册　文翔鳳

以上陝西

[一] 呂涇野：原殘闕，據大連本補。
[二] 槐野：原殘闕，據大連本補。
[三] 五泉：原殘闕，據大連本補。
[四] 作聖：原殘闕，據大連本補。

[山西]

喬莊簡[一]公集　十卷　五册　喬宇　山西

山西邢祭酒辟雍錄[二]　二卷　一册　邢讓

米友石雜著〔三〕 十四冊

三笑集〔四〕 二冊 許汝 王象春

王端毅公文集 六卷 意見拾遺三卷 共四冊 王恕

許少華全集 五十二卷 前後續集共十六冊 許宗魯

丘隅集 十八卷 內意見一卷 六冊 喬世寧

王渼陂集 十六卷 八冊 王九思

何文定公全集 廿二卷 六冊 何塘

崔後渠洹詞 四冊 崔銑

三渠王先生集 十六卷 八冊 王用賓

端溪王先生集 八卷 八冊 王崇慶

胡蒙谿詩文集 二十卷 八冊 胡侍

王槐野存笥稿 前集二十卷 續集九卷 十二冊 王維楨〔五〕

嵩渚〔六〕文集 一百卷 二十冊 內祥符先賢傳十卷 李濂

陂上集 中川先生集〔七〕 七卷 二冊 左國璣

穀原文草〔八〕 二十卷 六冊 睦檸

林攄馬公家集〔九〕 四卷 四冊 蘇祐【重】

四溟山人集〔十〕 二十卷 十冊 謝榛 又一部同

內附詩家直說四卷

來禽館集 二十九卷 十二冊 邢侗

雲坪集 四卷 二冊 張天瑞

蒼谷集錄 十二卷 六冊 王尚綱

陳文岡先生集 二十卷 八冊 陳棐

張昭甫集 廿六卷 十冊 張同德

張懋甫集 十七卷 五册 張有德

華西王氏遺稿 十八卷 九册 王庭〔選〕

掠聞遂錄一卷一册 司成遺翰四卷四册

長春圃存稿四卷一册 松門稿八卷二册

南陔遺稿一卷一册

大業堂詩草 五卷 四册 王孫朱誼㵒

泊如軒草 六卷 六册 俱載埠

夢古齋稿畧〔一一〕 三卷 三册

萬卷樓詩草〔一二〕 三卷 三册 成皐孟演

半九亭集〔一三〕 八卷 八册 喬應甲

三友堂集〔一四〕 三卷 三册 俱蘇光泰

江河集〔一五〕 四卷 四册 朝瞻

適〔適〕草 四卷 四册 王訥言

燕蜀游草 四卷 四册

睡足子緘餘長物 半日閒一卷 清肺丸一卷

栩栩草一卷 燕市筆(麈)〔塵〕一卷

韓洛苑先生文集 十七卷 附見聞考隨錄五卷

共八册 韓邦奇著

韓五泉集 三册 韓邦靖著 附朝邑志

張助甫綠波樓集 十卷 八册 張九一著

嵩陽先生集 廿卷 六册 劉繪

藏微館集 十五卷 四册 劉黃裳

康子寬集 五卷 一册 康㽵著

謙光堂詩集 唐藩文成王著

椒園集 四卷 四册 王訥言

雲椰亭集〔一六〕 八卷 四册 張美舍

張子襄詩〔一七〕 一卷 一册 張元佐

何大復先生集〔一八〕 三十八卷 八册 何景明著

【重】

王師竹先生文集[一九] 三十七卷 八冊 王祖嫡

王損仲詩文抄[二〇] 甲乙丙稿 一冊 王惟儉

【重】

崔氏洹詞[二一] 十二卷 六冊 崔銑 【重】

北潭集 二卷 二冊 傅珪

穆考功逍遙集 十卷 十冊 穆文熙著

妙遠堂詩集 十二卷 四冊 馬之駿

勝游草 四卷 二冊 張銓

杏東先生集 十卷 四冊 郭維藩

樊少南集 十二卷 六冊 樊鵬

驪山集 十二卷 十冊 趙統 詩話二卷

[以上山西]

[一] 喬莊簡：原殘闕，據大連本補。

[二] 山西邢祭：原殘闕，據大連本補。

[三] 米友石：原殘闕，據大連本補。

[四] 笑：原殘闕，據大連本補。

[五] 《王槐野存笥稿》天頭貼簽口：見上。

[六] 渚：原殘闕，據大連本補。

[七] 中川：原殘闕，據大連本補。

[八] 陂上集：原殘闕，據大連本補。

[九] 穀原文：原殘闕，據大連本補。

[一〇] 林攄：原殘闕，據大連本補。

[一一] 古：原殘闕，據大連本補。

[一二] 萬卷：原殘闕，據大連本補。

[一三] 半九亭：原殘闕，據大連本補。

[一四] 三友堂：原殘闕，據大連本補。

[一五] 江河：原殘闕，據大連本補。

[一六] 椰：原殘闕，據大連本補。

[一七] 子：原殘闕，據大連本補。

澹生堂讀書記　澹生堂藏書目

〔一八〕何大復先：原殘闕，據大連本補。
〔一九〕王師竹先：原殘闕，據大連本補。
〔二〇〕王損仲：原殘闕，據大連本補。
〔二一〕氏：原殘闕，據大連本補。

國朝兩浙諸公集

劉文成公集　二十卷　十冊　劉基
　內合并翊運錄　郁離子　覆瓿集
　寫情集　犁眉公集　春秋明經
宋文憲公集　七十五卷　十二冊　俱宋濂
　鑾坡前集十卷　鑾坡後集十卷　翰苑續集
　十卷
　翰苑別集十卷　芝園前集十卷　芝園後集
　十卷　芝園別集十卷　朝京稿五卷
又　潛溪集　八卷　八冊
王文忠公集　二十四卷　十二冊　王褘
蘇平仲文集　十六卷　四冊　抄本　蘇伯衡　又
蘇平仲集一部卷冊同前　刻本
遜志齋文集　二十四卷　十二冊　二套　新板
　方孝孺
遜志齋文集　二十四卷　十冊　舊板
呂徵若詩集　六卷　二冊　呂德升
王毅齋先生集　八卷　二冊
章公質庵文集　一卷　一冊　章敞
陳淡然集　十卷　四冊　陳敬宗
國朝三異人集　共廿二卷　十冊
　方正學集十一卷　于忠肅集七卷　外楊

（焦）[椒]山集四卷

周畏庵文集　十卷　四冊　周旋

楊文懿公文集　二十六卷　楊守阯

　晉庵稿一卷　鏡川稿五卷　東觀稿八卷

　桂坊稿四卷　金坡稿七卷　銓部稿一卷

張文定公全集　七十六卷　二十四冊　二套　俱

張邦奇

　觀光樓集十卷　靡悔軒集十二卷　四友亭集

　二十卷

　養心亭集八卷　紆玉樓稿十卷　環碧堂集十

　六卷

張文定公文選　四十八卷　十冊　一套

張芳洲文集　讀史附錄　三十二卷　十四冊

一套　張寧

謝文肅公桃溪淨稿　三十九卷　六冊　謝文肅

公鐸

魏文靖公選稿[四]　十卷　四冊　魏驥

三湘稿[五]　二卷　二冊　薛子綱

章楓山先生文集　年譜　語錄　四卷　八冊

章懋

祁侍御集　四卷　先中憲

遺白堂集　一卷　一冊　呂獻丕

菫山文集　十五卷　四冊　李堂

赤城夏先生集　七卷　四冊　夏鍭

陶南川集　十卷　二冊　陶諧

王文成公全書　三十七卷　二十四冊　二套　俱

王文成公守仁

王陽明先生全集　二十三卷　二十四冊　二套

澹生堂藏書目　集部下　國朝詩文集

七〇五

又　陽明先生文集　二十四卷　二十册

又　陽明先生文錄　十七卷　十册

又　居夷集　二卷　一册

又　傳集錄　三卷　二册

又　則言〔六〕　二卷　二册

貞晦先生文集〔七〕　四卷　一册　徐文彪

竹澗文集〔八〕　九卷　四册

董文簡公選集〔九〕　十一卷　四册　董玘

霞山文集〔一〇〕　十卷　十册　蔡潮

水南先生文集〔一一〕　十七卷

顧司寇崇雅堂集　八卷　四册　顧應祥

王貞翁詩集　二卷　一册　俱王埜〔一二〕

蛻岩集百別詩　一卷

蠹軒類稿　十卷　一册　夏焕

錢東畬文集　十四卷　四册　錢琦

唐漁石集　四卷　四册　唐龍

徐横山集　二卷　二册　徐愛

劉艮所文稿　四卷　二册　劉棟

聲承籍　二卷　二册　趙漢

漸齋詩草　二卷　二册

序芳園稿〔一三〕　二卷　二册　趙伊

蕭氏家集　共廿四卷　蕭鳴鳳　蕭勉

張毅齋集〔一四〕　九卷　一册　張倬

一所金先生集〔一五〕　十二卷　六册　金賁亨

塤篪別調〔一六〕　二卷　一册　陳子直

宣爰集〔一七〕　四卷　四册　江暉

青湖先生文選　十四卷　汪應軫

沅溪詩集　七卷　二册　何鰲

鄭東谷集　六卷　二冊　鄭延

雲村文集　十四卷　許相卿　賁隱存編四卷

泉亭集　七卷　三冊　吳鼎　又名　過庭私錄

雙杉亭草　六卷　二冊

周天寶黃門集　十五卷　四冊　周祚

明山先生存稿　四卷　四冊　姚淶

芝園定集　五十一卷　十六冊　一套　俱張時徹

　詩文四十七卷　族譜一卷　史論三卷

芝園別集　十一卷　七冊

芝園外集　廿四卷　六冊　一套

十峰集[一八]　十卷　四冊　程銈

程文恭公遺稿[一九]　三十二卷　八冊　程文德

東歸錄[二〇]　二卷　二冊　周相

文江集[二一]　二卷　二冊　王激

陸篔齋文集[二二]　十二卷　六冊　陸埛

田叔禾集　十二卷　六冊　田汝成

屠漸山蘭暉堂集　十二卷　四冊

陳后岡集　二卷　二冊　陳束

又　陳后岡集　二卷　一冊

天一閣集　十九卷　十冊　范欽

世敬堂集　四卷　祇役紀略　八卷　俱趙文華

祐山先生詩集　四卷　二冊　馮汝弼

陭堂摘稿　十六卷　六冊

菲泉集　八卷　二冊　來汝賢

承啟堂稿　廿八卷　十冊　錢[二三]

孫孝子文集[二四]　二十卷　六冊　孫堪

孫文恪公集[二五]　二十卷　十冊　孫陞

李卓吾選龍溪先生文錄抄[二六]　八卷　八冊

七〇七

一套 王畿

王龍溪先生全集 二十二卷 十二冊

景陶集[二七] 四卷 四冊 鍾炫

龜陵集[二八] 三十九卷 四冊 蔡宗堯

玩鹿亭稿 八卷 六冊 萬表

自知堂集 廿四卷 十冊 蔡汝楠

兩溪先生存稿 十五卷 駱文盛

張元州奚囊蠹餘 二十卷 張瀚

見滄先生文集 十五卷 三冊 茅瓚

鳴劍集 六卷 續集六卷 塞垣赤牘 褒忠事

紀 沈錬

一螺集 八卷 二冊 附庭闈雜錄二卷 袁仁著

雲塢山人稿 十七卷 四冊 吳世良

茅鹿門文集 三十六卷 十六冊 茅坤

泌園全集 三十七卷 廿冊 董份

黔南類編[二九] 八卷 陳善

高光州詩集[三〇] 二卷 二冊 高冕

王敬所先生全集[三一] 三十卷 十四冊 王

宗沐

又 攖寧王先生續集[三二] 八卷 八冊

餘清堂定稿[三三] 三十二卷 八冊 汪鏜

鳴玉堂稿[三四] 十二卷 五冊 張天復

宜山先生全集 十八卷 何[寬]

突兀子集 三卷 三冊 鍾欽

栗齋遺稿 一卷 一冊 范瑾

陳海樵全集 二十一卷 八冊 陳鶴

柳文彬集 五卷 二冊

徐文長全集 三十卷 八冊 一套 俱徐渭

徐文長初集 十一卷 二冊

又 文長集 二十九卷 十冊 附四聲猿一卷

闕篇 又一枝堂逸稿一卷 一冊

豐對樓詩選 四十二卷 十二冊 俱沈明臣

又 沈嘉則小刻〔三五〕

　四明山游籍一卷 一冊 用拙集一卷 帆前集

　一卷 越草一卷

徐天目先生集〔三六〕 十八卷 十二冊 俱徐中行

青蘿館詩集〔三七〕 六卷 二冊

可也居集〔三八〕 六卷 二冊 高鶴

澄庵先生詩集〔三九〕 二卷 二冊 鄧棟

橫槎集〔四〇〕 十卷 四冊 俱吳時來

悟齋摘稿 十四卷 五冊

徐司空遺稿 一卷 一冊 徐用光子徐學聚輯

姜對揚詩集 四卷 四冊 姜子羔

諸文懿公集 八卷 四冊 諸大綬

楮瘦集 八卷 四冊 陳錫

大樸主人文集 十五卷 五冊 詩七卷 文九卷

沈節甫

敬和堂集 六卷 五冊 許孚遠

玉介園存稿 二十卷 附錄二卷 共十冊 王叔杲

萬一樓稿 六十二卷 外集十卷 續羊棗集

續萬一樓集六卷 十六冊 鯫問禮

管光祿集 六卷 六冊 俱管大勳

休休齋集 六卷 六冊

沈司成集〔四一〕 四卷 四冊 沈懋孝

兩高山人稿〔四二〕 四卷 四冊 黃猷吉

由庚堂集〔四三〕 三十四卷 塞得一卷 睹記三

澹生堂讀書記　澹生堂藏書目

卷　鄭汝璧

白翁吟稿(四四)　七卷　二冊　程養之

宸華堂集　十卷　十一冊　程正誼

張陽和不二齋稿　十六卷　十冊　張元忭　又張陽和文選　八卷　八冊

黄碧山學士集　二十一卷　鑾坡制草四卷　黄洪憲

孫司馬居業編　四卷　四冊　俱孫鑛

孫司馬居業次編　五卷　五冊

支子藝餘　共十四卷　共八冊　俱支大倫

支子甹餘

馮具區快雪堂集　六十三卷　二十冊　二套　馮夢禎

東越證學錄　十二卷　八冊

玉硯集　六卷　六冊　王士性

拳學士遺稿　十六卷　六冊　陸可教

由拳集(四五)　三十三卷　八冊　俱屠隆

白榆集(四六)　二十卷　十冊

屠赤水栖真館集(四七)　三十一卷　十冊

曲轅居集(四八)　十八卷　沈九疇

詹雲門詩集(四九)　十卷　二冊　詹玄象

鐵鏡餘錄(五〇)　三卷　二冊　李珣

端峰松菊堂集　二十四卷　六冊

宦中三稿　三卷　一冊　俱鄭一麟

鄭通議編年詩選　十六卷　四冊

農丈人集　二十八卷　十四冊　余寅

南征集　二卷　二冊

姑熟集　二卷　二冊

歇庵集 十六卷 八册 一套 陶望齡

鄭侯升集 四十卷 二十册 鄭明選 詩文三十卷 秕言十卷

錢麓屏遺集 十卷 五册 錢士鰲

薄游集 似僧草 槍榆集

退食吟 淮上篇 釋擔志

遺文 童子問

酈玄厓雜著[五一] 六卷 六册 酈琥

九英譜 居室神游集 太初吟椎集

夢游集 會仙女誌

少室山人類稿[五二] 詩八十卷 文四十卷 共三十册 三套 胡應麟著

外又邯鄲集二卷 卧游集二卷

華陽集二卷 岩栖集二卷

瑞雲樓稿[五三] 八卷 二册 王承勳

倦游詩[五四] 二卷 二册 孫良學

樂半堂詩[五五] 四卷 二册 李雲龍

沈叔敷初集 十四卷 四册 沈演

沈伯含集 二十七卷 十册 一套 沈朝煥

亦適編七卷 泊如齋六卷

勞人草一卷 渠陽小草一卷 田家雜咏一卷

和陶詩一卷 北臺賦一卷 抱膝長吟賦一卷

入蜀詩一卷 鍾陵草一卷

五欲軒稿 五卷 二册 俱賀燦然

六欲軒稿 十八卷 十六册

又 六欲軒雜著 一卷 一册

南州草 十六卷 八册 徐必達

周履靖雜稿 共十九卷

七一一

澹生堂讀書記　澹生堂藏書目

五柳賡歌四卷　閒雲館稿四卷　野人清嘯
二卷
燎松吟一卷　尋芳稿一卷　千片雪一卷
鴛湖倡和一卷　山家語一卷　泛柳吟一卷
毛公壇倡和一卷　和青蓮觴咏二卷　俱在
《夷門廣牘》內
樹瓢鳴〔五六〕　二卷　一冊　王萬祚
鳩茲集〔五七〕　七卷　五冊　俱徐時進
啜墨亭集〔五八〕　十二卷　八冊
黃貞父白門草一卷　一冊　俱黃汝亨
寓庸子游紀　九卷　九冊
魏齋佚　九卷　三冊　項鼎鉉
空有齋詩草　三卷　三冊　俱蔡繼善
去去齋詩草　三卷　三冊

許靈長詩集　四卷　四冊　許光祚
柳堂遺稿　十三卷　胡嘉胤
屠田叔老言　一卷　一冊　屠本畯
吳少君詩　一卷　一冊　吳孺子
吳興歌　一卷　一冊　溫博
亦陶集〔五九〕　十卷　一冊　葛曉
風樵漫稿〔六〇〕　八卷　二冊　季庚
王伯良方諸館集〔六一〕　二十卷　四冊　王驥德
大朴山居冗編〔六二〕
北征後集〔六三〕　二卷　一冊　俱吳稼鐙
玄蓋副草〔六四〕　二十卷　十冊
苧羅山稿　六卷　四冊　陳于朝
公餘漫言　一卷　一冊　劉巨安
范漫翁詩　一卷　一冊　范迂

七一二

冶城什 一卷 一册 范明泰

張孺願詩略 四卷 二册 張邦伺

張孺宗詩 二卷 一册 張邦岱

玉笥山房集 三卷 三册 劉焴

適適草 一卷 一册 李兆齡

研寶齋雜稿 劉世教

雲門山小稿 一卷 一册 陳治安

金仲玉薔薇草〔六五〕 二卷 二册 金以諫

憐夔草〔六六〕 一卷 林正萼

謫楚草〔六七〕 一卷 一册 陳汝元

翛然子〔六八〕 一卷 一册 王嘉祃

奉使雲中志〔六九〕 四卷 四册 沈存德

古風集句〔七〇〕 二卷 一册 沈魯

行藥吟 一卷 一册 聞龍

厄言 一卷 一册 陸世龍

觳音 二卷 一册 章斐然

遺珠摘錄 十八卷 三册 余渭

蔬齋厓語 四卷 四册 虞淳熙

〔一〕潛：原作「濂」，據大連本改。

〔二〕遜志齋文：大連本作「方正學文」，北大本「遜志齋文」四字括起，右側注「方正學」。

〔三〕徽若：原殘闕，據大連本補。

〔四〕魏文靖公：原殘闕，據大連本補。

〔五〕三湘稿：原殘闕，據大連本補。

〔六〕則：原殘闕，據大連本補。

〔七〕貞晦：原殘闕，據大連本補。

〔八〕竹澗文：原殘闕，據大連本補。

〔九〕董文簡：原殘闕，據大連本補。

〔一〇〕霞山：原殘闕，據大連本補。

澹生堂讀書記　澹生堂藏書目

〔一〕南：原殘闕，據大連本補。
〔二〕埜：原殘闕，據大連本補。
〔三〕芳：原殘闕，據大連本補。
〔四〕張毅齋：原殘闕，據大連本補。
〔五〕一所金先：原殘闕，據大連本補。
〔六〕塤篪：原殘闕，據大連本補。
〔七〕爰：原殘闕，據大連本補。
〔八〕十峰：原殘闕，據大連本補。
〔九〕程文恭公：原殘闕，據大連本補。
〔一〇〕東歸録：原殘闕，據大連本補。
〔一一〕文江：原殘闕，據大連本補。
〔一二〕簹：原殘闕，據大連本補。
〔一三〕錢：徐本作「錢薇」。
〔一四〕孝：原殘闕，據大連本補。
〔一五〕文：原殘闕，據大連本補。
〔一六〕李卓吾選：原殘闕，據大連本補。
〔一七〕景陶：原殘闕，據大連本補。

〔二八〕陵：原殘闕，據大連本補。
〔二九〕南：原殘闕，據大連本補。
〔三〇〕光：原殘闕，據大連本補。
〔三一〕王敬所：原殘闕，據大連本補。
〔三二〕又攖寧王：原殘闕，據大連本補。
〔三三〕餘清堂：原殘闕，據大連本補。
〔三四〕玉：原殘闕，據大連本補。
〔三五〕沈嘉：原殘闕，據大連本補。
〔三六〕天目：原殘闕，據大連本補。
〔三七〕青蘿館詩：原殘闕，據大連本補。
〔三八〕可也居集：原殘闕，據大連本補。
〔三九〕澄庵：原殘闕，據大連本補。
〔四〇〕槎：原殘闕，據大連本補。
〔四一〕司成：原殘闕，據大連本補。
〔四二〕兩高山人：原殘闕，據大連本補。
〔四三〕由庚堂集：原殘闕，據大連本補。
〔四四〕白翁吟：原殘闕，據大連本補。

〔四五〕拳⋯⋯原殘闕，據大連本補。
〔四六〕白榆⋯⋯原殘闕，據大連本補。
〔四七〕屠赤水栖⋯⋯原殘闕，據大連本補。
〔四八〕曲轅居集⋯⋯原殘闕，據大連本補。
〔四九〕詹雲門⋯⋯原殘闕，據大連本補。
〔五〇〕鏡⋯⋯原殘闕，據大連本補。
〔五一〕玄厓⋯⋯原殘闕，據大連本補。
〔五二〕少室山人⋯⋯原殘闕，據大連本補。
〔五三〕瑞雲樓⋯⋯原殘闕，據大連本補。
〔五四〕倦游⋯⋯原殘闕，據大連本補。
〔五五〕半⋯⋯原殘闕，據大連本補。
〔五六〕樹瓢鳴⋯⋯原殘闕，據大連本補。
〔五七〕鳩兹集⋯⋯原殘闕，據大連本補。
〔五八〕啜墨⋯⋯原殘闕，據大連本補。
〔五九〕陶⋯⋯原殘闕，據大連本補。
〔六〇〕風樵漫⋯⋯原殘闕，據大連本補。
〔六一〕王伯良方⋯⋯原殘闕，據大連本補。

澹生堂藏書目　集部下　國朝詩文集

〔六二〕大朴山居⋯⋯原殘闕，據大連本補。
〔六三〕北征後⋯⋯原殘闕，據大連本補。
〔六四〕蓋⋯⋯原殘闕，據大連本補。
〔六五〕仲玉⋯⋯原殘闕，據大連本補。
〔六六〕憐嬰⋯⋯原殘闕，據大連本補。
〔六七〕謫楚草⋯⋯原殘闕，據大連本補。
〔六八〕翛然子⋯⋯原殘闕，據大連本補。
〔六九〕奉使⋯⋯原殘闕，據大連本補。
〔七〇〕風⋯⋯原殘闕，據大連本補。

續收浙省諸公集　庚申七月以後置隨
收隨入前後無序俟重編再定次

棲霞山人漫稿　八卷　二冊　沈埜
張白崖詩集　五卷　二冊　張文宿
邵砥庵集　五卷　二冊　邵思廉

七一五

澹生堂讀書記　澹生堂藏書目

醒夢山堂詩稿　四卷　二冊　王國禎

陳恭介公文集〔一〕　十二卷　十二冊　陳有年著

劉月野煙水孤吟〔二〕　二卷　一冊　劉朝忠

青棠集〔三〕　五卷　四冊　董嗣成

青來閣集〔四〕　四冊　一套　方應祥　又一套
八冊

羅文懿公世澤編〔五〕　十六卷　四冊　羅萬化

練溪集〔六〕　四卷　二冊　閔如霖

碧川集　四卷　四冊　楊守阯

來園詩集　四卷　一冊　錢時

錢緒山先生全集　廿五卷　八冊　錢德洪

臨安集　十卷　二冊　國初錢宰著

澤農吟　三卷　三冊　陶允嘉

胡仲子文集〔七〕　十卷　四冊　胡翰

丹崖集　八卷　附錄一卷　二冊　唐肅

節庵存稿　四卷　一冊　于忠肅公謙

赤城甲乙選稿　四卷　二冊　夏鍭

間正樓詩掄　二十卷　八冊　沈泰鴻

虞德園全集　二十五卷　十冊　虞淳熙

湘韻編　八卷　四冊　諸萬里

如縷編　六卷　三冊　諸萬里

翁榮靖公知白堂集　十四卷　四冊　一套　翁溥

午塘先生集　十六卷　六冊　閔如霖

龍門集　二十卷　六冊　侯一麐

徐文長逸稿　九冊　徐渭
畸譜一卷　詩文二十四卷　青籐山〔人〕路
史二卷
參同契一卷　批點問棘郵草一卷

陶駕部選稿 十五卷 四冊 陶允宜

負苞堂詩文集 四卷 四冊 臧懋循

寓林集 文三十二卷 詩六卷 共二十冊 一套
黃汝亨

鄭端簡公衡門集 十五卷 十二冊

越咏 十二卷 四冊 張天復

坻塲集 三卷 一冊 曾益

闇齋吟稿 二卷 二冊 黃承昊

[以上俱兩浙諸公集]

〔一〕恭……原殘闕，據大連本補。
〔二〕劉月野……原殘闕，據大連本補。
〔三〕青棠集……原殘闕，據大連本補。
〔四〕青來閣集……原殘闕，據大連本補。
〔五〕羅文……原殘闕，據大連本補。

〔六〕練溪集：「溪」字原殘闕，據大連本補。北大本作「午堂集」，「午堂」二字括起，右側注「練溪」。

〔七〕自本條下至「寓林集」凡十五種，稿本闕葉，據大連本補。

國朝江西

劉槎翁詩集 十八卷 八冊 俱劉崧

又 槎翁詩選 十二卷 四冊

張來儀靜居集 四卷 四冊 張羽

陳海桑文集 十卷 三冊 陳謨

古文陳先生橋梓集 九卷 二冊 陳仲述

梁泊庵文集 十二卷 四冊 梁潛

尹訥庵集 八卷 二冊 尹昌隆

曾西野先生集 十卷 八冊 一套 曾棨

周東野文集〔五〕 一卷 一册

周孟簡稿〔六〕 一卷 一册

王文端公文集 四十卷 十册

周文襄公雙崖集 七卷 周忱

李文忠公集 十二卷 李時勉

寅庵先生集 三卷 三册 羅肅

熊芝山公錄稿 一卷 一册 熊概

錢文肅公集 二卷 二册 應制集一卷 錢習禮

孫公歲寒集 二卷 二册 孫瑀

石溪類集 三卷 二册 周功叙

周石溪文集 八卷 四册

尹寅庵集略 一卷 一册

李拙庵集〔七〕 四卷 二册 李

許聚庵集〔八〕 一卷 一册 許鳴鶴

天申集〔九〕 二卷 一册

古澹餘力集〔一〇〕 四卷 三册 李裕

椒丘文集〔一一〕 三十四卷 八册 何文淵
策府三卷 奏議三卷 文二十二卷 外集一卷

羅一峰選集十卷 八册

羅一峰先生全集 十四卷 四册 羅倫

桂坡集 九卷 二册 左贊

康齋文集 十三卷 四册 吳汝弼

燕石稿 八卷 二册 湯光烈

張文僖公集 十四卷 四册 張昇

周畏齋集 十卷 四册 周孟中

羅文肅公圭峰集 三十三卷 八册 羅玘

楊文恪公集 六十二卷 十二册 楊廉

七一八

吳竹坡詩集　廿八卷　二册

齊穎遺録〔一二〕　四卷　龍光

羅冰玉先生北上稿〔一三〕　一卷　一册　羅冰玉公

羅整庵先生文集〔一四〕　二十卷　六册　羅欽順

整庵稿〔一五〕　十三卷　四册

徐南峰遺集〔一六〕

李谷平集〔一七〕　五卷　三册　李中

修辭集　六卷　四册　陳鳳梧

執齋集　十三卷　四册　劉玉

南岡集　一卷　一册　劉諶

梅國前集　四十一卷　十册〔劉節〕

改齋文集　十卷　二册　王思

治齋文集　四卷　四册　萬鏜

歐陽恭簡公集　二十二卷　六册

毛東塘全集　十卷　十册　毛伯温

東州初稿　十二卷　六册　夏良勝

鄒東廓文集　十二卷　六册　俱鄒守益

又　東廓文集　十二卷　四册　同上

鄒氏學録〔一八〕　三卷　一册

梓溪文集〔一九〕　五卷　二册　舒芬

汪東麓集〔二〇〕　十卷　四册　汪佃

聶雙江先生文集　十四卷　八册　聶豹

歐陽南野集　三十卷　十册　歐陽德

歐陽南野文集　五卷　四册

李石岡遺稿　二卷　二册　李喬

周簡肅遺稿　二卷　周延

劉晴川省愆摘稿　五卷　劉魁

石蓮洞全集　二十五卷　二十册

澹生堂藏書目　集部下　國朝詩文集

七一九

羅念庵文集 二十五卷 廿册 羅洪先
　咏史稿二卷 暨陽稿一卷 廣平稿一卷
　西省稿二卷 祗役稿一卷 蒼梧稿一卷
　芝亨稿二卷 雜文二卷
李二溪存稿 十六卷 李九韶
劉見川集 十二卷 劉教
巾石先生類稿 三十二卷 十二册 吕懷
鐔虛堂摘稿 二十卷 六册 雷禮
洞麓堂集 三十八卷 十二册
思補軒漫集[二三] 八卷 四册 尹臺
七星劉先生詩鈔[二四] 十五卷 五册 劉鴻雲
朱鎮山文集[二五] 二十卷 八册 朱衡
朱光祿集[二六] 二十七卷 十册 朱維京
康東還集 四卷 二册 康恕

陳兩湖文集 三十四卷 十二册 陳昌積
梅林詩集 一册 蕭世賢
拙逸集 三卷 二册 楊導
大拙堂集 九卷 四册 楊載鳴
鮑洲文集 十卷 六册 張雨惟
楓潭集 三卷 三册 萬虞愷
洞陽子集 十八卷 二十册 萬恭
劉三五先生集[二七] 一卷 一册
王[穉川]先生念初堂集 六十五卷 十八册 王材
　石堂近語一卷 詩文二十三卷 黎川王氏家
　譜略一卷
外制集三卷 南雍申教録一卷 南雍日記

七二〇

六卷　南雍講章四卷　太學志略二卷　南雍再蒞錄
一卷　退居集十三卷　館記一卷　雜記一卷
北田語二卷　新城志略一卷　念初堂先生年
譜一卷

劉唐巖先生文集〔二八〕　八卷　四冊　劉懟

友慶堂合稿〔二九〕　七卷　六冊　俱王時槐

友慶堂存稿〔三〇〕　十四卷　六冊

陳蒙山先生念初堂稿　并續　共六十八卷　廿
一冊　俱陳嘉謨

陳蒙山遺言　二卷　二冊

養生約言　居官常談

處惺堂遺編　二卷　二冊

華陽館全集　文十二卷　詩十四卷　內篇一卷　共
十冊　宋儀望

（俞）〔余〕德甫集　十九卷　余（四）〔曰〕德

南豐存稿　十卷　二冊　羅良

李浣所先生集　十三卷　四冊　李貴

石泉山房文集　十三卷　五冊　郭汝霖

衡廬精舍藏稿　三十卷　十二冊　胡直

言末　理問　六錮

博辨　明中　徵孔

談言　續問　申言

胡廬山遺稿〔三一〕　四卷　四冊　續集

菊壇集〔三二〕　四卷　一冊　郭春震

韶水遺音〔三三〕　四卷　五冊　賴嘉謨

曾見臺泉湖山房稿〔三四〕　三十卷　八冊　曾同亨

七二一

篋簹山房稿　六卷　五册　曾乾亨

鄧定宇集　四卷　六册　鄧以讚

鄧文潔公佚稿　十卷　二册

榆塞稿　二卷　二册　涂宗濬

精忠堂稿　三卷　三册　劉臺

郭青螺全集　共一百七十四卷　五十册　三套

郭子章

　閩前草六卷　留草十卷　粤草十四卷

　蜀草十四卷　浙草十六卷　晉草十卷

　楚草十三卷　閩藩草九卷　家草八卷

　黔草三十七卷　養草七卷　苦草六卷

　傳草二十四卷

楊臨皋集

太平山房續稿　共十二卷　鄒元標

鄒南皋文集　七卷　薜荔山房稿八册　一套

敖太史薜荔山房稿[三六]　十卷　八册　敖文禎

劉兌陽集[三六]　十六卷　八册　一套　劉應秋

鄒太史集[三七]　五卷　五册　俱鄒德溥

雪山草[三八]　一卷　一册

雙瞻廬刻[三九]　一卷　一册

鄒[聚]所文集　六卷　三册　鄒德涵　外集

　錄　易教

東游記　一卷　一册

閩游草　一卷　一册　曾鳳儀

劉喜聞集　十二卷　四册　劉孔當

述亭遺稿　四卷　一册　劉[四〇]

萬心源遺稿　一卷　一册　萬子鐸

雷中丞律選　二卷　一册　雷賀

金臺稿 二卷 一冊 雷映

雷元亮詩 二卷 一冊 長安倡和一卷

薄游草 二十四卷 八冊 一套 謝廷諒

寶氣樓藏藏草 十卷 四冊 雷賀

湯義仍玉茗堂集 十五卷 六冊 一套 湯顯祖

又玉茗堂集一部二十四卷六冊 又玉茗堂集

文集十卷二冊

霞繼亭集〔四一〕 三卷 三冊 謝廷讚

繁露園詩稿〔四二〕 十卷 二冊 胡汝煥

環碧齋稿〔四三〕 八卷 八冊 祝世祿

潛一齋稿〔四四〕 六卷 二冊 王如堅

王敬所集〔四五〕 九卷 二冊 王德完

青原山房遺稿 三卷 王爾康

劉晉軒遺稿 一卷 一冊

蕭梅谷小稿 一卷 一冊

梧丘草堂摘稿 一卷 一冊 蕭庭時

湖南漫稿 二卷 二冊 張鋥

小村集 四卷 二冊 郭鵬

南岳風咏 一卷 一冊 甘

甘蓮坪理學集 六卷 四冊 一套 甘 又一部

墨莊一蕆 二卷 二冊 王禪

山房集 四卷 四冊 劉元卿

劉徵君二集〔四六〕 四卷 四冊

吹萬亭草〔四七〕 一卷 一冊

天倪軒草〔四八〕 四卷 一冊 謝繼科

鄧先生潛學編〔四九〕 十二卷 十一冊 鄧元錫

熊神阿雲間集〔五〇〕 二卷 二冊 熊劍化

鄭愚公詩集〔五一〕 四卷 四冊 鄭之文

澹生堂讀書記　澹生堂藏書目

遠山堂詩　工部詩

錦硯齋詩　錦硯齋次草

樊致虛雜稿　廿一卷　六冊　俱樊良樞

密庵初稿四卷　密庵稗稿四卷

括風采四卷　西湖草一卷

客星咏一卷　匡山社詩七卷

學餘園二集　二卷　二冊　丘兆麟

朱宗良集　十二卷　四冊　朱多熉

匡南詩集　二卷　二冊　朱拱樋

李長卿集　二十四卷　十二冊　一套　李鼎

　文集十八卷　保泰策　借箸編

　杞説私評　松霞館偶談　松霞

　館偶談續

淨明忠孝全傳正譌　經詁

甲秀園集　四十七卷　六冊　一套　費元禄

　清課　邑乘私抄　訓子

　館規　蠡測　二酉日錄

四世摘稿〔五二〕　二卷　一冊

雪樵詩集〔五三〕　四卷　二冊　劉養晦

徐仁仲詩〔五四〕　一卷　一冊　徐州牧

疏竹亭稿〔五五〕　六卷　二冊　劉天授

詅癡集〔五六〕　一卷　一冊　張峻

蚓蟲集〔五七〕　四卷　一冊　梁朝宗

燕游草　二卷　二冊　張文龍

熈圃唫　五卷　二冊　康祥卿

荔枝亭詩稿　二卷　二冊　康祥卿

垂楊館集　十四卷　五冊　郭孔建

鄒子尹種種　鄒匡明

七二四

淡竹集四卷　苦竹集二卷　法雲集三卷

駢語一卷　翰音一卷

得月堂集　十卷　四冊　張照

松門山房稿　二十二卷　四冊　李國祥

養靜詩　八卷　二冊　郭登儁

客集　李有光

讀騷餘吟雲眠齋初刻〔五八〕　二卷　二冊　劉以鄒

〔一〕文：原殘闕，據大連本補。
〔二〕梁泊：原殘闕，據大連本補。
〔三〕尹訥庵：原殘闕，據大連本補。
〔四〕曾西野先：原殘闕，據大連本補。
〔五〕周東野：原殘闕，據大連本補。
〔六〕孟：原殘闕，據大連本補。
〔七〕拙：原殘闕，據大連本補。
〔八〕許聚：原殘闕，據大連本補。
〔九〕天中集：原殘闕，據大連本補。
〔一〇〕古澹餘力：原殘闕，據大連本補。
〔一一〕椒丘文：原殘闕，據大連本補。
〔一二〕齊穎：原殘闕，據大連本補。
〔一三〕羅冰玉：原殘闕，據大連本補。
〔一四〕羅整庵：原殘闕，據大連本補。
〔一五〕整庵：原殘闕，據大連本補。
〔一六〕徐南：原殘闕，據大連本補。
〔一七〕谷：原殘闕，據大連本補。
〔一八〕鄒氏：原殘闕，據大連本補。
〔一九〕梓溪文：原殘闕，據大連本補。
〔二〇〕汪東麓：原殘闕，據大連本補。
〔二一〕虛：原殘闕，據大連本補。
〔二二〕洞麓：原殘闕，據大連本補。
〔二三〕思補軒漫：原殘闕，據大連本補。
〔二四〕七星劉：原殘闕，據大連本補。

澹生堂讀書記　澹生堂藏書目

〔二五〕朱鎮山：原殘闕，據大連本補。
〔二六〕光：原殘闕，據大連本補。
〔二七〕五：原殘闕，據大連本補。
〔二八〕劉唐巖：原殘闕，據大連本補。
〔二九〕友慶堂：原殘闕，據大連本補。
〔三〇〕友慶堂：原殘闕，據大連本補。
〔三一〕胡廬山：原殘闕，據大連本補。
〔三二〕菊壇集：原殘闕，據大連本補。
〔三三〕韶水遺音：原殘闕，據大連本補。
〔三四〕曾見臺：原殘闕，據大連本補。
〔三五〕太史：原殘闕，據大連本補。
〔三六〕劉兌陽：原殘闕，據大連本補。
〔三七〕鄒太史：原殘闕，據大連本補。
〔三八〕雪山草：原殘闕，據大連本補。
〔三九〕雙瞻廬：原殘闕，據大連本補。
〔四〇〕劉：原殘闕，據大連本補。
〔四一〕霞繼亭：原殘闕，據大連本補。
〔四二〕繁露園詩：原殘闕，據大連本補。

〔四三〕環碧齋稿：原殘闕，據大連本補。
〔四四〕潛一齋：原殘闕，據大連本補。
〔四五〕敬：原殘闕，據大連本補。
〔四六〕徵君：原殘闕，據大連本補。
〔四七〕吹萬亭：原殘闕，據大連本補。
〔四八〕天倪軒草：原殘闕，據大連本補。
〔四九〕鄧先生潛學：原殘闕，據大連本補。
〔五〇〕熊神阿：原殘闕，據大連本補。
〔五一〕愚：原殘闕，據大連本補。
〔五二〕世：原殘闕，據大連本補。
〔五三〕雪樵：原殘闕，據大連本補。
〔五四〕徐仁仲詩：原殘闕，據大連本補。
〔五五〕疏竹亭稿：原殘闕，據大連本補。
〔五六〕詅癡：原殘闕，據大連本補。
〔五七〕蚓蟲：原殘闕，據大連本補。
〔五八〕騷：原殘闕，據大連本補。

七二六

續收[江西]

張南水文集[一] 十一卷 四冊 張衮

萍居集[二] 十二卷 四冊 顧立

台峰集[三] 四卷 二冊 熊相

桂古山文集[四] 七卷 二冊 桂華

清暉館集[五] 二卷 二冊 謝廷諒

劉明自慎修堂集[六] 四十七卷 劉

艷雪齋稿 六卷 二冊 歐陽英

黃忠宣後樂堂集 十七卷 内安南水程日記一卷 四冊 黃福

雪樵詩集 四卷 二冊 劉養晦

抑庵文集 十卷 四冊 太和王直

水南集 十七卷 四冊 陳霆【重】

鄒子願學集 八卷 七冊 鄒元標

荷花山房詩稿 二十六卷 上冊 陳邦瞻

石間山房集 二十四卷 劉一焜

玉茗堂全集 湯顯祖著
詩集十八卷 賦六卷 文集一四卷
陰符經解一卷 傳奇八卷

[以上俱江西]

[一] 張南水文：原殘闕，據大連本補。
[二] 萍居集：原殘闕，據大連本補。
[三] 台峰集：原殘闕，據大連本補。
[四] 桂古山：原殘闕，據大連本補。
[五] 清暉：原殘闕，據大連本補。
[六] 自：原殘闕，據大連本補。

國朝福建東西兩粵諸公集

[福建]

林綱齋文集 十卷 四冊 林環

彭惠安公文集 五卷 四冊 吳希賢

聽雨亭稿 五卷 四冊 黃仲昭

黃未軒集 七卷 二冊 黃仲昭

翠[渠]先生摘稿 七卷 二冊 周瑛

蔡虛齋先生文集[一] 五卷 五冊

林貞肅公文集[二] 二十八卷 七冊 林俊

貞肅公續集 十二卷 三冊 [三]

鄭少谷詩集[四] 十三卷 二冊 鄭善夫

鄭少谷文集[五] 八卷 四冊 又鄭詩一部同

黃少村先生漫稿[六] 三卷 三冊 黃廷用

蔡半洲先生稿 四卷 二冊 蔡經

張襄惠公集選 二十卷 六冊 張岳

　南行稿　北寓稿　東巡稿　西征稿

王遵巖先生文集 王慎中

玩芳堂摘稿 四卷 四冊

俟知堂集 十四卷 四冊 鄒守愚

世翰堂稿 八卷 五冊 林庭㭿

林文恪公集

覆瓿草 六卷 二冊 林烴

程齋近稿 五卷 一冊

石室私抄[七] 九卷 五冊 魏文焌

李卓吾文集 二十卷 五冊 俱李贄　讀史四卷

道古錄二卷

李氏遺書〔八〕 八卷 五冊

李氏焚書〔九〕 六卷 四冊

懶雲居士集〔一〇〕 十四卷 十四冊 裴應章 編

蒲蠹餘六卷 諫草焚餘八卷

三餘堂集〔一一〕 三十四卷 六冊 蘇濬

一川詩集〔一二〕 四卷 一冊 王會

鈥鏤稿〔一三〕 五卷 五冊 王志遠 又一部

八冊

居東集〔一四〕 六卷 六冊 謝肇淛

石倉集 八冊 曹學佺

蓮城紀咏 一卷 一冊 鄭懷魁 樊良樞仝著

渡江小草 一卷 一冊 俱鄭懷魁

葵圃集〔一五〕 二卷 一冊

芙蓉館集〔一六〕 十四卷 六冊 楊一葵

許鍾斗集〔一七〕 五卷 二冊 許獬

李衷一文集〔一八〕 六卷 二冊 李光縉

峽雲閣後草〔一九〕 一卷 一冊 魏濬

寄心集〔二〇〕 六卷 一冊 陳第

林初文詩選〔二一〕 一卷 一冊 林章

挈朋稿〔二二〕 一卷 一冊 龔安卿

居塵集〔二三〕 二卷 二冊 王志道

黃如詩〔二四〕 一卷 一冊 王居中

千頃齋集〔二五〕 二十六卷 五冊 黃居中

〔二酉〕堂詩草〔二六〕 七卷 一冊

青那山人集〔二七〕 二卷 二冊 鄒迪

漁滄社□〔二八〕 十二卷 六冊 俱王若

文園廢業 二卷 一冊

木鳶集 二卷 二冊 陳翰臣

種雪堂詩選〔二九〕 五卷 一册 商家梅

冰壺堂摘稿〔三〇〕 二卷 一册 郭良翰

翠屏集〔三一〕 十卷 二册 國初人閩張以寧

以上俱閩

〔一〕蔡虛齋：原殘闕，據大連本補。
〔二〕林貞肅公：原殘闕，據大連本補。
〔三〕貞肅公續：原殘闕，據大連本補。
〔四〕鄭少谷：原殘闕，據大連本補。
〔五〕鄭少：原殘闕，據大連本補。
〔六〕村：原殘闕，據大連本補。
〔七〕石室：原殘闕，據大連本補。
〔八〕李氏遺書：原殘闕，據大連本補。
〔九〕李氏焚書：原殘闕，據大連本補。
〔一〇〕懶雲居：原殘闕，據大連本補。
〔一一〕三餘：原殘闕，據大連本補。
〔一二〕一川詩：原殘闕，據大連本補。
〔一三〕鈒鏤：原殘闕，據大連本補。
〔一四〕居東：原殘闕，據大連本補。
〔一五〕葵：原殘闕，據大連本補。
〔一六〕芙蓉：原殘闕，據大連本補。
〔一七〕許鍾：原殘闕，據大連本補。
〔一八〕李衷：原殘闕，據大連本補。
〔一九〕峽雲：原殘闕，據大連本補。
〔二〇〕寄心集：原殘闕，據大連本補。
〔二一〕林初文詩：原殘闕，據大連本補。
〔二二〕挈朋稿：原殘闕，據大連本補。
〔二三〕居塵：原殘闕，據大連本補。
〔二四〕黃如：原殘闕，據大連本補。
〔二五〕千頃：原殘闕，據大連本補。
〔二六〕二酉：原殘闕，據大連本補。
〔二七〕青那：原殘闕，據大連本補。
〔二八〕漁：原殘闕，據大連本補。

[二九] 種：原殘闕，據大連本補。
[三〇] 冰壺：原殘闕，據大連本補。
[三一] 翠屏：原殘闕，據大連本補。

[廣東]

董見龍先生集[二] 十一卷 十册
孫仲衍西庵集[二] 二卷 孫蕡
王彥舉聽雨集[三] 二卷 王佐
黃庸之雪蓬集[四] 一卷 黃哲
李仲修易養集[五] 一卷 李德
湛甘泉先生文集[六] 内廿八卷 外十六卷 二十册 湛若水
黃泰泉先生文集[七] 六十卷 十四册 又文選十卷四册 黃佐

張東所先生文集[八] 十二卷 四册 張翊
霍文敏公文集[九] 十五卷 十五册 霍韜
區太史詩集[一〇] 三十七卷 區大相
南霽集[一一] 一卷 歐大任
辭達集 二卷 二册 鍾繼英
井丹先生文集 十八卷 十二册 林大春
醉經樓集 六卷 二册 唐伯元
葉絅齋文集[一二] 十二卷 六册 葉春
楊太史遺稿[一四] 一卷 一册 楊起元
鄧黃門雜稿[一五] 九卷 九册 鄧雲霄著
百花洲集 燃桂集 解[殳][殳]集
漱玉齋類詩 秋興集
太瓠集[一六] 十卷 詩草八卷 文類二卷 共五册
車登雲

澹生堂讀書記　澹生堂藏書目

四留堂稿〔一七〕　三十卷　十册　盧龍雲
韓孟郁稿〔一八〕　三卷　三册　韓上桂
東皋初草〔一九〕　二卷　二册　單守敬

以上廣東

〔一〕董見龍：原殘闕，據大連本補。
〔二〕孫仲衍：原殘闕，據大連本補。
〔三〕王彥舉：原殘闕，據大連本補。
〔四〕黄庸之雪：原殘闕，據大連本補。
〔五〕李仲修易：原殘闕，據大連本補。
〔六〕湛甘泉：原殘闕，據大連本補。
〔七〕黄泰泉：原殘闕，據大連本補。
〔八〕張東所：原殘闕，據大連本補。
〔九〕霍文：原殘闕，據大連本補。
〔一〇〕區：原殘闕，據大連本補。
〔一一〕南：原殘闕，據大連本補。
〔一二〕醉：原殘闕，據大連本補。
〔一三〕葉：原殘闕，據大連本補。
〔一四〕楊太史：原殘闕，據大連本補。
〔一五〕鄧黄門：原殘闕，據大連本補。
〔一六〕太瓠集：原殘闕，據大連本補。
〔一七〕四留堂：原殘闕，據大連本補。
〔一八〕韓孟郁稿：原殘闕，據大連本補。
〔一九〕東皋初：原殘闕，據大連本補。

〔廣西〕

蔣道林文集〔一〕　五卷　五册　蔣

〔以上〕廣西

〔一〕蔣道：原殘闕，據大連本補。

[續收]

梁石門先生集[一] 二十四卷 三册 梁寅

布衣陳先生遺稿[二] 八卷 二册 陳晟

海忠介公文集 十卷 四册 海瑞

陳愧齋先生集 十二卷 二册 陳音

何氏萬曆集 三十三卷 十二册 何匡峨

[以上福建兩粵]

[一] 梁石：原殘闕，據大連本補。
[二] 布衣：原殘闕，據大連本補。

國朝湖廣四川雲貴諸公集

[湖廣]

劉東山詩集 二卷 二册 劉大夏

王夢澤集 十七卷 四册 王廷陳 又一部十四卷 四册

汪白泉選稿[三] 十二卷 四册 江文盛

又 魯文恪公文集 十卷 四册 魯鐸

少泉文選[三] 四卷 二册 王格

元素子集[四] 三十二卷 二十八册 廖道南

龍橋漫稿[五] 七卷 二册 李寵

甑甄洞稿[六] 五十四卷 十一册 吳國倫

□□續稿[七] 二十七卷 十二册

澹生堂藏書目 集部下 國朝詩文集

七三三

雲夢山人詩〔八〕 二十卷 四冊 孫斯億

又 太白原稿 十三卷 五冊 劉景韶

大泌山房集 一百三十四卷 四十八冊 六套 李維楨

石機集〔九〕 二卷 一冊 孫繼芳

洞庭漁人集〔一〇〕 二十三卷 五冊 孫宜

遂初堂集〔一一〕 四卷 二冊 孫羽侯 又一部十冊四卷

郭氏集選 四卷 四冊

郭美命黃離草 十卷 十二冊 郭正域

太室山人集 十七卷 八冊 韓應嵩

瞿慕川文集〔一二〕 七十五卷 九十六冊 瞿九思

紫園草 十卷 二冊 曾朝節

白蘇齋集〔一四〕 廿一卷 四冊 袁宗道

袁石公集 四十六卷 十一冊 袁宏道 錦帆集四卷 解脫集四卷 瓶史一卷 瀟碧堂二十卷 瓶（衣）[花]齋十卷 廣莊一卷

又 狂言四卷 嵩華游草二卷 廣陵集一卷 桃源詠一卷〔一六〕 敝篋二卷〔一七〕 觴政 硯齋集二卷〔一八〕

袁石公續集〔一五〕

中郎十集〔一九〕

珂雪齋近集〔二〇〕 十一卷 六冊 袁中道

漁陽集〔二一〕 一卷 袁中道

又 熊經略全集 二套 十二冊

三陵集〔二二〕 二卷 一冊 周楷

龍君御選集〔二三〕 六卷 三冊 俱龍膺

漁仙雜

著二卷　湟中詩一卷　綸隱集三卷

入蜀稿[二四]　一卷　一册　俱吳亮嗣

師白齋詩稿[二五]　一卷　一册

木奴社草[二六]　一卷　一册　楊時芳

楊直指三語　一卷　楊鶴

野客青鞋集　一卷　一册　楊嗣昌

隱秀軒文集　二十一卷　四册　鍾惺

荆玉堂鈔[二七]　十卷　四册　張維禎

皇琴草[二八]　二卷　一册　李雲階

珠樹齋草[二九]　三卷　一册　孫穀

海上吟[三〇]　二卷　二册　徐來建

長安賦草[三一]　一卷　一册　胡士容

寧澹齋詩集[三二]　二卷　二册　萬言揚

以上俱湖廣

[一]　王夢：原殘闕，據北大本補。
[二]　汪白泉：原殘闕，據北大本補。
[三]　少泉：原殘闕，據北大本補。
[四]　元素子：原殘闕，據北大本補。
[五]　龍橋漫：原殘闕，據北大本補。
[六]　甄甄洞稿：原殘闕，據北大本補。
[七]　續：原殘闕，據北大本補。
[八]　雲夢山：原殘闕，據北大本補。
[九]　石機：原殘闕，據北大本補。
[一〇]　洞庭：原殘闕，據北大本補。
[一一]　遂初：原殘闕，據北大本補。
[一二]　瞿：原殘闕，據北大本補。
[一三]　紫園：原殘闕，據北大本補。
[一四]　白蘇：原殘闕，據北大本補。
[一五]　袁石公：原殘闕，據北大本補。
[一六]　廣陵集一卷　桃源詠　卷：原殘闕，據北大本補。

〔一七〕二卷：原殘闕，據北大本補。
〔一八〕硯齋集：原作「破口」，據北大本補。
〔一九〕中郎十：原殘闕，據北大本補。
〔二〇〕珂雪齋近：原殘闕，據北大本補。
〔二一〕漁陽：原殘闕，據北大本補。
〔二二〕三陵：原殘闕，據北大本補。
〔二三〕龍君：原殘闕，據北大本補。
〔二四〕入蜀：原殘闕，據北大本補。
〔二五〕師：原殘闕，據北大本補。
〔二六〕木：原殘闕，據北大本補。
〔二七〕荊玉：原殘闕，據北大本補。
〔二八〕皇苓：原殘闕，據北大本補。
〔二九〕珠樹：原殘闕，據北大本補。
〔三〇〕海上吟：原殘闕，據北大本補。
〔三一〕長安賦：原殘闕，據北大本補。
〔三二〕寧澹齋：原殘闕，據北大本補。

【四川】

楊升庵先生全集 六十卷 二十四冊 俱楊慎
楊升庵合併集〔一〕 二十卷 六冊
楊升庵南中集 七卷 二冊
又 升庵七十行戍稿 一卷 一冊
李卓吾讀升庵集 二十卷 六冊 李卓吾批選
楊升庵外集
升庵詩選 歸田稿 晚秀稿
趙恭襄公集 六卷 六冊 趙炳然
張大司馬居來集 六十五卷 二十四冊 張佳胤
上谷稿 二卷 二冊
三上草〔二〕 一冊 又 來南草 一冊 周長應

以上俱四川

澹生堂藏書目　集部下　國朝詩文集

[雲貴]

來瞿唐集[二]　十二卷　十二冊

客問釜山稿共一卷　述悟賦悟山稿共一卷

游峨眉山快活庵稿　八關稿游吳稿共一卷

重游白帝稿　求溪稿　買月亭稿　鐵鳳

（橋）[稿]共一卷

外語錄諸書另入理學類

禺山七言律[二]　一卷　一冊　張含

中溪詩集[三]　十卷　六冊　李元陽

(一) 楊升庵先生…原殘闕，據北大本補。

(二) 楊升…原殘闕，據北大本補。

(三) 三…原殘闕，據北大本補。

歸來漫稿[四]　二卷　二冊　孫應鰲

秀野堂集[五]　一套　五冊　楊師孔

以上雲貴

(一) 來瞿…原殘闕，據北大本補。

(二) 禺山七…原殘闕，據北人本補。

(三) 中溪詩集…原殘闕，據北大本補。北大本「中溪」右側加注「李太史」。

(四) 歸來漫稿…原殘闕，據北大本補。

(五) 秀野堂集…原殘闕，據北大本補。

[續收國朝分省諸公集]

劉東山詩集　二卷　二冊　劉大夏

邃谷集[一]　十二卷　四冊　戴冠

七三七

梅司馬燕臺遺稿〔一〕 二卷 一册 梅國楨

三上漫稿〔二〕 十卷 二册 周長應

何文簡公集 十八卷 八册 何孟春

虛籟集 十六卷 四册 劉堯誨

何吉陽集 十六卷 四册 何遷著

袁石公遺稿 六卷 三册 袁宏道

芥子庵集〔四〕 四卷 四册 蔡自強

〔一〕遼谷集：原殘闕，據北大本補。
〔二〕梅司：北大本無。
〔三〕三上：原殘闕，據北大本補。
〔四〕芥子：據北大本補。

附錄 澹生堂藏書目題跋

丙子夏五，從敦翁先生借閱一過，別本迥異，緣祁氏以五年十年一編次，而隨時傳出所致耳。當更借他本，取最多者爲最後所編次也。元和顧廣圻記。

據上海圖書館藏《澹生堂藏書目》明鈔本過錄。顧跋又見《顧千里集》(中華書局，二〇〇七年)卷十九「澹生堂藏書目不分卷鈔殘本」條。敦翁即秦恩復(字敦夫)。

《澹生堂藏書約》，錢塘鮑氏已刻於《知不足齋叢書》中，余讀之，愛其鑒別之精，藏庋之富，而竹垞所謂手錄書目八冊存於古林曹氏者則未之見也。意南中必有傳鈔之本，物色數年，竟未能得。道光庚寅冬日，遇茂苑汪閬原觀察於都門，知其與余有同好，而收藏典籍之富甲於吳中，因囑其代購此種。逾年辛卯春日，閬原復至都門，即檢其藝芸書舍所鈔本攜來見餉。展卷快讀，如獲拱璧。余舊藏《亢遺山全集》乃澹生堂中故物，每冊有印記，因樕於簡端，并志得此書之顚末與歲月云。東武劉喜海。

據青島博物館藏《澹生堂藏書目》汪氏藝芸精舍鈔本過錄。

予讀此序，深快其先得我心，而以不得撰人名氏，又甚憾焉。去歲購得《知不足齋叢書》，內有《澹生堂藏書約》，取而讀之，內有是篇，蓋明季山陰祁承㸁所著也（編者按，天頭加筆：後察《千頃堂書目》，有題名，作八卷）。急標其名，以示來者。案先生生明叔季之世，刻意藏書，縹緗之富，足以埒國，厥後二子大節凜然。睹此一編，足知其詒謀之善也。惟此編目錄敘次頗無倫理，核其《書約》內所載之鑒書訓，體例若不相侔。殆一時稿本，如溫公《通鑑》之爲《長編》，後人重其人而存之，惜未見排次定本也。然存此一編，亦可以窺其崖略。又聞祁氏遭家難後，書爲呂留良篡去，曾靜事起，留良之子孫族滅，經籍蕩然。或相傳入於內府，未知然否。實其言，先生可無憾於九京矣。同治壬申八月望日，任城冬涵氏記。

據中山大學圖書館藏《淡生堂藏書目》濟寧李氏礪墨亭叢書鈔本過錄。

李冬涵跋在《澹生堂藏書約》小引後。

淡生堂藏書譜八冊藏書訓畧二冊　原寫本

是爲山陰祁承㸁所撰。承㸁字爾光，初號越凡，更號夷度，又號曠翁，萬曆庚子舉人，甲辰進士，官至江西布政使司右參政。嘗師鄭漁仲求書之意，一即類以求，二旁類以求，三因地以求，四因家以求，五求之公，六求之私，七因人以求，八因代以求，窮搜博採，積書十萬餘卷。又爲約以訓子孫，而備言購書聚書

鑒書讀書之法。鮑以文曾以其《訓約》刊之《知不足齋叢書》中。此則曠翁原本也，每葉十六行，上截載書名，下截分兩行，載卷册，撰人姓氏。藍格竹紙，版心有「淡生堂藏書目」，更有「澹生堂經籍記」「曠翁手識」、「山陰祁氏藏書之章」、「子孫世珍」等印。《訓約》前有郭子章、周汝登、沈㵵、李維楨、楊鶴、馬之駿、商家梅、錢允治、姜逢元、陳元素、管珍、朱篁諸敘跋，且摹其書而鈐以圖章焉。曠翁祖名清，字子揚，嘉靖丁未進士，山西布政使。父名汝霖，字秋宇，國子生。弟名承勳，號爾雅[二]，庠生，官陝西布政司都事。長子名駿佳，字季超，崇禎戊辰選貢。次子名鳳佳，字德公，增貢。三子名彪佳，字幼文，以進士居臺諫，歸營寓園於梅里，順治二年六月貝勒統師駐杭，遣使渡江，齎檄貂聘明遺臣，卻聘而自殉，卒謚忠惠。四子名象佳，字翁艾，國子生。□姪曰豸佳，字子祥，天啟丁卯舉人，官吏部司務。曰熊佳，字文載，崇禎庚辰進士，官兵部給事中。一門羣從，政事文章，不可謂非藏書之食報也。既而時移物換，季超專宗乘，遺書隨人取攜。忠惠之子理孫、班孫重遭家難，遠戍塞外，寓山別墅捨為佛屋。二百年餘猶留當日書目，可不寶哉。趙谷林、意林二徵士，祁氏之甥也，嘗訪其遺書，僅得十數部，拾其「曠亭」一扁，補築於小山堂次。吾鄉藏書之風肇自小山，而小山實承曠園之餘韻。予先世居柯亭，近寓山，掃墓之間，偶訪澹生堂遺址，而田夫野老無一可語者，因就是而識之。

據南京圖書館藏《澹生堂藏書目》稿本丁丙跋過錄。原跋在籤條上，貼於第一册封面內。

又見《善本書室藏書志》（光緒二十七年錢塘丁氏刊本）卷十四，文字略有刪節。

澹生堂讀書記　澹生堂藏書目

[一] 按，祁承㸁，字爾雅（參見國家圖書館藏《山陰祁氏家譜》清抄本），又字爾器（《澹生堂集》）。

國初修《明史》，藝文一門，凡採進著述，未題卷數者悉不載。是書所錄，備收前明人書，詳錄卷數，足以補《明史》所未備者不尠。今年夏，叢刻《紹興先正遺書》告蕆，得踵事乙集，遂假得丁丈松生八千卷樓藏本刊列之。酉孟八年涂月既望校畢謹識。維則。

蒙所見《澹生堂書目》鈔本不少，斷以此本爲最足，因斠而刊之。按府志所載，祁曠翁尚有《兩浙著作考》五卷、《兩浙神仙著作》二卷，儻丁丈藏有鈔本，惠假刊入，則更幸甚。同日則又志。

據南京圖書館藏《澹生堂藏書目》稿本徐維則跋過錄。

右《澹生堂藏書目》十四卷，明山陰祁夷度先生著。先生名承㸁，字爾光，初號越凡，萬曆庚子舉人，甲辰進士，官江西布政使司右參政，忠惠公彪佳父也。幼（者）[嗜]書，成而不券，載羽堂燝，澹生踵起，歲益月益，十年五年，期之永永。《藏書約》、《庚申整書小記》備陳之。斠紬是書，著錄獲頤，駢羅龐富，洵其言之不（曾）[誣]也。夫目錄之書自劉子政氏《七略》，初班孟堅襲之造《藝文志》，繼是而來作者滋益多。雖然，劉氏之著，有大例一，有小例二，後嗣或未知。《七略》佚，班生之書存，則其誼可推。如互見，如裁篇別出，《志》所見是也。若其大歸，因書以立例，不任例以券書。《志》無文，然《志》之目，巨者

六,細者三十有六,其所區分,皆此意焉。族史局於中經,未能上闚,縱有纂述,正復貌同心異,如知幾言於乎,官書猶爾,私著可知。今先生之說,則曰書有獨裁,類無可入,余則益之,古祕今簡,前備後略,余則傅之;,復有作非一途,言多旁及,奚得概收,漫無紀律,曰互曰通,其義斯具。疏淪源流,實事求是,與中壘之旨若符析復合,漢以還未之過也。乃至世禩清華,習諳舊聞,其所綜述,國策野言,多《明史》未及之書。詩文分省,左右邑志,爲考文徵獻之所需。然校論次第,尤不敵其創通例目,紹述錄之多焉。若夫參驗羣書,揭櫫韋異,篇卷參差,則所見異辭,無爲一轍。讀者自能得之,亦不著焉。光緖二十年夏六月會稽徐友蘭識。

據光緒十八年會稽徐氏鑄學齋刻《澹生堂藏書目》十四卷本(《紹興先正遺書》第三集)過錄。會稽馬用錫校,徐友蘭跋。

壬辰之歲,徐君仲咫得是書,繕寫付刻,錫任校讎之役。其書爛奪甚夥,嘗據諸史藝文爲之補書,如無明文,謹從區葢。刊旣成,仲咫復從董氏取斯堂叚得是書,俾錫覆校。參互攷訂,大畧相同。晚先校語,繕帋所及,隨丰識之,未能備也。錫續入若干事,以墨丰殊之,不敢與先生相淆[一]。斠讀旣畢,爲書此語以賸。時甲午陬月二十八日也。用錫志於稷山屾堂。

據天一閣博物館藏《澹生堂藏書目》鳴野山房鈔本馬用錫跋過錄。

澹生堂讀書記　澹生堂藏書目

[一] 按，先生指蕭山王宗炎。嗚野山房鈔本有嘉慶十七年王宗炎朱筆校語若干，自署晚聞居士。

余家所藏古籍中有山陰祁氏澹生堂鈔寫者多種，對祁氏素所景仰。祁氏累代藏書，與寧波范氏天一閣齊名，有《澹生堂書目》，所收雖不以宋元刻本見著，以時代計，最遲亦爲明刻本，治明代著述者，亦未可偏廢。此目亦依傳鈔本幸存，稀如星鳳，後始有人刊入《紹興先正遺書》叢刊中，始稍有流傳。余家舊藏鈔本有若干卷，殘損中縫前後下方甚多，取對重刻本，若合符節，蓋殘損由來久矣。余曾就刻本重錄，依鈔本復校，是正并補失頗多，更擬取別家書目參校，再事增正。今正副三本，均已無存，未知異日亦能若《千頃》之再見否，姑引領望之。

據瞿鳳起《追憶修業有感往事》詩自注過錄，參見仲偉行等編著《鐵琴銅劍樓研究文獻集》（上海古籍出版社，一九九七年），第一九三頁。

9592₇	精		9782₀	灼	
44	精蘊音釋	309	44	灼艾集	453
50	精忠堂稿	722	9905₉	憐	
	精忠類編	378	80	憐夔草	713
74	精騎錄	470	9913₆	螢	
9601₃	愧		10	螢雪叢談	460
92	愧剡錄	391	9923₂	滎	
9602₇	惕		36	滎澤縣志	413
44	惕若齋集	297	76	滎陽縣志	412
9701₄	怪		9960₆	營	
00	怪症奇方	570	30	營宅圓機	562
	怪疴單	502	9982₀	炒	
9708₆	懶		44	炒花傳	351
10	懶雲居士集	729			
9725₆	輝			□□續稿	733
62	輝縣志	414			

9106₁ 悟		
00 悟齋摘稿	709	
40 悟真篇集注	497	
悟真篇注疏	497	
悟真篇直指詳説	497	
悟真篇分注玉洞藏書	497	
悟真篇小序	497	

9148₆ 類	
08 類説	453
26 類釋唐詩儁	657
56 類輯練兵諸書	553
88 類纂灼艾集	472

9158₆ 頻	
30 頻宮禮樂志	389

9181₄ 煙	
10 煙霞集	505
煙霞過眼錄	477
煙霞小説	454、612

9182₇ 炳	
96 炳燭編	440

9202₁ 忻	
32 忻州志	405
44 忻慕編	331

9280₀ 剡	
32 剡溪漫筆	585

9284₇ 煖	
27 煖兔傳	351

77 煖閣召見紀事	321

9306₀ 怡	
00 怡庵文集	683
67 怡晚錄讀易内外篇	438

9406₁ 惜	
78 惜陰錄	437
惜陰錄摘抄	345

9408₁ 慎	
17 慎子	441

9501₀ 性	
16 性理三解	288、298
性理要解	289
性理彝訓	289
性理大全	288
性理指歸	289
性理節要	299
46 性相通説	537
77 性學編	289
80 性善二書	289
性命緒言	289

9502₇ 情	
20 情采編	636

9503₀ 快	
40 快士賦	633
50 快書	471

9589₆ 煉	
12 煉形内旨	501

	尚書要義	264	52 省括編	373
	尚書注疏	261(2)	**9060₆ 當**	
	尚書注考	263	30 當官三事	396
	尚書通考	264	42 當機錄	374
	尚書存疑錄	262	**9080₀ 火**	
	尚書故實	367	01 火龍神器圖法	552
	尚書軌範撮要圖	262	15 火珠林	558
	尚書日記	262	44 火落赤列傳	351
	尚書圖	263	**9080₆ 賞**	
	尚書別錄	263	33 賞心粹語	469
53	尚書解詁	261	**9080₉ 炎**	
	常		28 炎徼紀聞	351
04	常熟縣志	407	**9090₄ 米**	
09	常談考誤	301	00 米襄陽志林	670
15	常建詩集	664	10 米元章詩集	670
35	常清淨經釋略	495	米元章法帖題跋	576
9023₂ 豢			米元章書斷	576
01	豢龍子	447	米元章書史	575
9050₀ 半			38 米海嶽畫史	577
40	半九亭集	702	40 米友石雜著	701
44	半村野人閒談	466	**棠**	
9050₂ 掌			78 棠陰比事	394
88	掌銓題稿	626	**9094₈ 粹**	
9060₂ 省			00 粹言	292
27	省身集要	305	**9101₄ 慨**	
	省身錄	305	40 慨古錄	536、547
33	省心錄	444	**9101₆ 恒**	
40	省直天文圖	424	72 恒岳志	425

8912₇ 銷
10 銷夏言 469
銷夏錄 468

8918₆ 鎖
44 鎖地鈴 558

9000₀ 小
10 小爾雅 299
22 小山玄賞 422
30 小窗自記 472
33 小心齋札記 297
44 小荀子申鑒 434
小村集 723
54 小技臆談 652
60 小品般若波羅蜜經 506、544
72 小隱書 375
77 小兒痘疹方論 573
小兒語 301、304、451
小兒直訣 572
小兒推拿秘訣 573
小學新編摘略 300
小學集注 300
小學衍義 303
小學紺珠 300、583
小學句讀 300(2)
小學史斷 362

9003₂ 懷
00 懷慶府志 402
27 懷魯周公墓錄 334
32 懷淨土詩 539
懷淨土記 539
34 懷遠縣志 408
40 懷古錄 652
47 懷極樂詩 539

9020₀ 少
26 少泉文選 733
28 少微通鑑節要 358
30 少室山人類稿 711
37 少湖文集 681

9021₁ 光
04 光讚般若波羅蜜經 506
17 光喬淵微 561
22 光山縣志 415
30 光宗貞皇帝實錄 312
光宗皇帝實錄進呈儀注 313
光宗寶訓 312
32 光州志 404
36 光澤縣志 411
37 光禄寺志 338

9022₇ 尚
01 尚顏詩集 666
08 尚論編 373
40 尚直尚理編 541
50 尚書六體圖説 263
尚書雜論 262
尚書譜 262
尚書疏衍 262

8834₁ 等
60 等目菩薩所問三昧經　　508

8843₀ 笑
22 笑嚴集　　543
44 笑林　　482
88 笑笑讚　　482

8844₆ 算
21 算經品　　556
34 算法啟蒙　　579

8850₃ 箋
30 箋注三體唐詩　　637
　　箋注四六標準　　631

8850₇ 筆
07 筆記　　468
32 筆叢　　473、585
64 筆疇　　445(2)
　　筆疇切言　　445

8862₇ 筍
08 筍譜　　485

8864₁ 籌
34 籌遼木議　　328、342
60 籌國勝著　　553

8872₇ 節
00 節庵存稿　　716

8877₇ 管
00 管言　　452
17 管子　　440
　　管子治略窾言　　441
　　管子權　　441
　　管子纂略　　441
21 管比部奏議　　627
30 管窺小識　　345
32 管涔集　　691
44 管韓合纂　　441
50 管東溟憲章餘集　　542
90 管光祿集　　709

8879₄ 餘
00 餘慶錄　　539
10 餘干縣志　　410
27 餘冬序錄　　584
35 餘清堂定稿　　708
42 餘姚縣志　　409

8880₆ 簀
30 簀窗筆記　　470
88 簀簹山房稿　　722

8890₂ 策
41 策樞　　648

8890₃ 繁
10 繁露園詩槁　　723

纂
27 纂修記注　　336

8898₆ 籟
07 籟記　　578

8794₀ 叙
40 叙嘉靖間倭入東南事 325

8810₁ 竺
48 竺乾宗解 542

8810₄ 坐
00 坐塵轉語 451
72 坐隱訂譜 579

8810₈ 笠
36 笠澤叢說 443

筮
24 筮仕要訣 394
　 筮仕涓吉便覽 558
88 筮策理數日抄 559

8811₄ 銓
21 銓衡人鑑考 330
40 銓古錄 654

8812₇ 鈐
22 鈐山堂雜記 344
　 鈐山堂內制 624
　 鈐山堂全集 681

8822₀ 竹
08 竹譜 485
10 竹下晤言 464
27 竹嶼山房雜部 482
30 竹窗二筆 543
　 竹窗三筆 543
　 竹窗隨筆 542
37 竹澗文集 706
44 竹坡詩話 655
　 竹林遺語選 635
50 竹書紀年 358
　 竹素堂續稿 690
　 竹素堂藏稿 690
77 竹屋三書 453

8822₇ 篇
06 篇韻貫珠 306、309

簡
00 簡文編 635
10 簡平儀說 452、556
21 簡便驗方 574

箐
00 箐齋讀書錄 436

8823₂ 籐
24 籐峽記略 325
　 籐峽記聞 324

8824₃ 符
00 符離弭變紀事 328

8825₃ 箴
09 箴談 304

8826₁ 簪
66 簪曝偶談 464

8828₆ 籲
10 籲天辯誣錄 378

8713₂ 銀
38 銀海精微　　　　574

8714₇ 鈒
85 鈒鏤稿　　　　　729

8716₁ 鉛
22 鉛山縣志　　　　410

8718₂ 欽
30 欽定鑒古韻語　　362
67 欽明大獄錄　　　321

歙
62 歙縣志　　　　　408

8719 録
26 録鬼簿　　　　　649
60 録異記　　　　　479

8722₇ 邠
32 邠州志　　　　　405

8742₀ 朔
00 朔方紀事　　　　326

8742₇ 鄭
00 鄭康成注乾坤鑿度 258
　　鄭康成周易注　　252
　　鄭襄敏史鈔　　　363
　　鄭襄敏公記知錄　335
02 鄭端簡古言　　　436
　　鄭端簡公衡門集　717
　　鄭端簡公刪改史論 362
　　鄭端簡公年譜　　428
10 鄭元夫測莊　　　491
　　鄭西塘文集　　　670
12 鄭孔肩老子解　　490
　　鄭孔肩易臆　　　254
22 鄭巢詩集　　　　666
27 鄭侯升集　　　　711
30 鄭注儀禮　　　　278
32 鄭州志　　　　　404
37 鄭漁仲書辨論　　263
　　鄭通議編年詩選　710
44 鄭若庸北游漫稿　691
50 鄭東谷集　　　　707
60 鄭愚公詩集　　　723
　　鄭景望書説　　　264
72 鄭氏旌義編　　　302
　　鄭氏天文略　　　554
　　鄭氏家乘　　　　429
　　鄭氏學範　　　　301
　　鄭氏粃言　　　　449
80 鄭善夫游海夢談　466
90 鄭少谷文集　　　728
　　鄭少谷詩集　　　728

8762₂ 舒
00 舒文靖言行考　　377

8772₀ 餉
24 餉告　　　　　　342

8778₂ 飲
78 飲膳正要　　　　574
87 飲饌服食牋　　　484

60 鐵圍山叢談		368
80 鐵鏡餘錄		710

8315₃ 錢

00 錢文肅公集	718
17 錢子語測	446
24 錢緒山先生全集	716
40 錢塘縣志	408
44 錢考功詩集	664
錢麓屏遺集	711
50 錢東畬文集	706
72 錢氏廉鑑	372
錢氏私志	367
88 錢簡希集	692

8375₀ 餓

26 餓鬼報應經	520

8377₇ 館

77 館閣類錄	336

8418₁ 鎮

10 鎮平世系錄	384
鎮平縣志	415
31 鎮江府志	400
34 鎮遠侯世家	429

8471₁ 饒

32 饒州府志	401
40 饒南九三郡輿地圖説	397
76 饒陽縣志	407

8612₇ 錦

00 錦衣志	336
25 錦繡萬花谷	581(2)
27 錦身機要	501
50 錦囊詩對故事	651
錦囊瑣綴	617

8640₀ 知

02 知新錄	447
11 知非錄	450
知非錄外篇	470
50 知本參同	294
80 知命錄	373、465、480
知命篇	469

8652₇ 羯

44 羯鼓錄	578

8660₀ 智

02 智證傳	540
44 智者大師傳	541
60 智品	374

8711₄ 鏗

87 鏗鏗齋稿	693

8712₀ 釣

12 釣磯立談	365
40 釣臺集	421

鉤

00 鉤玄秘集	568
72 鉤隱圖遺論九事	261

銅

80 銅人腧穴鍼灸圖經	566
82 銅劍讚	478

88	公餘漫言	712		余肅敏公奏議	625
	公餘日錄	347	72	余氏說頤	585
	食		77	余學士集	686
27	食物本草	571	80	余念山集	690
	食色紳言	448	**8091$_7$ 氣**		
60	食品集	571	37	氣運總論	566
64	食時五觀	484	**8111$_7$ 鉅**		
	養		00	鉅文編	635
00	養疴漫筆	461	**8114$_6$ 鐔**		
10	養正小史	301	21	鐔虛堂摘稿	720
25	養生醍醐	502	35	鐔津文集	543
	養生集要	502	**8141$_7$ 瓶**		
	養生約言	502、521	44	瓶花譜	478
	養生導引	502	50	瓶史	478
	養生內外篇	502		瓶史索隱	478
	養生日錄	502	**8211$_4$ 鍾**		
	養生月覽	392	60	鍾呂修真傳道集	500
	養生類要	502	99	鍾縈詩品	652
27	養魚經	487	**8242$_7$ 矯**		
44	養蒙大訓	301	00	矯亭漫筆	464
52	養靜詩	725	**8280$_0$ 劍**		
8080$_6$ 貧			24	劍俠傳	376
40	貧士傳	375	32	劍州志	405
8090$_4$ 余			67	劍吹樓集	692
00	余義敏公集	682	**8315$_0$ 鐵**		
24	余德甫集	721	22	鐵山先生春秋提綱	272
40	余太常同姓名錄	431	42	鐵橋海語	353
	余古峰先生集	686			
50	余中宇奏議	627			

集	581

普
00 普庵禪師語錄	534
44 普勸修行文	536
67 普曜經	509

8060₄ 舍
27 舍黎娑擔摩經	522

8060₅ 善
02 善誘文	301
10 善惡鏡	440
20 善住意天子所問經	507
21 善行摘錄	331
善行錄	331
28 善俗裨議	302
34 善法方便陀羅尼經	515
44 善世法言	542
60 善思童子經	510、546
善因雜錄	304
80 善人咏	538

8060₆ 曾
00 曾文定公文抄	669
曾文定公制誥	623
08 曾謙箋注長吉集	662
10 曾西野先生集	717
17 曾子	439
40 曾大司空歷官奏疏	626
曾南豐文集	668
曾南豐洪範傳	262
曾吉甫詩集	672
50 曾中丞征蠻錄	326
60 曾見臺泉湖山房稿	721
72 曾氏誌	423
曾氏臆言	438
曾氏類説	453
80 曾公雜説	582

會
23 會稽三賦	632
會稽郡舊志	400
會稽先賢傳贊	374
會稽掇英集	420
會稽縣志	409
會稽懷古詩	420
30 會寧縣志	417
33 會心編	473
60 會昌一品集内制	623
會昌進士詩集	665
77 會問劉東山疏	321

8060₈ 谷
10 谷平日錄	437
26 谷和子	492

8062₇ 命
16 命理千里馬賦	561
77 命學全書	561

8073₂ 公
08 公族傳略	383
12 公孫龍子	441
60 公是先生七經小傳	283
80 公羊傳解詁	269

8034₆ 尊		8050₀ 年	
20 尊重口	470	21 年歲紀	373
25 尊生齋雜集	688	77 年月集要	558
27 尊鄉節要	375	**8050₁ 羊**	
尊鄉節錄	384	52 羊刺史詩集	664
40 尊堯別錄	367	**8051₃ 毓**	
77 尊賢錄	334	24 毓德宮召見紀事	321
8040₀ 午		**8055₃ 義**	
40 午塘先生集	716	00 義方錄	302
8040₄ 姜		01 義語合編	294
34 姜對揚詩集	709	27 義烏縣志	409
40 姜堯章讀書譜	575	義烏人物志	384
77 姜鳳阿集	688	40 義士傳	375
8042₇ 禽		44 義莊略	388
21 禽經	487	51 義軒琴經	578
40 禽奇直指	560	80 義命彙語	464
50 禽蟲述	487	**8060₁ 合**	
8044₆ 弇		02 合刻方言小爾雅	300
22 弇山堂別集	314	合刻白陽石田集	685
32 弇州詞評	649	合刻船政新書袧言	383
弇州山人續稿	687	合刻選詩唐詩正聲	636
弇州山人續稿選	687	合刻孝經聖訓	279
弇州律詩選	687	合刻陸魯望皮襲美集	
弇州史料	314		663
弇州四部稿	687	合刻管韓了	441
弇州剳記	447	合刻陶王集	659
弇州筆記	345	合部金光明經	509、545
8043₀ 美		30 合字考	308
44 美芹錄	345	70 合璧事類前後續別外五	

8022₁ 前
22 前後西試記	349
前後北征錄	323
30 前定錄	480
前定錄補遺	480
34 前漢書刪評	355
60 前四十家小說	454

8022₇ 分
12 分水縣志	410
26 分釋古注參同契	494
30 分注徐景休參同契箋注	494
91 分類史鈔	360

剪
79 剪勝野聞	317
92 剪燈新話	481
剪燈因話	481
剪燈餘話	481

8024₇ 夔
32 夔州府志	403
77 夔門三傳	383

8025₁ 舞
76 舞陽縣志	415

8025₃ 義
09 義麟經旨	270
21 義經十一翼	251
44 義蒼漫語	437
80 義倉子	448

8033₁ 無
10 無可集	666
21 無上玉皇心印經注	494
無上依經	512
無上秘要	500
無能子	492
30 無字寶篋經	510
37 無冤集錄	394
無冤錄	339
42 無垢子道德經注解	489
無垢優婆夷問經	521
47 無極縣志	407
60 無量壽如來修觀行供養儀軌	525、546
無量義經	509
77 無門洞志	418
無聞堂稿	686

8033₃ 慈
11 慈悲水懺法	525、546
28 慈谿縣志	409
33 慈心功德錄	538
37 慈湖遺書抄	291
慈湖楊氏先訓紀	302
慈湖摘語	291
慈氏菩薩所説大乘緣生稻稈喻經	522
77 慈印錄	539

8033₇ 兼
67 兼明書	435

五秘密修行念誦儀軌		金陵人物志	374
	525、546	77 金屑編	543
金剛重言	528	金丹語錄	497
金剛經	506	金丹就正篇	496
金剛經雪浪解義	527	金丹百問	496
金剛經統論	527	金丹秘訣	496
金剛經解	527(2)	金丹密語	496
金剛經注解	527	金丹大要	496
金剛經心經合刻	547	金丹大旨圖	496
金剛經十七家解注	527	金丹四百字内外解	496
金剛經會譯	527、546	金丹四百字解	496
金剛秘密善門陀羅尼經		金丹真傳	497
	515	金丹纂要玉洞藏書	497
金剛解義	527	84 金針詩格	653
金剛般若宗通	527	88 金筍玄言	501
金剛般若波羅蜜經	506	90 金小史	365
金剛般若波羅蜜經論		金光明經	508
	530(2)	金光明最勝王經	
金剛寺甘露稿	544		508、544
金剛場陀羅尼經	515		
金剛筏喻	527	8012₇ 翁	
金剛光焰止風雨陀羅		99 翁榮靖公知白堂集	716
尼經	518		
73 金陀粹編	378	8020₇ 今	
74 金陵玄觀志	424	00 今文選	635
金陵瑣事	466	今言	314
金陵志	399	10 今雨瑤華	650
金陵古今圖考	398	21 今上召對紀事	321
金陵梵剎志	424	23 今獻備遺	329
金陵世紀	398	今獻彙言	313、590
		60 今易銓	252

30 入定不定印經	545	
入定印經	515	
32 入浙記	349	
34 入法界體性經	507	
46 入楞伽經	509、544	
60 入蜀記	380	
入蜀稿	735	
67 入鄅記	349	

8010₄　全

00 全唐詩話	646、655
30 全室外集	543
32 全浙兵制考	341
40 全真活法	500
50 全史一覽	361
全史儒林傳	375
全史吏鑑	373
76 全陽子參同契發揮	494

8010₇　盆

50 盆史索隱	478

益

00 益齋嘉話	466
28 益齡單	502
32 益州名畫錄	577
47 益都方物記	381
益都縣志	415
86 益智編	374

8010₉　金

10 金石契	650
金石錄	645
16 金彈子	565
金碧古文龍虎經	494
17 金子有集	686
21 金仁山先生尚書表注	264
金師子章雲間類解	530
22 金川玉屑集	696
金山雜志	419
25 金仲玉薔薇草	713
27 金鄉縣志	415
30 金液還丹印證	496
金漳蘭譜	485
40 金臺稿	723
金臺紀聞	344、465
金志	365
43 金城集	699
44 金坡遺事	391
金薤琳琅	645（2）
金華府志	400
金華文統	644
金華縣志	409
47 金聲玉振	313、590
50 金史	355
60 金罍子	585
71 金匱要略方	571
72 金剛三昧經	516、544
金剛三昧經注解	546
金剛三昧本性清淨不壞不滅經	516
金剛頂瑜伽金剛薩埵	

7823₁	陰	
21	陰何集	660
40	陰真君傳	504
	陰真人龍虎歌注	496
76	陰陽管見	446
79	陰隲錄	304
88	陰符經三皇玉訣	493
	陰符經古注	493
	陰符經七家注	493
90	陰常侍集	660

7829₄	除	
27	除夕賡和詩	320

7834₁	駢	
01	駢語	452
40	駢志	583
70	駢雅	300

7876₆	臨	
21	臨穎縣志	413
30	臨淮縣志	408
	臨漳縣志	413
	臨安集	716
31	臨江府志	401
34	臨漢隱居詩話	657
38	臨海縣志	409
43	臨城縣志	407

7922₇	勝	
10	勝天王般若波羅蜜經	
		506、544
38	勝游草	703

	騰	
10	騰王閣集	421

8000₀	八	
00	八音圖注	387
03	八識規矩百法明門論	531
	八識略説	537、547
27	八名普密陀羅尼經	518
30	八宅抽爻分房秘訣	565
40	八九病榻心宗	297
	八大人覺經	517
44	八荒一覽	564
71	八厓緒論	437
75	八陣合變圖説	551
77	八閩鹺政志	339
	八閩通志	399
	八閩鹽政志	339
	八門禽演碎金書	560

	人	
17	人子須知	563
23	人代紀要	359
27	人象賦	561
	人物志	374
28	人倫要鑑	305
	人倫住事	374
50	人事律	552

	入	
10	入不二門科	535
	入不二門指要	535

	歐陽文忠公年譜	427		尺牘清裁	630
	歐陽文抄	668	7780_9	爨	
	歐陽文粹	668	10	爨下語	451
	歐陽南野集	719			
	歐陽南野文集	719	7790_4	朵	
	歐陽南野教言	293	01	朵顏世系考	352
	歐陽恭簡公集	719		桑	
80	歐公筆記	457	48	桑榆漫志	463
	歐公筆說	471	60	桑思玄庸言	446
88	歐餘漫錄	470			
				閑	
7780_1	興		77	閑闢錄	438
22	興樂要論	387			
24	興化府志	401	7810_7	監	
28	興復哈密記	324	28	監懲錄	305
30	興濟縣志	405	37	監軍曆略	319
	興安伯世家	429			
	興安州志	405		鹽	
60	興國縣四賢傳	376	22	鹽山縣志	406
			50	鹽車道聽	467
	輿		83	鹽鐵論	392
44	輿地要略	397			
			7810_9	鑒	
7780_6	貫		28	鑒懲錄摘要	382
24	貫休集	666			
			7821_1	胙	
	賢		43	胙城縣志	413
00	賢弈編	469			
	賢弈選	469	7821_4	脞	
03	賢識錄	317	87	脞錄雜言	470
60	賢愚因緣經	524			
			7821_6	覽	
7780_7	尺		40	覽古評語	448、585
24	尺牘雋言	630	79	覽勝紀談	465

醫宗粹言	566		間	
44 醫林繩墨	566	10 間正樓詩掄		716
60 醫壘元戎	568、569	7772_0	卯	
77 醫學要數	566	18 卯政條例		339
醫學碎金	566		印	
醫學發蒙	566	44 印藪		478
醫學發明方	566	7772_7	鄆	
醫學便覽	566	43 鄆城縣志		413
醫學綱目	568	7773_2	艮	
醫學權輿	566	00 艮齋浪語集		674
醫學入門	568	22 艮嶽記		379
醫間先生集	697	7777_2	關	
醫間漫記	319	17 關尹子文始真經		492
7760_2 留		關尹子白文		492
40 留臺雜考	338	26 關白據倭始末		352
留臺奏稿	628	37 關洛記行		349
50 留青日札	585	關洛記游		421
88 留餘堂尺牘	631	50 關中名臣疏		628
7760_4 閣		關中奏議		629
26 閣皂注	419	關中書院語錄		295
7760_7 問		關中陵墓志		425(2)
12 問刑條例	393	72 關氏易傳		257
16 問理條例	339	7778_2	歐	
40 問奇集	308	00 歐文忠試筆		576
問奇類林	453	歐文忠公毛詩本義		265
44 問世狂言	347	歐文忠公內外制草		623
48 問松園清友閒記	475	歐陽文忠公集		668
71 問馬集	580	76 歐陽文忠公全集		668
80 問羊集	540			

學圃拾遺	484
學圃餘力	466
88 學餘園二集	724

閿
27 閿鄉縣志	414

7744₀ 丹
22 丹崖集	716
丹山二書	303
24 丹徒縣志	408
32 丹溪先生金匱鈎玄	568
丹溪心法	567
丹溪脉訣	567
丹溪纂要	568
丹浦欵言	464
76 丹陽縣志	408
87 丹鉛新録	586
丹鉛續録	584
丹鉛總録	584
丹鉛餘録	584

册
00 册立疏草	629
册府元龜	581
44 册封諸皇妃儀注	313

7744₁ 開
01 開顏集	481
10 開元天寶遺事	366
開平岐陽定遠三王世家	429
開天傳信録	366
31 開河記	379
44 開封府志	402
60 開國吳狀元集	696
80 開入叢編	621
90 開卷一笑	482

7748₂ 闕
60 闕里新志	423
闕里志	281
闕里全志	423
88 闕篇	709

7750₆ 闡
38 闡道集語録	294

7760₁ 闇
00 闇齋吟稿	717
23 闇然堂名賢類纂	329
闇然堂秋紀	345
闇然堂遺集	690
闇然堂內編	438
闇然堂類纂	469

醫
00 醫方外科選要	570
醫方選要	569、574
醫方考	570
08 醫說	574
21 醫便	566、569
醫旨緒餘	566
醫經小學	566
30 醫家正典	566
醫家大法	569(2)、574

居易齋集	693	30 駱賓王集	660
		72 駱氏譜	427
屠		80 駱義烏全集	660
32 屠漸山蘭暉堂集	707		
40 屠赤水栖真館集	710	7740₀ **閔**	
60 屠田叔老言	712	44 閔莊懿公年譜	428
72 屠氏香聯	478		
		7740₁ **聞**	
7727₂ **屈**		37 聞過齋集	677
30 屈宋古音義	632	60 聞見漫錄	344、446
		77 聞學雜記	298
7728₂ **欣**			
90 欣賞正編	477	7740₇ **學**	
欣賞續編	477	00 學齋佔畢	584
		學言	295
7732₀ **駒**		14 學殖編	585
78 駒陰冗記	463	16 學聖嫡派	299
		18 學政公移	395
7732₇ **驪**		22 學山雜纂	437
21 驪虞集	318	27 學的教衡	301
		學約	299
閟		38 學游記	298
30 閟宮始末	322	學海	357
		學海探珠	452
7733₁ **熙**		學道紀言	297
47 熙朝樂事	346	40 學占編	308、575
熙朝奏議	624	44 學蔀通辨	290
60 熙圃唫	724	學林就正	472
		50 學惠齋集	690
7733₆ **騷**		60 學易記	253
40 騷壇丁金訣	655	學圃雜疏	484
騷壇秘語	637	學圃藼蘇	584
騷壇白戰錄	650		
67 騷略	632		
7736₄ **駱**			
24 駱侍御文集集注	660		

	周畏庵文集	705
	周畏齋集	718
65	周蕢山疏稿	627
72	周氏冥通記	479
	周氏菊譜	486
76	周髀算法	555
77	周履靖雜稿	711
80	周益公玉堂雜記	369
	周益公平園雜著	383
	周益公制草	623
	周益公大全集	673
88	周簡肅遺稿	719

陶

00	陶庵集	691
	陶庵傷寒六書	572
	陶庵札記	438
05	陶靖節集	659
16	陶理觀心鑑	536
21	陶貞白集	660
24	陶先生小傳	504
25	陶朱新錄	369
31	陶潛傳	376
32	陶淵明集	659
40	陶南川集	705
	陶南川奏議	625
46	陶駕部選稿	717
77	陶周望莊解	491
	陶周望老解	490
	陶學士集	683

脚

80	脚氣集	462

7722_7 局

00	局方發揮	567

閒

10	閒雲館別編	616、682
	閒雲館明心寶鑑	449
30	閒窗括異志	459
50	閒中今古錄	346
77	閒闢錄	290

7723_2 展

44	展墓錄	349

7724_7 殿

77	殿閣詞林記	336

7725_0 胥

75	胥陣篇	580

7726_4 居

00	居塵集	729
04	居諸集	689
27	居儋集	669
30	居家必用	484
	居家懿範	305
	居官常談	394
32	居業錄	292
50	居夷集	706
	居東集	729
	居東集軟語	469
60	居易齋讀易雜言	254

周禮圖說	273	周易總義	260
周禮別說	273	周易繹旨	254
周禮全經釋原	273	周易象辭	260
40 周大記	366	周易象指決錄	253
44 周恭肅公集	685	周易解詁	252
50 周中丞疏稿	627	周易解題叢說	260
周中丞家錄	335	周易注疏	252(2)
周秦行記	380、480	周易宗義	254
周東野文集	718	周易古文	251、258
60 周易六龍解	255	周易古占法	257
周易就正略義	253	周易古本	251
周易韻叶	256	周易真文	251
周易說旨	253	周易乾坤鑿度	258
周易要義	259	周易本義翼	260
周易玩辭	253	周易本義通釋	251
周易翼傳	259	周易本義集成	259
周易億	253	周易指要	253
周易集解	252、258	周易輯聞	259
周易占林	257、557	周易圖	256
周易經傳沿革	260	周易略義乾坤至比八卦	
周易例論	256		254
周易例略	252、261	周易舉正	256
周易參同契測疏	494	周易全書圖說	256
周易參同契分章通真義		周易今文集說	252
	494	周易義訓	253
周易贄義	260	周易義叢	260
周易生生篇	253	周易義海撮要	252、259
周易傳義	251	周易會通	260
周易傳義補疑	253	周易筆意	253
周易傳義折衷	259	周曇咏史集	666

7721₁ 閱
40 閱古隨筆　648

7721₄ 隆
00 隆慶丁卯南畿鄉試錄　430
10 隆平集　367
　　隆平縣志　407
19 隆砂證學錄　295
34 隆池山樵集　696

7721₆ 覺
22 覺山語錄　293
　　覺山緒言　686

7722₀ 月
21 月上女經　516
22 月山叢談　352
31 月河所聞　471
33 月心和尚淨土偈　539
　　月心和尚笑巖集　534
80 月令廣義　392
　　月令通考　392、396
　　月令纂要　392

同
00 同文備考　307
30 同安縣志　411
32 同州志十八卷　405
47 同聲集　544
60 同昌公主外傳　376
　　同異錄　446

周
00 周康僖公淨稿　684
　　周文襄公雙崖集　718
　　周文襄公年譜　428
　　周文忠公文選　672
04 周詩遺軌　635
10 周天寶黃門集　707
　　周正辨　271
　　周平園詩話　656
　　周石溪文集　718
17 周孟簡稿　718
　　周子全書　291
21 周此山先生集　677
27 周叔夜雜說　464
30 周濂溪先生年譜　427
35 周禮文物大全圖　275
　　周禮說　273
　　周禮翼傳　273
　　周禮致太平論　273
　　周禮傳　273
　　周禮解詁　273
　　周禮疑　273
　　周禮句解　273
　　周禮復古編　273
　　周禮注疏　273
　　周禮源流叙論　273
　　周禮通論　273
　　周禮通今續論　273
　　周禮始末考　273
　　周禮折衷　278

陳眉公酒顛茶董	476	7713₆ 閩	
陳眉公十集	616	07 閩部疏	350
陳留縣志	412	38 閩游草	722
88 陳簡齋詩集	672、674	50 閩中海錯疏	350
90 陳少微七返靈砂論	496	閩中考	350
96 陳愧齋先生集	733	閩中荔枝譜	487
		62 閩縣志	411
7621₄ 朣		72 閩后金鳳外傳	378
22 朣仙肘後經	559		
		7720₇ 尸	
7622₇ 陽		17 尸子彙逸	442
13 陽武縣志	412		
22 陽山新錄	650	**7721₀ 風**	
30 陽宅新編	565	12 風水辯論	564
陽宅珍藏	562	風水答問	564
陽宅集成	562	27 風紀緝覽	339
陽宅大全	562	28 風俗通	442
陽宅真傳	562	30 風憲事宜	339
陽宅本旨圖解集成	562	風憲忠告	395
陽宅陰宅一訣千金	562	40 風樵漫稿	712
55 陽曲縣志	416	70 風雅逸篇	649
67 陽明先生文集	706	72 風后握奇經	551
陽明先生文錄	706	77 風月堂雜識	467
陽明先生要語	292	風月堂詩話	656、657
陽明先生則言	292	風騷要式	653
陽明先生錄抄	292	風騷旨格	653
陽明浮海傳	332	88 風鑑秘機	561
7628₁ 隉		**鳳**	
00 隉疾恒談	502	77 鳳凰臺記事	317
		鳳凰閣簡抄	631
7710₄ 閨		87 鳳翔府志	403
88 閨範	304		

32 陝州志	404	

7424₇ 陂
21 陂上集	701	
77 陂門集	696	

陵
37 陵祀扈蹕錄	348	

7434₀ 駁
36 駁漫錄評正	347	
74 駁駁漫錄評正	347	

7520₆ 陣
34 陣法舉要	551	
60 陣圖雜輯	552	

7521₈ 體
21 體仁彙編	569	

7529₆ 陳
00 陳文岡先生集	701	
10 陳玉壘意見	448	
陳兩峰別傳	335	
陳兩湖文集	720	
陳兩湖文鈔	720	
17 陳子拾遺集	660	
21 陳止齋集	671	
陳止齋內外制	624	
22 陳後主集	658	
陳後山詩話	655	
陳後山集	670	
陳山人集句	651	
26 陳白沙先生遺事	333	
陳白陽集	685	
陳伯玉集	660	
30 陳永之聞中古今錄	445	
32 陳州志	404	
37 陳泥丸翠虛篇	497	
38 陳海樵全集	708	
陳海桑文集	717	
39 陳淡然集	704	
40 陳希夷河洛數	557	
44 陳莊靖公文集	688	
陳芳洲經筵講義	286	
陳芳洲先生全集	680	
陳芳洲傳信辨誤錄	344	
陳芳洲年譜	428	
陳蒙山先生念初堂稿		
	721	
陳蒙山遺言	721	
陳恭介公文集	716	
50 陳忠肅公言行錄	383	
陳書	354	
60 陳思王文集	667	
陳思王集	658	
72 陳剛中詩集	676	
陳后岡集	707(2)	
陳氏樂書	386	
陳氏禮書	384	
陳氏葬說	564	
陳氏見聞錄	345	
77 陳同甫集	671	
陳同甫集選	671	

	卧憂志	319	陸象山遺集	291
38	卧游夢游錄	696	30 陸宣公集	661
	卧游錄	473	陸宣公翰苑集	662
			陸宣公翰苑制誥	623
7412₇ 助			陸宣公奏議	625
01	助語辭	652	33 陸治齋經筵講義	286
38	助道微機	644	36 陸渭南集	671
			37 陸湖峰詩集	677
7420₀ 附			陸鴻漸茶經	475
30	附宗傳咏古	290	40 陸士龍集	659
40	附直指鑰匙	309	陸士衡集	659
95	附精蘊音釋	309	72 陸氏詩紀	344
			陸氏家訓	302
	尉		77 陸學士遺稿	710
24	尉繚子	549	88 陸簣齋文集	707
72	尉氏縣志	412	陸簣齋詩傳存疑	265
7421₄ 陸			7422₁ 埼	
00	陸文定公雜著	614	90 埼堂摘稿	707
	陸文裕公詩微	265		
	陸文裕公集	685	7422₇ 隋	
	陸文裕公外集	614	00 隋唐佳話	455
	陸文裕公續集	685	35 隋遺錄	366
	陸文裕公科場條貫	337	50 隋書	354
	陸文裕公書輯	576	96 隋煬帝集	658
04	陸詩別傳	267		
08	陸放翁南唐書	364	7423₂ 隨	
10	陸西星陰符經測疏	493	32 隨州志	404
17	陸子餘集	685	72 隨隱漫錄	459
	陸子餘選集	685	88 隨筆雜鈔	454
26	陸儼山詩話	656		
27	陸象山集	671	7423₈ 陝	
	陸象山先生年譜	427	10 陝西通志	399

40 丘真人青天歌測疏	500		13 岳武穆集	671
76 丘隅意見	446		32 岳州府志	402
丘隅集	701		44 岳蒙泉類博稿	680
			76 岳陽紀勝彙編	421
7221₂ 卮			岳陽風土記	381
00 卮言	713			
卮言附錄	652		**7280₁ 兵**	
			18 兵政紀略	551
7223₇ 隱			22 兵制通考	550
20 隱秀軒文集	735		41 兵垣四編	551
			42 兵機要集	553
7240₀ 删			兵機秘纂	553
30 删注荀子	433		67 兵略	552
删定何氏語林補	455		88 兵餘備覽	552
删定射禮直指	385			
删定蘇文忠史傳	377		**7280₆ 質**	
删定易圖序論	256		00 質言	452
			27 質龜論	559
7242₂ 彤				
50 彤史稗音	650		**7323₂ 脉**	
88 彤管遺編	650		05 脉訣刊誤	567
彤管摘奇	650		07 脉望	448、500
			21 脉經直指	567
7244₇ 髯			50 脉書訓解	567
68 髯吟集	692		77 脉學奇經	567
7271₄ 髦			**7326₀ 胎**	
88 髦餘雜識	466		26 胎息經	495
7274₀ 氏			**7332₂ 驂**	
08 氏族考	426		22 驂鸞錄	380
氏族略	426			
			7370₀ 卧	
7277₂ 岳			10 卧雪稿	693
07 岳記	418			

劉子通論	437	50 劉中丞疏草	629
劉子威文集	687	劉忠宣公言行錄	332
21 劉處玄陰符經注	493	劉忠愍公事蹟	332
劉須溪先生記鈔	672	劉忠愍公年譜	428
劉須溪批點孟浩然詩		劉忠公奏議	629
	667	劉東山詩集	733、737
劉須溪批點世説新語		52 劉靜修文集	676
	455	53 劉威詩集	666
劉須溪批點杜工部詩		60 劉見川集	720
	667	劉見川家傳	332
24 劉侍御恤忠錄	334	劉呆齋宋論	362
28 劉徵君二集	723	劉呆齋周易圖釋	256
30 劉賓客詩集	664	65 劉晴川省愆摘稿	719
劉賓客佳話	367	67 劉明自慎修堂集	727
劉賓客因論	443	72 劉氏至孝錄	388
31 劉河間集	661	劉氏五經通論	283
劉河間傷寒標本	571	劉氏家訓	302
劉河間宣明論	567	劉氏邇言	445
36 劉漫塘文集	672	劉氏菊譜	486
37 劉凝和筆譚	468	劉氏類山	583
40 劉乂詩集	666	74 劉隨州詩集	661
劉喜聞集	722	77 劉月野煙水孤吟	716
43 劉博士詩集	665	劉屏山文集	671
44 劉夢得詩集	664	劉屏山維民論	435
劉孝綽集	660	劉屏山漢書雜論	361
劉孝標書品	573	劉艮所文稿	706
劉孝威集	660	80 劉兌陽集	722
48 劉槎翁詩集	717	劉兼詩集	666
劉松石治河紀	341		
劉松石問水集	341	7210$_1$ 丘	
		00 丘文莊公瓊臺類稿	680

馬氏日抄	464	
80 馬令南唐書	364	

7171_1　匡
40 匡南詩集	724

7171_4　既
30 既濟真經	495

7171_6　區
40 區太史詩集	731

7173_2　長
00 長慶集警悟選	542
12 長水塔院紀	541
長水日抄	466
20 長秃傳	352
22 長樂縣志	411
30 長安志	398
長安賦草	735
32 長洲縣清查全書	396
長洲縣藝文志	407
長洲縣救荒全書	395
長洲野志	466
39 長沙府志	402
44 長蘆鹺志	339
長者言	450
長者懊惱三處經	520
長葛縣志	413
48 長松茹退	469
50 長泰縣志	412
60 長昂傳	352
72 長爪梵志請問經	521

77 長興集	670

7178_6　頤
22 頤山私集	685
25 頤生微論	566
90 頤光先生詩集	683

7210_0　劉
00 劉唐巖先生文集	721
劉文安公代祀錄	348
劉文安公杲齋集	680
劉文肅公野亭遺稿	681
劉文成公集	704
劉文成公行實	332
劉文成公擬連珠	444
劉文介公持正錄	334
劉文簡公雲莊集	674
劉文敏先生桂隱集	676
01 劉龍門詩集	665
10 劉三五先生集	720
劉玉受文	692
劉元城盡言集	675
劉元成語錄	293
劉于詩集	667
劉石潭易傳撮要	255
劉晉軒遺稿	723
劉貢父詩話	655
15 劉聘君會語	294
17 劉子	443
劉子雜俎	447
劉子新論	434

	歷代纂要	360
	歷代小史	370、601
	歷代小簡	630
38	歷游草	691
47	歷朝儀注輯錄	385
	歷朝捷錄	360

隴
10	隴西徙倚軒集	693
32	隴州志	405

7121₄ 雁
22	雁山紀游	421
44	雁蕩山志	419

7122₀ 阿
00	阿育王經	524
11	阿彌陀經疏鈔	529
	阿彌陀鼓音聲王陀羅尼經	517
40	阿難四事經	520
62	阿吒婆拘鬼神大將上佛陀羅尼經	516
90	阿惟越致遮經	509、545

7124₇ 厚
24	厚德錄	304
25	厚生訓纂	503

7126₉ 曆
16	曆理管窺	556
34	曆法新書	555
	曆法便覽時用通書	556
	曆法圖編	555
40	曆布成算	556
50	曆書考	555

7128₆ 願
22	願豐堂漫書	465
77	願學齋億語	297
	願學齋述語	297
	願學齋存語	297

7129₆ 原
00	原病式	568
13	原武縣志	412
24	原幼心法	573
42	原機啟微	568
48	原教論	531
77	原學	437
80	原人論	531

7131₁ 驪
22	驪山集	703

7132₇ 馬
00	馬文莊公集	683
02	馬端肅奏議	625
	馬端肅公奏議	629
10	馬石田文集	676
23	馬戲圖譜	580
50	馬貴與日星通考	554
	馬東田臯言	446
67	馬明生真人傳	504
72	馬氏意林	443
	馬氏宗儀	386

50 黔中平播始末	327	7121_1 阮		
90 黔小志	381	30 阮注文中子	434	
91 黔類	583	67 阮嗣宗集	659(2)	

7010_3 壁
12 壁水群英待問　648

7010_4 璧
21 璧經説略　262

7021_4 雅
00 雅音會編　637
09 雅談類選　471
38 雅游編　422、474
　雅道機要　653

7022_7 防
36 防邊紀事　325

7023_6 臆
60 臆見彙考　583

7064_1 辟
30 辟寒録　468

7071_7 甓
88 甓餘全集　696

7110_6 暨
50 暨中言　691

7113_6 蠶
00 蠶衣　446
50 蠶書　487
77 蠶桑一覽　483

歷
23 歷代帝王姓系統譜　426
　歷代五達編　374
　歷代孔子世家考　429
　歷代聖賢像贊　372
　歷代君相事略　359
　歷代君鑒　312
　歷代制度詳説　390
　歷代傳國璽譜　391
　歷代傳易考　256
　歷代名畫記　577
　歷代名臣疏略　629
　歷代守令傳　375
　歷代宮詞　648
　歷代江右名賢編　374
　歷代法帖釋文考　576
　歷代真仙體道通鑑　503
　歷代世譜　426
　歷代相臣傳　375
　歷代史譜　356
　歷代史正　361
　歷代史書總論　362
　歷代國都地理圖　397
　歷代甲子編年　356
　歷代臣鑒　382
　歷代兵制考略　550
　歷代兵陣圖　552

眼
24 眼科神授奇書　　574
　　眼科撥雲圖集　　574
　　眼科原機啟微　　574

6704₇　啜
60 啜墨亭集　　712

6706₂　昭
10 昭示姦黨錄　　311
23 昭代科名盛事錄　　432
　　昭代彝訓彙編　　311
　　昭代典則　　315
24 昭德新編　　541
48 昭嫂錄　　334
67 昭明文選本文　　633
　　昭明太子文集　　658
78 昭鑒錄　　310

6708₂　吹
44 吹萬亭草　　723

6710₄　墅
09 墅談　　471

6712₂　野
30 野客叢書　　584
　　野客青鞋集　　422、735
44 野老紀聞　　459
　　野菜咏　　485
80 野翁詩話　　656

6716₄　路
50 路史　　356(2)

6722₇　鄂
10 鄂王行實編年　　378

6732₇　黟
62 黟縣志　　408

鷺
32 鷺洲書院名賢志　　374

6742₇　鷂
44 鷂林子　　448

6772₇　鶡
37 鶡冠子　　492

6778₂　歇
00 歇庵集　　711

6801₁　昨
44 昨夢錄　　461

6802₁　喻
44 喻林　　582
46 喻坦之詩集　　665

6802₇　吟
65 吟呻語　　438

6806₁　哈
30 哈蜜志　　351

6832₇　黔
10 黔疏稿　　630
　　黔西于役記　　349
40 黔南十集　　328
　　黔南類編　　708
　　黔志六　　399

6603₂ 曝
11 曝背臆記　　　　　466

6621₄ 瞿
00 瞿文懿公集　　　　686
44 瞿慕川文集　　　　734
72 瞿氏測律　　　　　387

6621₇ 咒
10 咒三首經　　　　　515
　　咒五首經　　　　　515

6624₈ 嚴
00 嚴文靖公集　　　　681
17 嚴君平道德指歸　　489
32 嚴州府志　　　　　401
38 嚴滄浪詩話　　　　656
　　嚴滄浪詩集　　　　670
40 嚴校書詩集　　　　664
72 嚴氏詩緝　　　　　267
80 嚴介谿經筵講章　　286
　　嚴介溪嘉靖奏對錄　626

6640₄ 嬰
00 嬰童百問　　　　　572

6682₇ 賜
88 賜餘堂集　　　　　695

6702₀ 明
04 明詩評　　　　　　655
　　明詩妙絕　　　　　643
　　明詩粹選　　　　　643
12 明刑錄　　　　　　393
16 明理續論　　　　　572
18 明政統宗　　　　　314
21 明儒見道編　　　　290
22 明斷篇　　　　　　441
　　明山先生存稿　　　707
26 明皇雜錄　　　　　367
28 明倫大典　　　　312、316
30 明良記　　　　　　344
　　明良錄略　　　　　317
33 明心寶鑑　　　　　305
37 明初略　　　　　　316
38 明道雜志　　　　　460
　　明道會錄　　　　　295
　　明道會錄附語　　　295
40 明七名公尺牘選　　630
44 明世說新語　　　　455
47 明都御史羅公傳　　332
60 明目方　　　　　　574
　　明蜀都賦　　　　　633
72 明氏實錄　　　　　365
77 明覺禪師語錄　　　534
　　明醫雜著　　　　568、569
　　明興雜記　　　　317(2)
　　明賢四書宗解　　　284

6702₇ 鳴
10 鳴玉堂稿　　　　　708
31 鳴湮錄　　　　　　334
82 鳴劍集　　　　　　708

6703₂ 喙
67 喙鳴詩集　　　　　682

60 睡足子緘餘長物	702

6203₄ 暎
50 暎車志	480

6204₇ 曖
45 曖姝由筆	467

6204₉ 呼
41 呼桓日記	470

6220₀ 剔
21 剔齒閒思錄	466

6233₉ 懸
88 懸笥瑣探	343

6240₀ 別
00 別六子全書	620
60 別國洞冥記	479
63 別賤錄	396

6280₀ 則
00 則言	706
90 則堂先生春秋集傳詳説	272

6299₃ 縣
27 縣解集	451

6303₂ 咏
95 咏情草	693

6311₄ 蹴
67 蹴踘譜	580

6323₄ 猒
37 猒次瑣談	464

6355₀ 戰
60 戰國策評苑	364
戰國策編年輯遺	364
75 戰陣圖説	551

6363₄ 獸
21 獸經	487

6384₀ 賦
27 賦紀	632
44 賦苑	632

6386₀ 貽
04 貽謀燕翼錄	369
30 貽安堂稿	347

6402₁ 畸
80 畸人十篇	452

6402₇ 晞
72 晞髮集	672

6404₁ 時
17 時務體要	328

6406₀ 睹
07 睹記	345

6500₆ 呻
68 呻吟語	296

6502₇ 嘯
22 嘯旨	578

6601₄ 囉
63 囉嘽拏説救療小兒疾病經	523

6090₃ 纍
10 纍瓦二编	450
纍瓦编	450

6090₄ 呆
00 呆齋雜言	445

困
44 困蒙錄	303
77 困學齋詩集	676
困學紀聞	435
86 困知記	436

果
44 果老子平大成	560

6090₆ 景
21 景行館論	436
24 景德傳燈錄	532
27 景仰撮書	373
32 景州志	403
77 景陶集	708

6091₄ 羅
00 羅文懿公世澤編	716
羅文蕭公圭峰集	718
10 羅一峰先生全集	718
羅一峰選集十卷	718
17 羅豫章集	671
羅豫章集錄二程龜山語錄	293
羅豫章年譜	427
羅子仕學訓	293
羅司成史採疏抄實錄	333
21 羅經解	565
22 羅山縣志	415
31 羅源縣志	411
32 羅冰玉先生北上稿	719
羅近溪語要	293
羅近溪集	293
37 羅湖野錄	461、533
羅鄴集	665
50 羅東川語錄	294
52 羅虬比紅兒集	666
58 羅整庵先生文集	719
羅整庵困知記	298
羅整庵履歷記	333
67 羅昭諫甲乙集十卷	663
72 羅氏宗論	386
羅氏尊堯錄	367
80 羅念庵文集	720
羅念庵易解	255

6104₀ 盱
63 盱眙縣志	408

6138₆ 顯
30 顯密圓通成佛心要集	536
50 顯忠錄	333
56 顯揚聖教論	530
80 顯無邊佛土功德經	508

6201₄ 睡
00 睡庵二集	691

10 昌平州志	403	
27 昌黎文集	662	

6060₄ 固
43 固始縣志	415
71 固原州志	405
固原縣志	417

圖
00 圖文別錄	256
30 圖注難經	566
50 圖畫要略	577
圖書就正錄	256
圖書編	582
圖書編天文各圖説	554
圖書編兵制圖考	550
圖書定則	256
圖書卦解	558
圖書易旨	256

6066₀ 品
27 品級考	336、339

6071₁ 毗
17 毗耶室詩	544
74 毗陵詩集	664
毗陵忠義錄	378
毗陵人品記	375

6071₆ 罨
50 罨畫溪五序	379

6071₇ 黽
20 黽采清課	469

6073₁ 曇
76 曇陽子傳	504

6073₂ 畏
16 畏聖錄	299

6080₀ 貝
44 貝葉齋稿	688
55 貝典雜説	542

6080₁ 異
03 異識資諧	471
22 異出菩薩本起經	517
27 異物彙編	477
43 異域志	382
44 異苑	480
異林	481
50 異史	481
52 異授奇書	558
77 異聞總錄	459
異聞錄	459

是
11 是非關	537

6080₆ 圓
36 圓禪師碧巖集	538
77 圓覺大疏	528
圓覺經略疏	528、546
圓覺經略疏之鈔	528
圓覺經略釋	528
圓悟佛果禪師語錄	533
91 圓悟老人碧巖集	538

47 吳猛真人傳	504	
50 吳中往哲記	330	
吳中舊事	458	
吳中故語	346	
吳中故實	330	
吳中故實拾遺	330	
吳中丹青志	577	
吳中人物志	374	
60 吳園易解	259	
72 吳氏叢語	438	
吳氏臆説	438	
77 吳興歌	712	
吳興峴山志	419	
吳興掌故集	398	
88 吳竹坡詩集	719	
90 吳少君詩	712	

6050_0　甲

17 甲子會紀	359
甲乙剩言	469
20 甲秀園集	724
甲秀園清談	469
71 甲辰科館課	645

6050_4　畢

24 畢侍御救荒活民書	395

6060_0　呂

00 呂文安公期齋集	681
呂文成家範	302
21 呂衡州詩集	666
24 呂侍講雜記	460
25 呂純陽全集	500
28 呂徵若詩集	704
31 呂涇野五經説	288
呂涇野毛詩説序	267
呂涇野先生文集	699
呂涇野禮問	278
呂涇野春秋説志	272
呂涇野周易説翼	260
呂涇野尚書説要	264
40 呂巾石心統圖説	298
50 呂東萊詩話	655
呂東萊先生文録	292
呂東萊先生十七史詳節	355
呂東萊先生大事記	359
呂東萊先生全集	671
呂東萊左傳博議	269
72 呂氏讀詩記	265(2)
呂氏刑訓	383
呂氏官箴	393
呂氏遺書	393
呂氏十種書	593
呂氏春秋正文	442
呂氏春秋注	442
呂氏春秋月令纂要	391
78 呂覽淮南法言合纂	442
80 呂公實政録	393
呂公明訓	304

　　　昌

00 昌言	442

6033₂ 愚
77 愚民戒諭	383
80 愚公谷乘	423

6040₀ 田
27 田叔禾集	707
30 田家五行	483
田家五行紀曆撮要	483
田家五行拾遺	483
50 田表聖咸平集	673
72 田氏零音	448
77 田居乙記	585
80 田舍雜抄	484

6040₄ 晏
17 晏子春秋	439、440

6040₇ 曼
15 曼殊空利咒藏中校量數珠功德經	513

6042₇ 男
40 男女八行說	303

禺
22 禺山七言律	737

6043₀ 因
02 因話錄	456
60 因果錄	539
67 因明論正義	547
因明入正理論	531
因明入正理論解	531
81 因領錄	294

6043₁ 吳
00 吳文正公集	676
吳文定公家藏集	684
吳文肅公摘稿	684
07 吳記	364
08 吳許公奏議	625
10 吳下田家五行志	483
12 吳瑞穀集	691
17 吳子	549
吳郡二科志	330
27 吳船錄	380
28 吳給諫疏草	628
31 吳江水利考	342
吳江縣志	407
32 吳淵穎集	676
34 吳社編	468
38 吳淞甲乙倭變志	327
40 吳太宰年譜	428
吳才老韻補	309
42 吳橋縣志	406
43 吳越備史	370
吳越春秋	363
44 吳地記	381
吳草廬禮記纂言	278
吳草廬道學基統	296
吳草廬孝經訓釋	279
吳草廬書經纂言	264
吳草廬春秋纂言	272
吳草廬易纂言	253
吳草廬年譜	428

易經疑問	254		易數鈎隱圖遺論九事	
易經大全	251			257
易經本義	251	60 易圖雜考	256
易經全圖	256	67 易略	254
23 易卜詳義	557	70 易防	258
易參	254	71 易牙遺意	484
26 易總	261	77 易學象數舉偶	257
易稗傳	259	易學啟蒙集注	253
更定易繹旨	254	易學四同	252
27 易象解	253	79 易賸	254
易象彙解	255	80 易會	254
易象通	255	86 易知齋易説	254
易象大指	253	88 易筌	254
易象圖説内篇	257、261	易筮變通	257
易象圖説外篇	257、261	易筏	254
易象鈎解	255	90 易小傳	259
易像管窺	254	易火篇	497
易解一卷	252		
易解俚語	254	6033_0 思	
易解大旨	261	33 思補軒漫集	720
32 易州志	403	40 思南府志	403
易測	253	74 思陵翰墨志	575
37 易潤	261	80 思益梵天所問經簡解	
40 易大象説	253		529
易大象測	253	思善録	334
43 易卦類選大成	257(2)	恩	
44 易林説疑	255	53 恩成求正草	295、438
47 易縠	254	6033_1 黑	
58 易數鈎隱圖	257、561	10 黑石灰傳	351

47 四聲等字譜	306	
四朝聞見錄	369	
48 四教儀	525	
50 四夷館字譯	352	
四書訓錄	284	
四書證義	284	
四書說約	284	
四書三說	284	
四書正學衍說	284	
四書正義續	284	
四書石床隨筆	299	
四書翼	284	
四書名物考	285	
四書字詁	309	
四書測	284	
四書叢說	288	
四書通旨	287	
四書啟鑰	284	
四書大指	284	
四書存疑	284	
四書蒙引	284	
四書擅摘正義續	448	
四書問辨錄	284	
四書問答	284	
四書人物概	285	
四書人物考	285	
四書笑	482	
64 四時氣候	392	
67 四明文獻志	644	
四明張氏家譜例傳	426	

四明范氏天乙閣藏書目	432
四明攬勝賦	633
四明陸氏世譜	426
四明風雅	643
四明尊堯錄	367
70 四雅集	473
75 四體同文千文	308
77 四留堂稿	732
80 四分律藏	525
四分戒本	525

見

38 見滄先生文集	708
見滄先生待問錄	648
40 見臺曾公年譜	428
77 見聞紀訓	305
見聞搜玉	453
見聞隨考錄	347

6022_7 易

00 易童子問	254
易序叢書	259
易辨	260
08 易說	253
21 易占經緯	260
易經旁訓	251
易經比類	255
易經程傳	251
易經繹	253
易經象義	253

國朝列卿年表	329	
國朝列卿表	330	
國朝武功雜錄	322	
國朝山陵考	338	
國朝外戚傳	313	
國朝名世類苑	329	
國朝名公翰藻	630	
國朝紀錄彙編	587	
國朝徵信叢錄	590	
國朝進士名號諡爵考	330	
國朝進士年表并列卿	330	
國朝憲章類編	314	
國朝江右名賢編	330	
國朝叢記	345	
國朝祥符文獻志	384	
國朝祥符鄉賢傳	335	
國朝九邊兵略	340	
國朝大臣年表	330	
國朝史略	315	
國朝盛事述	337	
國朝典故	313、586	
國朝四臣傳	331	
國朝異典述	337	
國朝金陵人物志	330	
國朝分郡人物考	328	
50 國史記聞	316	
國史河渠志	341	
國史纂異	370	

國本借言	628	
77 國學講章	286	

6021₂ 四

00 四童子三昧經	508	
四唐名家詩集	636	
四廣千文	308	
四六文精	631、635	
四六積玉	631	
四六標準	631	
08 四諡錄	334	
10 四靈詩集	673	
四不如類抄	470	
14 四功臣純忠錄	333	
16 四聖圖解	387	
20 四季須知	483	
22 四川總志	399	
23 四然齋稿	691	
30 四家語錄	533	
四家詩法	654	
四家禪喜集	542	
四字經	561	
35 四禮節要	385	
37 四溟山人集	701	
40 四十二章經	520	
四十家小說	610	
四十八願文	539	
四十八問答	537	
四友齋叢說	347	
44 四世摘稿	724	
46 四如先生文集	672	

墨

01 墨評	478
17 墨子正文	440
墨子摘略	440
墨子全書	440
30 墨客揮犀	459
34 墨池瑣錄	576
墨池編	309
43 墨娥漫錄	462
墨娥小錄	484
44 墨莊一嶽	723
墨莊漫錄	459
墨藪	478
80 墨畬錢鎛	466

6011₃　晁

72 晁氏三書	606
晁氏儒言	435、439
晁氏客言	439
晁氏客語	435
晁氏楚詞後語	632
晁氏墨經	478
晁氏具茨集	670、675
80 晁無咎雞肋集	673

6012₇　蜀

17 蜀郡縣古今通釋	398
34 蜀漢地理補	398
44 蜀檮杌	365(2)
47 蜀都雜抄	465
50 蜀中方物記	350

蜀中詩話	657
蜀中名勝記	425
蜀中神仙記	504
蜀中著作記	431
蜀中畫苑	578
88 蜀鑑	364

6014₇　最

79 最勝佛頂陀羅尼淨除業障經	514

6015₃　國

01 國語抄評	271
17 國琛集	331
國子監通志	337
30 國憲家猷類編	315
國寶新編	331
35 國清百錄	525
37 國初文淵閣藏書目	339
國初禮賢錄	316
國初事蹟	316
國初明詩選	643
國初明良隆遇錄	317
40 國士懿範	374
47 國朝謨烈遺輯	313
國朝記勝通考	327
國朝詞林人物考	330
國朝三異人傳	331
國朝五達編	330
國朝三異人集	704
國朝列卿記	329

5803₁ 撫
- 00 撫齊疏草　629
- 30 撫安東夷記　324
- 32 撫州府志　401
- 44 撫楚奏疏　629
- 50 撫夷紀略　325
- 60 撫吳公移　395

5806₁ 輶
- 51 輶軒錄　349

5810₁ 整
- 00 整庵稿　719

5811₆ 蛻
- 22 蛻岩集百別詩　706

5821₄ 釐
- 10 釐正祀典事宜　388

5824₀ 敖
- 40 敖太史薜荔山房稿　722
- 72 敖氏慎言　446

5833₆ 鰲
- 27 鰲峰類稿　683

5844₀ 數
- 21 數術記遺　579
- 71 數馬三記　349

5880₆ 贅
- 00 贅言　450
- 82 贅劄　451

5894₀ 敕
- 08 敕議或問　319

6001₄ 唯
- 03 唯識論集解　531

睢
- 32 睢州志　404
- 74 睢陵九鼎山　421

6010₀ 日
- 02 日新編　294
- 07 日記故事　301
- 30 日家指掌　559
- 42 日札詩談　655
- 50 日本考略　341
- 　日本圖纂　352
- 　日本風土記　352
- 77 日用餘錄　452
- 80 日益編　439
- 86 日知錄　438
- 90 日省餘錄　437

6010₄ 里
- 77 里門談贅　471
- 　里居管見　305

星
- 10 星平總會　561
- 21 星經雜著注解　561
- 22 星變志　321
- 48 星槎勝覽　348
- 77 星學綱目正傳　560
- 　星學源流　561
- 　星學大成　560

5701₂	抱	
00	抱甕編	374
10	抱一子參同契解	494
12	抱璞簡記	467
43	抱朴子外篇	492
	抱朴子内篇	492
74	抱膝長吟賦	633
97	抱恨編	305
5701₄	握	
40	握奇經	560
42	握機經傳	552
	握機經傳解	553
5701₇	把	
34	把漢那吉傳	351
5702₀	抑	
00	抑庵文集	727
	拘	
22	拘幽書草	631
5703₂	掾	
50	掾史芳規	374
55	掾曹名臣錄	331
5704₇	投	
00	投甕隨筆	466
40	投壺儀制	580
53	投轄錄	459
	搜	
35	搜神記	479

	輟	
55	輟耕錄	462
	輟耕錄元事雜記	369
88	輟築記	466
5705₆	揮	
00	揮塵後錄	369
	揮塵雅談	467
5708₁	擬	
04	擬詩和頌	538
30	擬寒山詩	538
77	擬學小記	299
5709₄	探	
50	探春歷記	391
5712₀	蜩	
88	蜩笑偶書	447
5715₄	蜂	
08	蜂譜	487
72	蜂鬚集	451
5719₄	蝎	
52	蝎蟻山志	419
5750₂	挈	
77	挈朋稿	729
	擊	
40	擊壤集	668
	擊壤閒錄	447
5801₆	攬	
22	攬轡錄	380

77 農桑類編		483
80 農舍四時雜鈔		483

5560₀ 曲
34 曲洧新聞		347
曲洧舊聞		369
35 曲禮全經		274
44 曲藻		649
54 曲轅居集		710
76 曲陽縣志		407

5560₆ 曹
00 曹文貞公漢泉漫稿		677
17 曹子建集		658
22 曹繼善酒令		476
30 曹安丘長語詩談		654
32 曹州志		404
曹溪通志		424
37 曹祠部詩集		665
40 曹太史文集		688
曹校書詩集		665
44 曹孝娥詩集		420
72 曹氏灡言長語		445
77 曹月川先生年譜		428
曹月川錄粹		292

5580₁ 典
35 典禮述		385
典禮志		385
88 典銓疏略		628
典籍便覽		583
典籍格言		436

5580₆ 費
00 費文憲公經筵講義		286
費文憲公全集		681(2)
25 費生十書		631
62 費縣志		416
72 費氏蠡測		450
費氏家訓		302

5590₀ 耕
37 耕祿稿		483
88 耕餘剩技		553

5600₀ 扣
27 扣船憑軾錄		466

5601₀ 規
50 規中指南		501

5602₇ 揭
00 揭文安文粹		676

揚
17 揚子雲集		659
揚子雲全集		667
32 揚州府志		400

5604₄ 攖
30 攖寧王先生續集		708

5608₁ 提
12 提刑通要		394

5608₆ 損
00 損齋備忘錄		343

5619₃ 螺
74 螺陂蕭氏文獻集		645

	成化甲辰殿試錄	430	**5403₄ 撻**	
	成化甲辰會試錄	430	21 撻虜紀事	325
30	成實論	531	**5404₇ 披**	
37	成祖文皇帝寶訓	311	39 披沙詩集	665
	成祖文皇帝實錄	311	**5415₃ 蠛**	
	成祖文華寶鑑	311	54 蠛蠓集	697
	成祖敕纂歷代名臣奏議		**5500₀ 井**	
		624	31 井涯剩語	452、542
47	成柳莊詩集	677	46 井觀瑣言	447
60	成唯識論	531	71 井陘縣志	406
	咸		77 井丹先生文集	731
30	咸寧縣志	416	**5503₀ 扶**	
5322₇ 甫			35 扶溝縣志	412
60	甫里集	663	40 扶壽精方	569
5333₀ 感			**5504₃ 轉**	
44	感世編	655	60 轉因錄	540
5340₀ 戎			95 轉情集	474
00	戎京兆詩集	664	**5505₃ 捧**	
44	戎幕閒談	456	78 捧腹編	471
	戒		**5508₁ 捷**	
10	戒疏發隱事義	529	21 捷徑六壬端坐書	552
47	戒殺辨疑篇	540	**5523₂ 農**	
	戒殺放生文	540	08 農說	483
	戒殺放生合論	540	35 農遺疏	483
5400₀ 抍			50 農丈人集	710
90	抍掌錄	482	60 農圃緒言	484
5401₆ 掩			農田餘話	462
46	掩埋集聞	396		

5201_0 批
01 批評後漢書　　　　355
　　批評自警編　　　　373
37 批選韓昌黎文選　　662
61 批點金罍子　　　　439

5201_3 挑
92 挑燈集異　　　　　469

5202_1 折
43 折獄龜鑑　　　394、396

5204_7 授
21 授經圖考　　　　　287
64 授時考　　　　　　392

5206_4 括
44 括蒼二子　　　　　445
　　括蒼志　　　　　　401
　　括蒼志補遺　　　　401
60 括異記　　　　　　479

5206_9 播
50 播事述　　　　　　327
80 播酋始事　　　　　327

5207_2 拙
00 拙庵李先生集　　　672
37 拙逸集　　　　　　720

5209_4 採
44 採華違王上佛受決經
　　　　　　　　　　512
87 採錄安南黎氏受封始末
　　　　　　　　　　353

5210_0 蚓
50 蚓蟲集　　　　　　724

5225_7 靜
00 靜齋奏議　　　　　626
30 靜寄齋詩集　　　　695
88 靜坐要訣　　　　　535

5260_2 哲
71 哲匠金桴　　　　　654

5304_4 按
34 按遼奏疏　　　　　628
　　按遼書牘　　　　　631
50 按秦奏疏　　　　　628
　　按秦奏草　　　　　628

5304_7 拔
30 拔濟苦難陀羅尼經　518

5310_7 盛
00 盛唐彙詩　　　　　637
　　盛唐十家詩集　　　636
67 盛明百家詩　　　　639

5318_6 螾
00 螾衣生書目　　　　432
　　螾衣生劍記　　　　478

5320_0 戊
50 戊申立春考證　　　556

成
24 成化戊戌殿試錄　　430
　　成化戊戌會試錄　　430

東巡策荒三議	629
34 東漢史删	360
37 東祀錄	348
38 東游記	722
41 東垣十書	568
43 東越證學錄	293、710
44 東坡文選	646
東坡先生續集	669
東坡志林	457
東坡史評	363
東坡易傳	252
東坡全集	669
46 東觀雜志	336
東觀奏記	367
東觀餘論	576
47 東朝紀	317
東都事略	367
50 東夷圖説	352
51 東軒筆錄	459
53 東戍錄	320
60 東園友聞	463
67 東野集	662
71 東甌詩集	643
東甌西平東平三王世家	429
76 東陽夜怪錄	480
東陽縣志	409
77 東歐雜記	468
東歐項先生實紀	333
80 東谷贅言	446
東谷所見	461
90 東光縣志	406

5099_3 蠹
27 蠹紀　　　　　553

5101_0 扯
40 扯力克傳　　　351

5102_0 打
71 打馬圖　　　　580

5104_0 軒
31 軒渠錄　　　　482
54 軒轅氏治病秘法　570

5104_1 攝
27 攝衆妙方　　　569
80 攝養枕中方　　502

5106_0 拈
40 拈古頌　　　　538

　　　軚
51 軚軒錄　　　　383

5106_1 指
40 指南錄　　　　672
77 指月錄　　　　532

5114_6 蟳
50 蟬史　　　　　487

5178_6 頓
80 頓悟入道要門論　537
91 頓悟入道要門　535、537

44 春夢錄	462		素問心得	565
55 春曹書疏	628		素問遺篇	565
67 春明退朝錄	369			

5090₄ 秦

77 春風堂隨筆	465
30 秦淮海集	675

5071₇ 屯

秦安縣志	417
18 屯政紀略	396
34 秦漢圖記	424
	秦漢印統	478

5080₆ 貴

42 秦韜玉詩集	666
10 貴耳集	458
72 秦隱君詩集	664
76 貴陽記事	325
90 秦少游淮海集	670

5090₀ 未

橐

00 未齋雜言	445
88 橐籥子	492
40 未來星宿劫千佛名經	515

5090₆ 柬

未來星宿劫千佛名經	546
00 柬鹿縣志	406

東

80 未曾有因緣經	515、546
00 東方曼倩集	658

末

東廓文集	719
21 末經	485
東京夢華錄	381
	10 東西洋考	352

5090₂ 棗

12 東水質疑	439、471
16 棗強縣志	407
21 東征公議	327

5090₃ 素

26 東皋子集	660
10 素雯齋語錄	439
東皋初草	732
素雯齋史餘	382
27 東歸錄	707
素雯齋全集	696
東魯王氏農書全集	482
50 素書附災異	440
30 東瀛蠡測	451
60 素園詩選	688
東宮備覽	391
77 素履子	434
32 東州初稿	719
素問注釋	565
東溪試茶錄	476

春秋説	270	春秋大全	268
春秋三傳始末考	271	春秋古器圖	271
春秋三傳辨疑	272	春秋真文	268
春秋正旨	270	春秋地理釋名譜	271
春秋列傳	364	春秋世紀	272
春秋列國指掌圖	271	春秋世紀序	271
春秋翼附	270	春秋權衡	272
春秋億	270	春秋穀梁傳注疏	269(2)
春秋集注	272	春秋事義全考	270
春秋師説	270	春秋書法鈎玄	270
春秋經傳辨疑	272	春秋探微	270
春秋經傳集解	288	春秋四傳	268
春秋後傳	272	春秋戰國策	364
春秋私考	270	春秋明經	270
春秋外傳國語	271	春秋原經	268
春秋傳疑	272	春秋匡解	270
春秋蠡測	270	春秋屬辭	270
春秋疑問	270	春秋闕誤辨	271
春秋名號歸一圖	271	春秋金鎖匙	272
春秋通	270	春秋尊王發微	272
春秋十二國年表	271	春秋公羊傳注疏	269(2)
春秋十二公考異	271	春秋鍼胡編	270
春秋左翼	269	春秋錄疑	288
春秋左傳補注	268	春秋筆削發微圖	271
春秋左傳地名考	271	春秋繁露	271、433
春秋左傳屬事	268	春秋繁露禱雨法	555
春秋左傳節文	269(2)	30 春官要覽	339
春秋左氏經傳別行	268	38 春游咏和集	320
春秋左氏傳注疏	268(2)		

32 惠州府新志	402	
惠州府舊志	402	

5033₆ 忠
21 忠經	434
88 忠簡宗公遺事	384

5043₀ 奏
70 奏雅編	453

5050₃ 奉
02 奉新人物錄	374
10 奉天靖難記	318
奉天刑賞錄	318
24 奉化縣志	409
25 奉使雲中志	713

5060₀ 由
00 由庚堂集	709
10 由醇錄	304、604
90 由拳集	710

5060₁ 書
00 書齋夜話	444
書文音義便覽	307
07 書記洞詮	630
10 書疏叢抄	263
21 書經旁訓	261
書經砭蔡編	262
書經集意	262
書經集傳	261
書經繹	262
書經疑問	262
書經彙解	262
書經大全	261
書經真文	261
書經撮要	264
書經全圖	263
25 書傳名物索至	264
書傳會選	264
34 書法三昧	576
書法要錄	575
書法通釋	576
書法雅言	576
書法鈎玄	575
44 書苑補益	575
書蕉	468
50 書畫史	578
書畫金湯	477
75 書肆說鈴	451
77 書學正韻	306

5060₃ 春
10 春雨解先生事略	332
春雨逸響	448
春雨堂雜抄	465
29 春秋旁訓	268
春秋意林	272
春秋雜論	270
春秋讞議	272
春秋諸傳辨疑	271
春秋諸傳會通	272
春秋諸國興廢說	271
春秋詞命	269

5013₆ 蟲
10 蟲天志 488
21 蟲經 487

蠧
51 蠧軒類稿 706

5022₇ 青
00 青廂雜記 459
10 青天歌注 500
17 青那山人集 729
19 青瑣高議 458
27 青烏先生葬經 564
30 青宮講義 286
　 青宮樂調 387
32 青州府志 402
　 青溪詩集 644
33 青浦縣志 408
34 青波雜志 459
37 青湖先生文選 706
40 青來閣集 716
44 青蓮露 474
　 青華秘文 500
　 青華秘文丹訣 496
　 青蘿館詩集 709
45 青樓集 379
50 青囊經 564
　 青囊奧旨 564
62 青縣志 405
71 青原山重建淨居禪寺緣起 542
　 青原山房遺稿 723
76 青陽余公文集 676
77 青屏詩 697
83 青館遺馨 331
88 青籐山人路史 472
90 青裳館瘖言 449
　 青棠集 716

肅
26 肅皇帝南游咏和詩 679
　 肅皇外史 321
　 肅皇除夕輔臣贊和詩 679
30 肅寧縣志 405

5023₀ 本
01 本語 448
33 本心蔬食譜 484
44 本草集要 570(2)
　 本草便 570
　 本草綱目 570
　 本草蒙筌 570
　 本草圖形 571
47 本朝法制 369
　 本朝祖宗事實 369
　 本朝人物 369
50 本事詩 649
　 本書蒙演 303

5033₃ 惠
22 惠山泉亭記 419
30 惠安縣志 411

事物紀源類集		443
事物考		443
事物異名		443
43 事始		443
44 事林廣記		586
91 事類異名		443
事類賦		582

5001_4 推
11 推背圖説	559

擁
46 擁絮迂談	318

5001_7 丸
21 丸經	580

5003_2 夷
00 夷齊志	423
01 夷語音義	352
26 夷白齋詩話	656
28 夷俗記	351
74 夷陵州志	405
77 夷堅志	480(2)
夷門廣牘	603
95 夷情圖説	341

5003_7 摭
00 摭言	456
40 摭古遺文	308
50 摭青雜記	460

5004_7 掖
00 掖庭侈政	370
41 掖垣疏稿	629
掖垣出山疏草	629
掖垣人鑑	330

5010_6 畫
88 畫簾緒論	393

畫
08 畫説	577
22 畫繼	577
36 畫禪室隨筆	472
44 畫苑補益	577
畫藪七種	578
46 畫墁録	459
88 畫鑑	577

5010_7 盡
33 盡心録	383
50 盡忠録	378

5013_2 泰
21 泰順縣志	410
22 泰山正雅	420(2)
泰山志	418
泰山蒐玉集	420
23 泰岱紀游	422
26 泰和縣志	410
30 泰寧世系考	352
泰寧縣志	416
泰寧酋委正傳	352
泰定養生至論	502
31 泰顧北詩集	677
60 泰昌日録	316

40 中臺疏草	630	
中有錄	449	
44 中藏經	566	
中華古今注	442	
47 中朝故事	367、391	
50 中本起經	519	
中貴芳摹	373	
60 中星考	555	
中星別解	555	
中吳紀聞	458	
71 中原文獻	644	
中原音韻	306	
90 中堂事記	456	

史

07 史記	353(2)	
史記百家評林	353	
史記刪評	353	
史記節詳	360	
08 史詮	361	
13 史職議	336	
20 史觿	361	
史乘考誤	337	
22 史籥	360	
23 史編始事	359	
27 史綱要領小論	363	
史綱歷代君斷	362	
32 史測	363	
34 史漢方駕	361	
史漢古字	309	
37 史通	361(2)	

史通評釋	361	
史通訓故	356	
史通會要	361	
43 史裁	361	
44 史老圃菊譜	486	
50 史書佔侼	362	
史書秋縈	360	
史書大全	356	
史書纂略	357	
60 史異	360	
77 史學確論	362	
80 史義拾遺	361	
88 史纂左編	357(2)	
史纂右編	357	

吏

07 吏部新修四司職掌	339	
吏部職掌	337	
吏部志	339	
72 吏隱錄	456	

申

00 申文定公集	682	
申文定公家傳行實	332	
78 申鑒	439	

5000_7 事

00 事文類聚	581	
07 事詞類奇	582	
21 事師法五十頌	524	
27 事物元本	583	
事物紺珠	583	

68 妙吟堂詩話	657

4980₂ 趙
00 趙文懿公奏議	627
趙文肅公集	682
趙文肅公經筵講義	286
趙文肅公年譜	428
02 趙端肅公奏議	626
12 趙飛燕外傳	377
32 趙州志	403
33 趙浚谷文集	700
35 趙清獻公文集	668
趙清獻公詩集	668
趙清獻公奏議	625
44 趙莊靖公詳節	333
趙莊靖公三朝實錄	333
趙莊靖公奏議	625
趙恭襄公集	736
72 趙氏二美遺踪	377
趙氏鷄肋	461
趙氏宗統	427
趙氏葬説	564
趙氏學範	301(2)
77 趙凡夫韻學	306
80 趙人齋閒説	447
90 趙當湖奏議	627

5000₆ 中
00 中庵籤易	439、557
中序	653
中庸庸言	276
中庸訂釋	276
中庸正文	276
中庸集解	276
中庸集注	276
中庸疑問	276
中庸測	276
中庸測義	278
中庸大全	276
中庸大全纂	276
中庸直講	276
中庸古今四體文	276
中庸真文	275
中庸或問	276
中唐十二家詩集	636
01 中語	438
08 中論	434、530
22 中川先生集	701
中山玉櫃服氣經	495
中山王世家	429
23 中牟縣志	412
26 中和集	500
中和堂隨筆	465
27 中峰和尚庵事須知	525
中峰和尚廣錄	534
中峰梅花百咏	650
30 中流一壺	570
中官考	337
中官中鑒錄	373
32 中州野錄	346
中溪詩集	737

敬由編	374	

4891₁ 柞
44 柞林紀談	451

槎
80 槎翁詩選	717

4892₁ 榆
30 榆塞稿	722
37 榆次縣志	416

4893₂ 松
06 松韻堂集	695
10 松霞館偶談	450
松石齋集	689
松石軒詩評	655
30 松窗雜錄	367、460
松窗寤言	435
31 松江府志	400
32 松溪縣志	411
34 松漠記聞	382
53 松盛舊編	565
74 松陵吳氏族譜	426
77 松門山房稿	725
80 松谷詩集	677
88 松篁劉氏經驗方	574

4894₁ 栟
47 栟櫚先生集	674

4895₇ 梅
08 梅譜	485
16 梅聖俞宛陵集	668
17 梅磵詩話	656
梅司馬燕臺遺稿	738
21 梅衡湘征西奏議	328
41 梅墟別錄	469
44 梅花詩評	653
梅花譜	578
梅花百咏	693
梅花什	651
梅花草堂	470
梅花數	557
梅花全譜	578
梅林詩集	720
47 梅塢遺瓊	650
梅妃傳	378
梅都尉集	658
梅柳分春	650
60 梅國前集	719

4896₇ 槍
48 槍榆子	450

4942₀ 妙
34 妙法決定業障經	512
妙法蓮花景合論	527
妙法蓮華經	509
妙法蓮華經要解	527
妙法蓮華經解	527
妙法蓮華經解科	527
妙法蓮華經觀世音菩薩普門品經	509
妙遠堂詩集	703

18 格致叢書		601
格致餘論		567
40 格古要論		477

4798₂　款
03 款識錄		334
30 款塞始末		325

4814₀　救
44 救荒疏草		630
救荒活民補遺書		395、396
救荒本草	396(2)、483	

4816₆　增
27 增修鄉約		394
增修條例備考		336
30 增定痘疹彙書		572
增定玉壺冰		473
增定白鹿洞書院新志		423
增定通鑑前編		357
增定世說新語		455
33 增補歷朝捷錄事實		360
40 增壹阿含經		519
55 增慧陀羅尼經		523
56 增損鄉約		394

4826₆　獪
60 獪園		470

4832₇　驚
00 驚座新書		469

4841₇　乾
27 乾象圖		565
乾象圖說		554
43 乾城游草		422
45 乾坤二卦集解		253
96 乾惕齋請益稿		294

4842₇　翰
44 翰苑新書		581
翰苑題名記		336
翰林制誥		623
60 翰墨大全		581

4844₀　教
00 教言		292
20 教乘法數		543
23 教外別傳		534
30 教家要略		303
36 教禪辨疑		537
40 教坊記		379

4860₁　警
33 警心類編		449

4864₀　故
43 故城縣志（李元忠）		406
故城縣志（周世選）		406
50 故事白眉		583

　　敬
26 敬和堂集		709
敬和堂大學述		277
50 敬事草		629

胡氏野談	464
胡氏問水集	341
胡氏筆叢	617
80 胡曾咏史詩	363
胡公報功祠錄	379

4762_7 都
00 都玄敬詩話	656
10 都天	560
30 都察院職掌	338
43 都城故老傳	332

4772_0 切
06 切韻指南	306、309

4780_1 起
20 起信論纂注	531
44 起世因本經	519

4791_0 楓
30 楓窗小牘	463
31 楓潭集	720

4791_7 杞
08 杞説雜編	342
杞説私評	347
62 杞縣志	412

4792_0 柳
00 柳文彬隼	708
柳文蕭公文集	678
17 柳子厚非國語	272
柳子厚全集	662
31 柳河東集	662
37 柳初陽詩集	677
47 柳柳州文鈔	662
柳柳州全集	662
90 柳堂讀詩錄	267
柳堂遺稿	712

桐
00 桐廬縣志	409
08 桐譜	485
27 桐彝正續	331
44 桐薪	470
46 桐柏縣志	415
78 桐陰話舊	459

4792_7 橘
08 橘譜	486
22 橘山四六	631

4794_0 椒
30 椒宫舊事	317
60 椒園集	702
72 椒丘文集	718

4794_7 殺
25 殺生焖戒	540
50 殺車槌法方	572

穀
33 穀梁傳解詁	269
71 穀原文草	701
90 穀堂或問	295

4796_4 格
00 格言彙編	438

4722₇ 郁
00 郁離子　　　　　　　444

鶴
00 鶴亭筆乘　　　　　　466
44 鶴林玉露　　　　　　458
　　鶴林玉露全書　　　　458
　　鶴林寺志　　　　　　424

鸛
21 鸛經　　　　　　　　487

4732₇ 郝
44 郝楚望九經解　　　　288
74 郝陵川集　　　　　　675
　　郝陵川太極圖説　　　256

4734₇ 殼
00 殼音　　　　　　　　713

4740₁ 聲
06 聲韻雜注　　　　　　309
17 聲承籍　　　　　　　706

4741₁ 妮
40 妮古錄　　　　　　　578

4742₀ 朝
28 朝鮮詩選　　　　　　644
　　朝鮮紀事　　　　　　349
　　朝鮮復國經略　　　　327
　　朝鮮史略　　　　　　365
　　朝鮮賦　　　　　　　349
60 朝邑縣志　　　　　　416
67 朝野遺記　　　　　　368
　　朝野僉載　　　　　　366
　　朝野類要　　　　　　390

4742₇ 娜
46 娜嬛集吳歌　　　　　650

婦
24 婦科心鏡　　　　　　572
80 婦人良方　　　　　　572

4744₇ 好
25 好生編　　　　　　　540

報
00 報應公案　　　　　　539

4748₆ 嬾
40 嬾真子　　　　　　　459
　　嬾真草堂集　　　　　696

4762₀ 胡
00 胡廬山遺稿　　　　　721
　　胡文穆公兩朝寵澤錄　333
02 胡端敏公奏議　　　　626
17 胡子知言　　　　　　434
25 胡仲子文集　　　　　716
30 胡安定先生周易口義　259
44 胡莊肅公遺稿　　　　686
　　胡蒙谿詩文集　　　　701
50 胡忠簡公策疏　　　　671
71 胡頤庵文集　　　　　680
72 胡氏詩識　　　　　　266

	楊升庵詞品	649	楊氏易原	259
	楊升庵經説叢抄	283	78 楊臨川集	660
	楊升庵先生全集	736	楊臨皋集	722
	楊升庵十段錦詞	649	80 楊羲真人傳	504
	楊升庵南中集	736	楊慈湖經書家記	283
	楊升庵古詩九種	657	楊慈湖先聖大訓	289
	楊升庵批選古詩九種		楊慈湖先生先聖大訓	
		643		298
	楊升庵合併集	736	楊慈湖遺書	291(2)
27	楊龜山論語解	280	楊慈湖易傳	252
	楊龜山集	671	楊公筆錄	457
	楊龜山經筵講義	286	83 楊鐵崖樂府	676
	楊龜山中庸解	276	楊鐵崖史義拾遺	383

4702_7　郟
72 郟縣志		414

鳩
80 鳩茲集		712

4712_0　均
10 均平全議		395
27 均役均田條議		395
44 均藻		658

4718_2　坎
00 坎離牌譜		440

4721_0　帆
62 帆影亭集		692

4721_2　鮑
32 鮑洲文集		720

28 楊復所證學編		294
30 楊注荀子		433
33 楊浦城詩集		676
40 楊太真外傳		378
楊太真全紀		378
楊太史遺稿		731
楊直指三語		735
楊南豐遺集		684
47 楊都御史使虜記		348
楊椒山集		697
楊椒山年譜		335
50 楊夫人樂府		648
楊東里文集		680
楊東里榮遇錄		333
72 楊氏塾訓		305
楊氏瑣言		445
楊氏揮麈錄		369

4691₃ 槐
67 槐野先生存笥稿　699

4691₄ 桯
50 桯史　　　　　369(2)

4692₇ 楞
26 楞伽科釋　　　529
　楞伽宗通　　　529
　楞伽阿跋多羅寶經 509
　楞伽會譯　　　529
66 楞嚴玄義　　　529
　楞嚴正觀　　　528
　楞嚴正脉　　　528
　楞嚴要解　　　528
　楞嚴經通義　　546
　楞嚴約旨　　　529
　楞嚴宗通　　　529
　楞嚴述旨　　　529
　楞嚴決疑論　　528
　楞嚴通義　　　529
　楞嚴壇表法　　526
　楞嚴摸象記　　529
　楞嚴員通品　　529
　楞嚴圓通疏前矛　529
　楞嚴臆說　　　546
　楞嚴義疏　　　528
　楞嚴合論　　　528
　楞嚴會解疏　　529
　楞嚴纂注　　　528

楊
00 楊廉夫文集　　676

　楊文襄公文集　　681
　楊文襄公關中奏議 626
　楊文貞公先世遺事錄
　　　　　　　　333
　楊文貞公傳錄　　333
　楊文貞公西巡從祀行錄
　　　　　　　　348
　楊文貞公北京記行錄
　　　　　　　　349
　楊文貞公全集　　680
　楊文懿公文集　　705
　楊文忠公辭謝錄　626
　楊文忠公集　　　681
　楊文忠公視草餘錄 319
　楊文忠公題奏前後錄
　　　　　　　　626
　楊文敏公兩京類稿 680
　楊文敏公年譜　　428
　楊文恪公集　　　718
　楊襄毅公年譜　　335
03 楊誠齋先生文膾　647
　楊誠齋易傳　　　252
17 楊孟載眉庵集　　683
　楊子法言　　433(2)
20 楊焦山年譜　　　428
24 楊斛山周易辨錄　260
　楊侍御入都疏稿　628
　楊升庵文論　　　652
　楊升庵雜錄　　　604
　楊升庵詩話　　　656

樓大防攻媿集	674	4623_2 猥	
		09 猥談	464
4599_0 株		4633_0 恕	
30 株守談略	456	50 恕中和尚語錄	534
4611_0 坦		4640_0 如	
00 坦齋筆衡	460	25 如縷編	716
4614_0 埤		40 如來示教勝軍王經	512
10 埤雅	300	如來莊嚴智慧光明入	
		一切佛境界經	511
4618_6 塡		如來獨證自誓三昧經	
88 塡篋別調	706		514
4621_0 觀		如來成道記	540
25 觀佛三昧海經	516	4643_4 娛	
26 觀自在菩薩如意輪咒		50 娛書堂詩話	657
課法	525、546		
觀自在菩薩怛縛多利		4680_6 賀	
隨心陀羅尼經		20 賀季真集	660
	514、545	72 賀氏危言	347、450
28 觀微子	447	賀氏家乘	429
33 觀心論疏	530	4690_0 柏	
46 觀楞伽經記	529、547	27 柏鄉縣志	407
48 觀梅數	557		
50 觀史捷徑	360	相	
64 觀時集	444	22 相川會錄語	294
72 觀所緣緣論	532	30 相字心法	561
觀所緣緣論集解	532	相宅圖說	562
		相宅圖式	562
4622_7 獨		相宗八要	537(2)、547
14 獨耐軒雜筆	438	相宗八要解	537
16 獨醒子	451		
60 獨異志	479	47 相鶴經	487

4494₇ 枝
22 枝山前聞　　　　346
31 枝江縣志　　　　416
48 枝幹釋　　　　　556

菽
60 菽園雜記　　　　343(2)

4496₀ 枯
44 枯樹哀談　　　　343(2)

楮
00 楮瘦集　　　　　709
07 楮記室　　　　　583

4498₆ 橫
31 橫渠經學理窟　　289
33 橫浦日新　　　　435
48 橫槎集　　　　　709

4499₀ 林
00 林方塘先生歸正集　447
　 林文恪公集　　　728
10 林霽山白石樵唱集　674
　 林下偶談　　　　461
17 林子夏一　　　　448
　 林子夏三　　　　448
　 林子分內集　　　615
21 林貞肅公文集　　728
26 林泉老人虛堂集　538
　 林泉老人空谷集　538
　 林泉隨筆　　　　463
　 林和靖集　　　　671
27 林綱齋文集　　　728
30 林寬詩集　　　　666
37 林初文詩選　　　729
40 林希逸列子口義　492
　 林希逸莊子口義　490
　 林希逸老子口義　489
　 林志唯警語　　　438
44 林莊敏公奏議　　625
　 林艾軒文鈔　　　672
50 林忠肅公行實　　333
51 林攄馬公家集　　701
62 林縣志　　　　　413
72 林氏多識篇　　　266
　 林氏累朝恩命錄　624
77 林居漫錄　　　　347
　 林間錄　　　　　541

4541₀ 姓
20 姓觿　　　　　　431
31 姓源珠璣　　　　426
71 姓彙　　　　　　430
72 姓氏急就篇　　　300

4546₀ 麴
07 麴部觥述　　　　476
40 麴志　　　　　　476

4594₄ 棲
10 棲霞山人漫稿　　715
　 棲霞寺志　　　　424

樓
40 樓大防北行日錄　384

30 藥房瑣言	447	
91 藥類證明	571	
95 藥性解	571	
藥性輯要	571	
藥性賦	571	
藥性會元	571	
藥性粗評	571	

4490₈　萊

44 萊蕪縣志	415

4491₀　杜

04 杜詩緒箋	661
10 杜工部全集	661
杜工部分類詩	661
杜工部年譜	427
24 杜侍御樊川集	663
25 杜律訂注	661
杜律測旨	661
杜律選	661
33 杜必簡詩集	663
44 杜樊川文集	667(2)
72 杜氏文譜	652
杜氏詩譜	654
杜氏通典	389
杜氏畫譜	577
杜氏書譜	575
74 杜陵詩律	657
76 杜陽雜編	480
90 杜少陵千家集注	661

4491₂　枕

09 枕談	468
50 枕中十書	606
枕中書	500

4491₄　桂

00 桂文襄公奏議	626
32 桂叢會語一冊	438
38 桂海虞衡志	381
40 桂古山文集	727
44 桂坡集	718
桂苑叢談	457
桂芝山房寱語	449
桂林風土記	381
48 桂故	398
79 桂勝	398

**　蘿**

22 蘿山雜言	444

**　權**

17 權子雜俎	449
43 權載之詩集	664
50 權書止觀	270

4491₇　植

27 植物紀源	484

4492₇　菊

40 菊壇集	721
44 菊坡叢話	472、655
60 菊品紀名譜	486

4493₄　模

27 模象記	543

30 黃淳父全集	685		21 蔡虛齋先生文集	728
38 黃海	418		22 蔡邕獨斷	389
黃海獨游草	421		50 蔡中郎集	659(2)
44 黃蘗傳心要法	532、547		蔡忠惠公集	670
46 黃如詩	729		72 蔡氏書傳旁通	264
黃楊集	678		90 蔡半洲先生稿	728

4490₄ 茶

27 茶解	476
30 茶寮記	476
50 茶書全集	475
60 茶品要論	475
茶品集錄	476
77 茶具圖贊	475
87 茶錄	476

菜

47 菜根談	450

葉

10 葉石林建康集	673
12 葉水心文集	674
葉水心集	671
17 葉子譜	580
27 葉絅齋文集	731
48 葉敬君偶牘	631
72 葉縣志	415

藥

21 藥師琉璃光七佛本願功德經	509
藥師如來本願功德經	509

50 黃泰泉先生庸言 437
　黃泰泉先生文集 731
　黃忠宣後樂堂集 727
　黃忠宣教儀 301
　黃忠宣公安南水程記 384
　黃未軒集 728
72 黃氏語苑 445
　黃氏日抄 296
　黃氏臆言 450
77 黃門疏稿 630
　黃學士鑾坡制草 624
80 黃金策 558
　黃鐘音韻通括 307
　黃鐘元統圖說 387
90 黃少村先生漫稿 728

4480₉ 焚

47 焚椒錄 370

4490₀ 樹

12 樹瓢鳴 712

4490₁ 蔡

02 蔡端明別紀 670
17 蔡君謨茶譜 475

甘

- 10 甘石星經　　　　555
- 26 甘泉新論　　　　436
- 　　甘泉明論　　　　436
- 44 甘蓮坪理學集　　723

4477₇　舊

- 00 舊唐書　　　　　355
- 　　舊京詞林志　　　336
- 42 舊板大字臨川集　674
- 80 舊會典六部職掌　338

4480₁　楚

- 07 楚詞辨證　　　　632
- 　　楚詞集解　　　　632
- 　　楚詞大小序　　　632
- 　　楚詞蒙引　　　　632
- 　　楚詞删注　　　　632
- 10 楚石禪師語錄　　534
- 　　楚石禪師西齋淨土詩
　　　　　　　　　　534
- 27 楚紀　　　　　　399
- 　　楚絶書　　　　　398
- 30 楚宗招擬　　　　322
- 34 楚漢餘談　　　　467
- 44 楚檮杌　　　　　364
- 48 楚故略　　　　　398
- 77 楚騷叶韻　　　　632
- 88 楚範　　　　　　632

4480₆　黃

- 00 黃帝宅經　　　　562
- 　　黃帝九鼎神丹法　496
- 　　黃帝素問　　　　574
- 　　黃帝授三千玄女經 564
- 　　黃帝八宅周書秘奧 562
- 　　黃帝鍼灸甲乙經　567
- 　　黃庸之雪蓬集　　731
- 　　黃庭經五臟六腑圖説
　　　　　　　　　　493
- 　　黃庭外景經注　　493
- 　　黃庭遁甲緣身經　493
- 　　黃文獻公集　　　676
- 　　黃文簡公省愆集　680
- 10 黃石公望空四字數 557
- 　　黃石公潤經　　　557
- 　　黃石公素書
　　　　　　　492(2)、549
- 　　黃晉卿文集　　　678
- 16 黃碧山學士集　　710
- 21 黃貞父白門草一卷 712
- 22 黃巖縣志　　　　409
- 　　黃山兔柴記　　　425
- 　　黃山游草　　　　692
- 　　黃山谷詩文譜　　427
- 　　黃山谷豫章集　　670
- 　　黃山谷集　　　　670
- 　　黃山谷題跋　　　670
- 23 黃台吉傳　　　　351
- 24 黃先生書説　　　264
- 26 黃自如注金丹四百字
　　　　　　　　　　496

	老老餘編	569
77	老學庵筆記	458

4471₇ 世
00	世廟識餘錄	320
08	世說新語	454
	世說新語補鼓吹	455
30	世宗聖駕臨雍錄	316
	世宗寶訓	311
	世宗實錄	312
	世宗尊上皇天上帝儀注	385
44	世藝齋集	693
	世林	455
48	世翰堂稿	728
	世敬堂集	707
50	世史正綱	358
	世史稽疑	362
67	世略	359
71	世曆	359

4472₂ 鬱
22	鬱崗齋筆塵	450
28	鬱儀玄覽	449

4472₇ 葛
10	葛可久十藥神書	566
72	葛氏家藏詩抄	645

勘
44	勘楚紀事	322
	勘楚始末	322

4473₁ 藝
00	藝文略	431
	藝文類聚	581、586
38	藝海洞酌	652
44	藝苑雌黃	654
	藝苑卮言	652
	藝菊書	486
	藝林伐山	584
	藝林學山	586
47	藝縠	449
60	藝圃擷餘	652
77	藝覺草	692

芸
33	芸心識餘	471
	芸心餘識	585

4474₁ 薛
00	薛立齋醫案	568
	薛方山庸語	436
	薛方山文集	686
	薛文清公讀書錄	292
	薛文清公行實	332
	薛文清公從政錄	393
	薛文清公全集	680
	薛文清公年譜	428
10	薛西原遺書	293
34	薛濤集	667
44	薛考功集	685

4477₀ 廿
17	廿子全書	604

4450₆ 革
47 革朝志 317
78 革除遺事 317
88 革節卮言 555

4453₀ 芙
44 芙蓉館集 729

英
30 英宗寶訓 311
　　英宗實錄 312

4460₀ 菌
08 菌譜 485

4460₁ 菩
44 菩薩行方便境界神通變化經 510、545
　　菩薩十住行道品經 522
　　菩薩內習六波羅蜜經 518
　　菩薩本行經 516
　　菩薩戒問辨 529
　　菩薩戒義疏發隱 529
　　菩薩戒懺 526
　　菩薩投身飼餓虎起塔因緣經 519
　　菩薩睒子經 510
56 菩提心觀釋 522

菁
34 菁法別錄 257

4460₂ 苕
32 苕溪漁隱叢話 656

4460₄ 若
17 若耶風 651

4460₈ 蓉
40 蓉塘詩話 656
　　蓉塘記聞 467

4461₇ 葩
21 葩經說略 266

4462₇ 荀
77 荀卿子本文 433

4471₁ 老
17 老子章句 489
　　老子說五厨經注 494
　　老子疏述 489
　　老子疏略 490、505
　　老子翼 489
　　老子集解 489
　　老子釋 489
　　老子解 489
　　老子約筌 490
　　老子微旨例略 490
　　老子道德經玄覽 490
　　老子臺縣 490
　　老子真詮 490
　　老子考異 489
　　老子中經 495
　　老子附錄 489
27 老解 489
44 老莊因然 506
　　老姥山志 419

04 韓詩外傳	267
10 韓五泉集	702
韓五泉先生詩集	699
11 韓非子	441
17 韓孟郁稿	732
韓子迂評	441
韓子纂略	441
韓君平集	661（2）
26 韓魏公君臣相遇傳	376
韓魏公集	668
韓魏公家傳	377
韓魏公安陽集	675
韓魏公別録	377
37 韓洛苑先生文集	702
韓洛苑志樂	386
43 韓求仲疏草	628
44 韓范經略西夏始末紀	
	369
韓苑洛志樂	388
韓苑洛見聞隨考録	322
54 韓持國南陽集	673

4446₀ 姑

00 姑妄編	481
04 姑熟集	710
44 姑蘇新志	400
姑蘇名賢小記	330
姑蘇舊志	400

茹

44 茹草編	484

4450₄ 華

00 華亭縣志	407
華亭縣志（孔輔纂）	407
10 華西王氏遺稿	702
22 華崙一班	465
50 華夷譯語	352
66 華嚴三要	526
華嚴經吞海集	526
華嚴經法界觀披雲集	
	526
華嚴經指歸	527
華嚴綸貫	527
華嚴字母	527
華嚴淨行品疏	527
華嚴十明論	526
華嚴指南	527
華嚴原人論	527
華嚴原人論解	526
華嚴金師子章	527
72 華隱夢談	470
73 華陀内照經圖	566
76 華陽真逸詩集	664
華陽國志	364、398
華陽隱居集	500
華陽隱居先生本起録	
	504
華陽館内篇	437
華陽館全集	721
80 華谷袪疑説	460

10	萬一樓稿	709	萬善同歸	537、547
20	萬乘肇基錄	317	90 萬卷樓詩草	702
33	萬心源遺稿	722	**荔**	
47	萬柳溪邊話舊	458	44 荔枝亭詩稿	724
48	萬松老人請益錄	538	荔枝譜	486
	萬松老人從容錄	538	荔枝通譜	487
	萬松閣客言	346	**4443₀ 樊**	
60	萬里海防圖論	341	17 樊子	446
71	萬曆庚子順天鄉試錄	430	18 樊致虛雜稿	724
	萬曆庚子甲辰三試錄	430	72 樊氏周易圖說	256
	萬曆三大征考	327、328	90 樊少南集	703
	萬曆疏鈔	625	**葵**	
	萬曆武功錄	327	60 葵圃記	423
	萬曆絲綸錄	311、623	葵圃集	729
	萬曆起廢考	322	**莫**	
	萬曆起居注	312	50 莫中江文集	686
	萬曆戊午浙江序齒錄	430	72 莫氏八林	454
	萬曆戊午浙江鄉試錄	430	**4444₁ 葬**	
	萬曆甲辰序齒錄	430	21 葬經	562
	萬曆甲辰會試錄	430	50 葬書演	562
	萬曆會計錄	338、339	葬書古文	562
72	萬氏濟世良方	570	**4445₆ 韓**	
80	萬年縣續志	410	00 韓康伯注周易繫辭	261
	萬年曆備考	556	韓文公文鈔	662
	萬首唐詩	637	韓文公論語筆解	280
	萬首唐詩絕句	646	韓文公年譜	427
			韓襄毅公家傳	332
			韓襄毅公奏議	625

	蘇長公外集	669		孝經正文	278
	蘇長公外紀	669		孝經引證	279
	蘇長公禪喜集	669		孝經列傳	279
	蘇長公警悟選	542		孝經集靈	279
	蘇長公表啟尺牘	669		孝經刊誤	279
	蘇長公題跋	669		孝經外傳	279
	蘇長公全集	669		孝經釋疑	279
	蘇長公合作	669		孝經解詁	278
	蘇長公小品	669		孝經注疏	278
72	蘇氏易解	252		孝經邇言	279(2)
77	蘇學士滄浪亭集	670		孝經叢説	279
90	蘇米譚史	453		孝經古文解意	279
				孝經古文直解	279

4440₀ 艾
17	艾子雜語	482
	艾子後語	482

	孝經考	279
	孝經今文直解	279
	孝經義	279
	孝經會通	279
30	孝宗寶訓	311
	孝宗實錄	312
80	孝慈高皇后傳	311
	孝慈錄	384

4440₁ 芋
21	芋經	485

萃
67	萃野纂聞	347

4440₆ 草
00	草玄雜俎	454、613
40	草木子	444、445
	草木幽微經	485
90	草堂詩餘	648
	草堂清興	474

4440₈ 萃
27	萃盤錄	648

4441₇ 執
00	執齋雜筆	467
	執齋集	719

4440₇ 孝
21	孝順事實	304
	孝順事實咏	304

4442₇ 萬
00	萬病回春	570
	萬文恭文集	686

4432₀ 薊
32	薊州志	403
60	薊昌兩鎮邊關圖説	340
77	薊門摘稿	630

4432₇ 芍
44	芍藥譜	486

4433₁ 蕪
44	蕪菁農遺録	483

燕
00	燕市稿	698
10	燕石集	678
	燕石稿	718
17	燕子磯志	418
34	燕遠記游	422
38	燕游草	724
40	燕臺隨紀	347
60	燕蜀游草	702
77	燕几圖	477
	燕閒常談	461
	燕閒類纂	470

4433₆ 煮
26	煮泉小品	476

4439₄ 蘇
00	蘇文定公文鈔	670
	蘇文定公詩集傳	265
	蘇文定公論語拾遺	280
	蘇文定公西掖告詞	623
	蘇文定公孟子拾遺	282
	蘇文定公集	670
	蘇文定公春秋雜解	270
	蘇文忠内外制	623
	蘇文忠公文鈔	669
	蘇文忠公南省説書	286
	蘇文忠公書傳	262
	蘇文忠公全集	669
	蘇文忠公年譜	427
	蘇文忠公駢藻	669
	蘇文公文抄	669
08	蘇許公詩集	663
09	蘇談	463
10	蘇平仲文集	704
	蘇雲卿逸事	377
17	蘇子由廣成子解	492
	蘇子瞻詩話	655
20	蘇舜澤緒言	699
21	蘇穎濱禪喜集	670
32	蘇州府纂修志略	398
34	蘇沈内翰良方	570
	蘇婆呼童子經	518
44	蘇老泉集	669
	蘇黄尺牘	630
	蘇材小纂	330
47	蘇穀原詩集	699
50	蘇東坡詩百家注	669
	蘇東坡酒經	476
57	蘇拯詩集	665
67	蘇明允批點孟子	282
71	蘇長公集選	669

4422₈ 芥
17 芥子庵集　　　　　738
72 芥隱筆記　　　　　460

4423₂ 蒙
00 蒙齋學易記　　　　259
　　蒙齋筆談　　　　　459
26 蒙泉雜言　　　　　445
34 蒙達備錄　　　　　382
77 蒙岡王氏族譜　　　427

4423₇ 兼
44 兼葭館集　　　　　692
　　兼葭堂雜著　　　　465
　　兼葭堂集　　　　　685

4424₂ 蔣
38 蔣道林文集　　　　732
40 蔣南冷詩集　　　　685
80 蔣公政訓　　　　　393

4424₇ 獲
00 獲鹿縣志　　　　　406
40 獲嘉縣志　　　　　414

4425₃ 藏
08 藏説小萃　　　454、613
10 藏一話腴　　　　　461
21 藏經字函號簿　　　543
28 藏微館集　　　　　702

茂
36 茂邊紀事　　　325、350
44 茂苑政編　　　　　396
　　茂苑荒政略　　　　395

4426₁ 蕾
44 蕾葡吟　　　　　　298

4426₇ 蒼
10 蒼霞集　　　　　　682
41 蒼梧軍門志　　　　417
80 蒼谷集錄　　　　　701

4429₄ 葆
37 葆初廣聞錄　　　　471
40 葆真通　　　　　　440
90 葆光錄　　　　　　460

4430₃ 蘧
23 蘧然子　　　　　　448
40 蘧來室存稿　　　　692

4430₄ 蓮
30 蓮宗寶鑑　　　　　541
43 蓮城紀咏　　　　　729

蓬
30 蓬窗續錄　　　　　468
　　蓬窗錄　　　　　　467
51 蓬軒吳記　　　　　346
　　蓬軒別記　　　　　346
　　蓬軒類記　　　　　344

4430₇ 芝
60 芝園外集　　　　　707
　　芝園定集　　　　　707
　　芝園別集　　　　　707

莊子刪評一冊	491
莊子闕誤	491
30 莊定山文集	684
33 莊浪縣志	417
66 莊嚴菩提心經	508
80 莊義要刪	490

薩
10 薩天錫詩集	677、678
60 薩曇分陀利經	509

藿
01 藿語	469

4421₇ 梵
27 梵綱經	525
40 梵女首意經	514

蘆
40 蘆臺吟	698

4422₁ 芹
22 芹山集	697

荷
00 荷亭辨論	436
44 荷花山房詩稿	727

4422₂ 茅
00 茅鹿門文集	708
22 茅山志	418

4422₇ 芳
21 芳徑吳氏家乘	427
23 芳編	329
37 芳潤齋集	692

蕭
17 蕭孟勤尚約集	680
蕭司馬奏議	627
22 蕭山縣新志	409
蕭山縣舊志	409
28 蕭以孚宛陵語	438
38 蕭啟旦年譜	429
40 蕭真宰陰符經解義	493
48 蕭梅谷小稿	723
50 蕭東潭先生年譜	429
72 蕭氏家集	706
蕭氏翰墨	644

蘭
00 蘭亭博論	576
08 蘭譜奧論	485
30 蘭室秘藏	568
32 蘭溪縣志	409
40 蘭臺妙選	561
蘭臺摘稿	630
50 蘭史	486
55 蘭曹讀史日記	363
76 蘭陽縣志	412

勸
55 勸農書	396、483
77 勸學言	452
80 勸善錄	304(2)、536、540

蔬齋厞語	713

4412₇ 蒲
21 蒲順齋叢稿	678
76 蒲陽文獻	644

勤
18 勤政典要	312

4414₂ 薄
38 薄游草	723
薄游小咏	688

4414₇ 坡
22 坡仙集	669

4414₉ 萍
77 萍居集	727

4416₉ 藩
23 藩獻記	335(2)

4420₁ 苧
60 苧羅山稿	712

4420₂ 蓼
44 蓼花洲閒録	461

4420₇ 夢
16 夢醒録	343
21 夢占逸旨	480
32 夢溪筆談	584
33 夢梁録	381
40 夢古齋稿略	702
80 夢入神機	440

考
10 考工記句詁	273
考工記句解	273
考工通	273
20 考信編	359
27 考槃餘事	475
30 考定皇極指掌圖	263
40 考古彙編	648
考古圖説	477
考檀合刻	275
43 考城縣志	413

4421₁ 荒
18 荒政要覽	395
50 荒史	366
67 荒略	471
88 荒箸	395

麓
90 麓堂詩話	656

4421₄ 花
18 花政	471
23 花編	485
50 花史左編	485
77 花間集	648

莊
17 莊子正文	490
莊子翼	491
莊子止樸編	491
莊子臺縣	491
莊子旦暮解	491

4410₀ 封
10 封貢記略　　　327
72 封氏見聞紀　　367
　　封丘縣志　　　412

4410₄ 基
77 基隆復問　　　534

堇
22 堇山文集　　　705

董
00 董文簡公選集　706
31 董江都集　　　658
60 董見龍先生集　731

4410₇ 藍
60 藍田縣志　　　416

4411₁ 菲
26 菲泉集　　　　707

堪
77 堪輿庭訓　　　564
　　堪輿秘旨　　　563
　　堪輿秘傳　　564(2)
　　堪輿秘寓集　　564
　　堪輿續論　　　564
　　堪輿宗旨　　　563
　　堪輿漫見　　　564
　　堪輿真諦　　　564

4411₂ 地
16 地理正言　　　564
　　地理正宗　　　563
　　地理天機會元　562
　　地理紫囊　　　564
　　地理秘要　　　564
　　地理先知　　　564
　　地理直説　　　564
　　地理撮要　　　564
　　地理圖會　　　397
　　地理粹裘編　　565
30 地官集　　　　630
44 地藏菩薩本願經
　　　　　　　522、544

范
00 范文正公言行拾遺 377
　　范文正公政府奏議 625
　　范文正公全集　　668
　　范文正公年譜并補遺
　　　　　　　　　　427
10 范石湖菊譜　　486
24 范德機詩集　　678
36 范漫翁詩　　　712
50 范忠宣公言行錄　377
　　范忠宣公奏議　　629
　　范忠宣公全集　　668
72 范氏二十種奇書　593
　　范氏膚語　　　449
　　范氏家傳集　　675
86 范錦江詩集　　676

4411₃ 蔬
00 蔬齋扉語　　　471

27 析疑論	531、547	
65 析蹟	398	

4294₇ 楼
30 楼窗隨筆	467

4301₀ 尤
10 尤西川要語	298
72 尤氏遂初堂藏書目	431

4304₂ 博
03 博識	477
22 博山和尚信地説	533
博山別古	537
27 博物傳	448
博物志	442
博物策會	583
40 博古圖説	477
44 博蒐	469
60 博異志	479
67 博野縣志	406
77 博聞類纂	583

4310₀ 卦
11 卦玩	258
50 卦畫原	257

4313₂ 求
21 求仁書院志	424
34 求法高僧傳	540
40 求志編	448

4315₀ 城
30 城守要機	553
50 城書	551
60 城固縣志	416

4323₄ 獄
18 獄政	394

4325₀ 截
31 截江網	572

4346₀ 始
27 始終心要	535

4373₂ 裘
88 裘竹齋詩集	671

4380₅ 越
22 越嶠書	365
27 越絶書	364
63 越詠	717

4385₀ 戴
10 戴元禮證治要訣	568、569
戴石屏詩集	672、674
24 戴幼公詩集	664
50 戴東野詩集	673
72 戴氏夏小正	391
戴氏夏小正傳注	274
戴氏鼠璞	461

4394₇ 梭
22 梭山家制	302

4396₈ 榕
43 榕城隨筆	350

4146_0 妘			4223_0 狐		
07 妘記	376		47 狐媚叢談	481	
			70 狐腋集	648	
4191_6 桓					
40 桓臺三編	448		瓠		
			60 瓠里子筆談	467	
樞					
88 樞銓議略	395		4240_0 荆		
			10 荆玉堂鈔	735	
4192_7 樗			32 荆溪疏	350	
00 樗齋漫錄	470		荆溪外紀	421	
			34 荆浩山水錄	577	
4196_0 柘			44 荆楚歲時記	381	
43 柘城縣志	413				
51 柘軒文集	677		4241_3 姚		
			24 姚侍御疏稿	628	
栖			72 姚氏教家要略	302	
37 栖逸傳	474		77 姚居雲詩集	665	
40 栖真子養生辨疑訣	501				
			4243_4 妖		
4196_1 梧			50 妖書紀事	322	
67 梧野山人乙巳稿	691		妖書始末	322	
72 梧丘草堂摘稿	723				
			4252_1 靳		
4212_2 彭			00 靳文僖公戒庵集	681	
00 彭文憲公奏疏	625				
彭文憲公集	680		4257_7 韜		
彭文惠公集	680		88 韜鈐續編	549	
彭文思公經筵講義	286		韜鈐內篇	549	
40 彭大司馬征西紀事	325				
50 彭惠安公文集	728		4291_3 桃		
90 彭少保西平錄	324		32 桃溪劄記	438	
			44 桃花嶺集	422	
4214_0 坻					
46 坻場集	717		4292_1 析		
			16 析理篇	297	

04 真誥	500	60 來園詩集	716
09 真談	436	66 來瞿唐集	737
10 真一子還丹内象金鑰匙	496	來瞿唐先生日錄	296
		來瞿唐大學古本釋	277
真靈位業圖	502	來瞿唐日錄	614
真西山政經	393	72 來氏易注圖説	256
真西山集	672	80 來禽館集	701
真西山先生心政經	296		
真西山對越甲乙稿	625	**4091_6 檀**	
15 真珠船	471	17 檀弓叢訓	274
20 真系	503	檀弓通	275
22 真山民集	672	檀弓考工合刻	275
30 真寓雜言	437	**4091_7 杭**	
真定府志	399	32 杭州府志	400
真定縣志	406		
33 真心直説	537	**4093_1 樵**	
72 真臘風土記	382	09 樵談附獻醜集	444
76 真陽縣志	415	10 樵雲獨唱集	672
80 真公道林	451	17 樵子五行志	555
		50 樵史	345
4090_0 木		樵史可已編	540
10 木天禁語	657		
43 木鳶集	729	**4094_1 梓**	
44 木蘭集	650	32 梓溪文集	719
47 木奴社草	735	60 梓吳	454、613
77 木几冗談	449		
80 木鐘臺未學學	551	**4094_8 校**	
木鐘臺周禮因論	273	28 校復大學古本	277
82 木鍾臺語錄	293	30 校定天玉經七注	564
4090_8 來		**4121_4 狂**	
23 來矣鮮周易集注	252	50 狂夫言	450

50 奇事述	337	
77 奇門微義	560	
奇門原古	558	
奇門陽遯	560	
奇門陰遁	560	
奇聞類記	481	

4064₁ 壽
06 壽親養老新書	569
壽親養老書	569
30 壽寧縣志	411
32 壽州志	404
60 壽昌縣志	410
76 壽陽縣志	416

4071₀ 七
00 七言孝經	303
27 七修類稿	585
七彙	647
30 七守	501
40 七十二賢像贊	372
七九問辨牘	297
七克	452
七真仙傳	503
60 七星劉先生詩鈔	720
80 七人聯句	650

4071₄ 雄
62 雄縣志	406

4071₆ 奄
88 奄答前後志	351

4073₁ 去
00 去病書	451
40 去去齋詩草	712

4073₂ 袁
00 袁文榮公集	681
10 袁天綱外傳	376
袁石公集	734
袁石公德山暑談	534
袁石公續集	734
袁石公遺稿	738
12 袁廷玉傳	332
25 袁生懺法	535
27 袁魯望集	685
30 袁永之集	685
32 袁州府志	401
38 袁海叟詩集	695
50 袁中郎廣莊	491
袁中郎觴政	476
72 袁氏政書	393
袁氏叢書	616
袁氏狂言	450
袁氏世範	302

喪
35 喪禮論	386

4080₁ 真
00 真文忠公經筵講議	286
真文忠公讀書記	296
真文忠公翰林詞草	623
真率記事	457

古今評錄	470	古今圖書合考	256
古今識鑒	372	古今原始	390、443
古今韻	307	古今彤史	376
古今韻括	307	古今風謠	651
古今韻學得失論	309	古今醫統	568
古今韻分注撮要	306	古今醫家經綸彙編	566
古今韻會	306	古今人物論	362
古今記夢要覽	559	古今短編	635
古今說海	454、609	古今笑	472
古今說鈔	609	古尊宿語錄	533、547
古今正論	437	88 古篆韻譜正傳	308
古今碑帖考	576、645	古篆楚騷	632
古今刀劍錄	478		
古今郡國名類	398	**右**	
古今紆籌	551	17 右丞詩文集	661
古今律曆考	555	右丞詩集	661
古今紀要	359	23 右編補	357
古今字韻全書	306	41 右樞志略	397
古今官制沿革	336		
古今源流至論	582	**4060₁ 吉**	
古今逸史	598	12 吉水縣志	410
古今奇聞	455	30 吉安府志	401
古今地域圖略	397	吉安貢舉考	430
古今考	359	32 吉州正氣	375
古今孝經	278	40 吉志補	401
古今萬姓統譜	426		
古今藥石	305	**4060₉ 杏**	
古今姓氏纂要	426	50 杏東先生集	703
古今翰苑瓊琚	646	**4062₁ 奇**	
古今書史補斷	371	17 奇子雜言	447
		27 奇峰續集	650
		44 奇林	374

	古文法眼	635		古奇器錄	477
	古文啟秀	646		古杭雜記	462
	古文奇字輯解	308		古杭夢游錄	381
	古文奇賞	646	42	古姚陳氏族譜	426
	古文真寶	634	44	古蒙莊子	490
	古文品外錄	647	50	古史	356
	古文陳先生橋梓集	717		古史談苑	453
	古文關鍵	634		古畫品錄	577
	古文類抄	634		古本後語	276
	古音例略	307		古本大學	276
04	古詩類苑	637		古本大學訂釋	277
10	古靈先生集	675		古本大學釋論	277
11	古琴疏	578		古本附錄	277
20	古儁	648	60	古易便覽	260
	古雋考略	583		古易彙編	251
	古穰雜錄	319		古易考原	255
	古穰集	683		古易筌	251
21	古虞明詩集	644		古田縣志	411
	古樂府	635	63	古賦辨體	632
	古樂苑	635	65	古蹟考	379
	古樂筌蹄	387	66	古器具名	477
24	古德心要	533	77	古風集句	713
	古德禪要	533		古局象棋圖	580
	古俠女傳	376	80	古今帝王世系地域圖	
28	占俗字略	308			426
31	古酒史	476		古今廉鑑	372
35	古冲閒談	346		古今諺(楊慎)	453
37	古澹餘力集	718		古今諺(范欽)	453
	古逸書	647		古今諺	651
40	古直先生集	681		古今雜劇	649

61	李旴江集	671	05	嘉靖庚子重修序齒錄	430
71	李巨山詩格評	653		嘉靖庚子鄉試錄	430
	李長吉集	662		嘉靖丁未重修世講錄	430
	李長者華嚴合論	526		嘉靖丁未會試錄	430
	李長者華嚴合論抄	526		嘉靖丁未殿試錄	430
	李長卿集	724		嘉靖以來内閣首臣傳	332
	李長卿中庸詁	276		嘉靖大政記	320
72	李氏説書	284		嘉靖奏對録	320
	李氏續藏書	329	30	嘉定縣志	407
	李氏叢書	606	32	嘉州凌雲志	419
	李氏遺書	729	34	嘉祐集	669
	李氏逸書	454	60	嘉量算經	556
	李氏道古録	534	77	嘉隆臣略	329
	李氏莊子内篇解	491		嘉隆聞見記	315
	李氏藏書	357		嘉興府新志	400
	李氏焚書	729		嘉興府舊志	400
	李氏觀音問	534	80	嘉善縣志	409
	李氏推蓬寤語	449			
	李氏因果録	539			
	李氏居室記	474			

4050₆ 韋
23	韋編微言	255
44	韋蘇州集	661(2)

80	李義山雜纂	457
	李義山詩集	665
	李谷平集	719
88	李筌陰符經疏	493
90	李尚寶見聞雜記	467
	李省中先生周易旁注	259

4051₄ 難
30	難字智燈	308

4060₀ 古
00	古文韻語	650
	古文雋	634
	古文參同契真詮	494

4046₅ 嘉
04	嘉謀錄	374

	李文忠公集	667、718	
	李文饒會昌一品集	662	
	李衰一文集	729	
02	李端叔姑溪集	673	
10	李二溪存稿	720	
	李正己詩集	664	
	李五峰詩集	677	
	李元白酒史評	472	
	李于鱗先生集	699	
	李石崗遺稿	719	
	李西涯古樂府注	646	
11	李北山續酒經	476	
15	李建勳丞相詩集	665	
	李建州梨嶽集	667	
17	李子才先生用易編	259	
	李君虞詩集	664	
20	李維禎十二帝紀論贊	314	
21	李衛公外傳	376	
	李衛公問答	549	
	李卓吾文集	728	
	李卓吾讀升庵集	736	
	李卓吾心經提綱	528	
	李卓吾選龍溪先生文錄抄	707	
	李卓吾老子解	490	
	李卓吾批評楚辭抄	632	
22	李嶠詩集	663	
23	李獻吉族譜傳略	426	
24	李侍郎使北錄	318	
25	李仲修易養集	731
28	李從事詩集	665
30	李空峒文集	698
	李空峒全集	698
	李注楊子法言	433
	李進士詩集	663
33	李浣所先生集	721
34	李湛分注參同契	494
36	李湘洲說莊	491
37	李鄴侯外傳	376
	李鄴侯別傳	376
40	李太白全集	661
	李才江詩集	665
44	李莊靜公遺集	678
	合刻李杜全集	660
	合刻李杜分體全集	661
	李林甫外傳	376
45	李贄批選墨子	440
48	李翰林分類補注	661
	李翰林年譜	427
50	李中丞詩集	665
	李泰伯禮論	274
	李泰伯易論	254
	李泰伯常語	434
	李忠定公詔制	623
	李忠定公奏議	625
52	李拙庵集	718
60	李見羅先生經正錄	294
	李愚谷先生易解	259
	李昌符集	665

71	南原家藏集	685
72	南岳嫁女記	480
	南岳風咏	723
	南岳小錄	504
76	南陽府志	402
	南陽縣志	415
	南陽類證活人書	571
77	南岡集	719
80	南翁夢錄	350
84	南鎮禹陵文	420
95	南爐紀聞	368

4024₇ 存
00	存齋語錄	294
	存齋教言	294
37	存祠考	388
60	存愚錄	297
88	存餘齋詩話	656
	存餘新話	481

4033₁ 赤
12	赤水玄珠	542
43	赤城新志	400
	赤城論諫錄	384
	赤城夏先生集	705
	赤城集	421、693
	赤城舊志	400
	赤城甲乙選稿	716
48	赤松子	549
	赤松子陰符經集解	493
70	赤壁集	421

77	赤鳳髓	501

志
81	志矩堂商語	295
97	志怪錄	480

4040₀ 女
08	女論語	303
20	女往生集	539
21	女紅餘志	462
24	女科撮要	572
44	女孝經	303
88	女範	303
90	女小學	303

4040₇ 支
00	支離漫語	450
17	支子藝餘	710
	支子畊餘	710
38	支道林集	660

李
00	李方叔畫品	577
	李文正東祀錄	348
	李文正公讀史小論	362
	李文正公講讀錄	286
	李文正公燕對錄	319
	李文正公懷麓堂全集	681
	李文山集	663
	李文定公貽安堂集	683
	李文達公行實	333
	李文達公古穰集	680

	南京太僕寺志	338		南溪劉氏家政	303
	南京太常寺志	338		南溪筆錄詩話	646
	南京吏部志	337		南溪筆錄續集	658
	南京兵部職掌	338(2)	36	南還日記	348
	南京光禄寺志	338	38	南海寄歸内法傳	525
05	南靖縣志	412		南海古蹟記	379
07	南部新書	367、471		南滁會景編	420
	南詔野史	365	40	南臺解額末議	628
11	南北宫詞	649	43	南城召對錄	320
	南北游草	695	44	南翥集	731
	南北史藻	360		南華評選	491
	南北史刪	360		南華經旁注	490
17	南召縣志	415		南華經副墨	491
21	南征集	710		南華經演連珠	491
	南征實略	325		南華經薈解	491
22	南豐存稿	721		南華真經拾遺	491
	南嶽大師誓願文	535		南華真經餘事雜錄	491
	南畿志	398		南楚新聞	367
	南山素言	445		南村輟耕錄	472
26	南皋子雜言	436	47	南都儀注條節	385
27	南歸記行錄	349	50	南史奏牘	628
30	南渡錄	370		南史	354
	南安府志	401		南史伐山	360
	南宫疏略	626		南本大涅槃經	508、546
	南宫牛問樂	387	60	南國賢書	430
	南宫縣志	407		南園漫錄	464
	南窗紀談	457		南昌府志	401
	南宋名臣言行錄	372	67	南明雜錄	468
31	南江縣志	416		南野雜談	465
32	南州草	711		南野閒居錄	457

38 直道編	333		23 內外傷辨	573	
直道錄	470		27 內鄉縣志	415	
51 直指鑰匙	309		77 內丹三要	496	
			內閣行實記	329	

壺
77 壺關錄　　　　366

　　　　　　　　　　　80 內養真詮　　　502
　　　　　　　　　　　88 內簡尺牘　　　630

4011_6 壇
21 壇經節略　　　530

布
00 布衣陳先生遺稿　733

4012_7 墉
43 墉城集仙錄　　503

希
28 希齡續錄　　　347
　希齡錄　　　　347
37 希通錄　　　　460
45 希姓錄　　　　431

4016_1 培
44 培蘭要訣　　　485

4020_0 才
26 才鬼記　　　　481

有
24 有德女所問大乘經　514

4021_1 堯
22 堯山堂外紀　　654
　堯山堂偶儁　　455

南
00 南充文集　　　685
　南雍再菹錄　　395
　南雍志　　　　337
　南雍申教錄　293、395
　南雍劄記　　　297
　南齊書　　　　354
　南方草木狀　　485
　南康府志　　　401
　南唐近事　　　364
　南京工部職掌　338
　南京刑部志　　338
　南京戶部志　　338
　南京大理寺志　338

4021_4 在
60 在田錄　　　　317
67 在野集　　　　695

4021_6 克
56 克擇正謬　　　559

4022_7 巾
10 巾石先生類稿　720

內
00 內府官板書目　431
21 內經要旨　　　566
　內經脉訣　　　567

	太祖高皇帝寶訓	311	4010_0 土	
	太祖高皇帝實錄	311	22 土蠻傳	351
	太祖御製文集	679	25 土牛經	391
	太初語錄	534	士	
40	太古遺音	578	01 士龍集	659
42	太瓠集	731	17 士翼	435
43	太朴山居冗編	470	21 士衡集	659
44	太姥山志記	425	35 士禮圖考	386
	太藪外史	447	77 士民禮考	386
	太華書院語錄	295	4010_1 左	
47	太極枝辭	256	25 左傳集注	272
50	太史張文忠公世家	429	左傳注解辨	268
	太史公史例	360	左傳奇字古字音釋	268
	太素心要	567	37 左逸短長	467
	太素脉訣	567、574	67 左略	299
71	太原府志	402	72 左氏要語	269
	太原縣志	416	左氏經傳集解	268(2)
72	太岳太和山志	418	左氏解詁	268
77	太學儀注	385	左氏始末	269(2)
80	太倉文略	644	左氏摘奇	269
	太倉州志	403	90 左粹類纂	272
	太谷縣志	416	4010_4 圭	
90	太常紀	338	00 圭齋集	674
	太常寺志	338	27 圭峰和尚禪源諸詮集	
	太常典錄	338、385		537
4004_7 友			4010_6 查	
00	友慶堂存稿	721	07 查毅齋闡道集	689
	友慶堂合稿	721	4010_7 直	
47	友聲編	297	08 直說通略	361
80	友會談叢	461		

大學或問	277
大學管窺	287
大學繁露演	278
80 大人一指論	386
86 大智度論	530
88 大竹文集	699

太

00 太廟祧遷考	335
太康縣志	412
太玄經	258
太玄經本旨	258
太玄闡	258
10 太元真人東嶽上卿司命真君傳	504
太霞秘笈	440
太平廣記	452
太平經國書	390
太平山房續稿	722
太平山房奏疏	629
太平御覽	581
太平清話	468
太平興國宮真仙事實	505
太平金鏡策	390
17 太子須大拏經	512
太子和休經	507
太子慕魄經	510
太子刷護經	507
太乙紫金丹方	575
太乙奇門	552
太乙原古	558
太函集	687
21 太上飛行九神玉經	494
太上虛無自然本起經	495
太上大通經注	494
太上赤文洞古經注	494
太上老君開天經	495
太上黃庭外景經	493
太上黃庭內景玉經注	493
太上感應經句解	495
太上感應篇	495（2）
太上感應篇續傳	505
太上昇玄消災護命妙經注	495
太師比干錄	423
26 太白山人集	700
太白原稿	734
太和太極太清三真人傳	504
28 太微帝君太乙造形回元經	494
30 太室山人集	734
太宗政要	318
35 太清王老口傳法	499
太清中黃真經并釋題	495
37 太湖新錄	650
太祖高皇帝御製文集	679

52 大拙堂集	720	大明道藏書目	432
53 大成集	295	大明大統曆解	556
55 大慧譜覺禪師語錄	533	大明同文集	307
大慧禪師書	533	大明會典（李東陽）	312
60 大易象數鈎深圖		大明會典（申時行）	312
	257、261	71 大阿彌陀經	510
大易鈎玄	260	77 大同府志	402
大易粹言	259	大同記事	324
大田縣志	411	大同五堡考	340
大毘盧遮那成佛神變		大同平叛志	325
加持經	518	大同款貢志	328
67 大明度無極經	506、545	大學就新編	277
大明一統志	397	大學正文	276
大明一統志略	397	大學億	277
大明一統賦	633	大學衍義	277
大明三藏聖教目錄		大學衍義補	278(2)
	432、543	大學衍義補精華	278
大明三藏法數	541	大學釋疑	277
大明集禮	312、384	大學疑問	277
大明仁孝皇后夢感佛		大學約言	277
說第一希有大功德經		大學注解正宗	278
	524	大學測	277
大明律集解附例	393	大學真文	276
大明律例	392	大學大全	277
大明律例集解	393	大學直講	277
大明律附例	393	大學古本旁訓	277
大明律附例注解	392	大學古今四體文	277
大明官制	312、336	大學大全纂	277
大明通寶義	392	大學考次	277
大明道藏經目錄	505	大學本旨通	277

大乘百法明門論注八識規矩注	535	大般涅槃經疏	529
		大般泥洹經	508
大乘理趣六波羅蜜多經	522、545	大名府志	400
		28 大復論	445
大乘瑜伽金剛性海曼殊室利千臂千鉢大教主經	523、545	30 大寧考	340(2)、352
		大寶積經	507、544
		大賓辱語	466
大乘止觀法門	535	大業拾遺記	366
大乘伽耶山頂經	511	32 大業堂詩草	702
大乘修行菩薩行門諸經要集	524	33 大泌山房集	734
		35 大禮集議	320
大乘遍照光明藏無字法門經	511	大禮始末	322
		36 大還丹契秘圖	496
大乘造像功德經	513	38 大道真詮	500
大乘起信論	531	40 大吉義神咒經	518
大乘起信論疏筆削記	531	42 大樸主人文集	709
大乘起信略疏	531	43 大狩龍飛經緯錄	320
		大戴禮	278
大乘中觀釋論	531	大戴禮記	274
大乘本生心地觀經	522、544	大朴山居冗編	712
		44 大莊嚴經論	531
大乘四法經	517	大莊嚴法門經	510
大乘顯識經	507、546	大藏一覽	541、547
大乘八大曼拏羅經	523	大藏經目號數	432
21 大儒奏議	625	45 大椿堂詩選	700
25 大佛頂首楞嚴經合論	528	46 大觀茶論	476
		大駕北還錄	320
27 大象觀	255	50 大事記續編	356
大般涅槃經	508(2)	大忠至孝文昌帝君訓誥	495
大般涅槃經	545		

26	九鯉湖志	419
27	九解十問	294
31	九江府志	401
36	九邊圖說	340、398
40	九十九籌	328
	九九參	439
	九九古經歌	556
44	九華山志	418
47	九朝野記	346
50	九夷古事	351
60	九里山緣起	422
	九圜史	558

4002₇ 力
44	力莊嚴三昧經	515

4003₀ 大
00	大方廣三戒經	507、545
	大方廣佛華嚴經	507(2)
	大方廣佛華嚴經不思議境界分	508
	大方廣佛華嚴經續入法界品	508
	大方廣佛華嚴經修慈分	508
	大方廣佛華嚴經普菩薩行願品	507
	大方廣佛華嚴經普賢菩薩行願品	544
	大方廣寶篋經	509
	大方廣菩薩十地經	508
	大方廣菩薩藏經中文殊師利根本一字陀羅尼法	515
	大方廣如來不思議境界經	508
	大方廣圓覺修多羅了義經	516
	大方廣入如來智德不思議經	508
	大方廣普賢所說經	508
	大方便佛報恩經	516
	大方綱鑑	358
	大方等修多羅王經	513
	大方等大雲經	511
	大方性理	289
	大唐六典	389(2)
	大唐語林	455
	大唐新語	366
	大唐奇事	480
	大唐創業起居注	366
	大廣益會玉篇	307
	大六壬畢法	558
11	大悲懺法	525、547
16	大理寺職掌	338
	大理賀文南奏疏	628
20	大千生鑑	373
	大乘方廣總持經	512
	大乘離文字普光明藏經	511

3830₉ 途
50 途中備用方　　　570

3850₇ 肇
00 肇慶府志　　　403
08 肇論　　　531
　　肇論新疏　　　531
　　肇論新疏游刃　　　531
　　肇論注疏　　　531

3912₀ 沙
00 沙市獄記　　　321
11 沙彌儀律要略　　　525
　　沙彌十戒法并威儀　　　525
50 沙中金集　　　653
62 沙縣志　　　411

3918₉ 淡
23 淡然軒集　　　697
25 淡生堂雜著　　　617
　　淡生堂餘苑　　　593
42 淡樸齋游稿　　　422
60 淡園續集　　　690

3930₂ 逍
32 逍遥子導引訣　　　501
　　逍遥錄　　　467

3930₉ 迷
45 迷樓記　　　379

3940₄ 娑
60 娑羅館清言正續逸稿
　　　　　449

4000₀ 十
00 十六國春秋　　　364
10 十一面神咒心經
　　　　　514、546
　　十一經問對　　　287
　　十二佛名神咒校量功
　　　德除障滅罪經　　　515
　　十三家餘言　　　444
20 十住經　　　508
22 十嶽山人詩集　　　688
27 十疑或問　　　537
　　十峰集　　　707
32 十洲記　　　417
40 十友譜　　　650
　　十七史節詳　　　360
60 十四經絡發揮　　　566
80 十八史略　　　360

4001₇ 九
00 九序摘言　　　448
　　九章算法　　　579
01 九龍山翰墨志　　　420
10 九正易因　　　253
　　九靈山房集　　　678
　　九天明鑑奇書　　　558
21 九經疑難　　　287
　　九經補韻　　　285
　　九經逸語　　　285
　　九經真文　　　283
　　九經考異　　　285
24 九先生家傳　　　332

65 海味十六品	350	3830_3 遂	
70 海防纂要	341	10 遂平縣志	415
87 海錄碎事	581	30 遂安縣志	409
88 海篇臺鏡	307	37 遂初堂集	734
海篇直音	307	60 遂昌山樵雜錄	463
90 海棠譜	486	3830_4 遵	
3816_7 滄		24 遵化縣志	405
31 滄漚集	695	25 遵生八牋	503
32 滄州志	403	38 遵道錄	290
滄洲翁傳	377	55 遵典錄	322
37 滄溟集	699	77 遵聞錄	317
38 滄海遺珠	644	3830_6 道	
3816_8 浴		10 道一編	290
27 浴像功德經	513	21 道行般若波羅蜜經	
3819_4 涂			506、544
80 涂鏡源先生陽和語錄		22 道山清話	460
	295	24 道德經發隱	490
滁		道德經釋略	489
76 滁陽三祠志	424	道德附言	490
滁陽志	403	25 道生旨	501
3824_0 啟		32 道州志	404
42 啟札三牘	631	40 道南書院錄	290
3825_1 祥		48 道教靈驗記	503
12 祥刑比事	394	道教源流錄	298、437
88 祥符縣志	412	50 道書全集	497、605
3826_8 裕		60 道園紀略	419
32 裕州志	404	73 道院集要	541
		80 道命錄	378
		95 道性善編	283

3780₆ 資
33 資治下編大政記綱目	358
資治上編大政記綱目	358
資治通鑑	357
資治通鑑綱目	355
資治通鑑綱目正編	357
資治通鑑綱目發明	358
資治通鑑綱目集覽	358
資治通鑑綱目續編	358
資治通鑑綱目前編	358
44 資世通訓	310
67 資暇集	457

3811₇ 濫
14 濫聽志	481

3812₇ 汾
32 汾州府志	402

3813₇ 冷
00 冷齋夜話	459

3814₀ 激
00 激衷小擬	649

3814₇ 游
22 游山十六觀	471
26 游嶧山記	422
27 游名山記	419、419
30 游汴錄	467
33 游梁雜錄	350
37 游初子筆記	449
43 游城南記	379
44 游黃山記	422
48 游翰瑣言	647
游翰稗編	647
游翰寓言	647
游翰別編	647

3815₇ 海
10 海天長嘯	471
海石子	446
21 海上吟	735
22 海嶽名言	576
海山記	379
海巢詩集	678
23 海外輿圖全說	397
27 海蠡前編	284
30 海寇後編	325
32 海澄縣志	412
37 海涵萬象錄	435
海運編	342
海運志	342
海運末議	342
海運則例	342
38 海道經	342
海道漕運記	342
40 海內奇觀	418
海右倡和集	699
海樵子	447
48 海槎餘錄	353
50 海忠介公文集	733

77 祁門縣志	408		通鑑節要	358
			通鑑纂要	358
3723₂ 冢				
30 冢宰曾公文徵	334		**過**	
			00 過庭錄	459
禄				
67 禄嗣奇談	501		**3730₄ 遐**	
			23 遐外高隱傳	375
3730₁ 逸				
00 逸齋詩補傳	267		**運**	
50 逸史	370		47 運起指明	567
逸史搜奇	481		70 運甓子餘話	481
77 逸民傳	375		88 運籌綱目	551
逸民史	375			
			3730₈ 選	
3730₂ 通			04 選詩外編	636
00 通玄青州二百問	538		選詩補	636
08 通許縣志	412		選詩圖句	649
10 通天照水經	440		27 選將八門	552
17 通翼	537		56 選擇禽奇盤例定局	560
18 通政司職掌	338		選擇類編	559
22 通變	260			
35 通漕類編	342		**3750₆ 軍**	
40 通志略	389、391		18 軍政條例	337、339
50 通惠河志	341			
通書便覽	559		**3772₇ 郎**	
72 通隱小史	474		22 郎川答問	295
88 通鑑記事本末	358(2)		67 郎鄴州詩集	664
通鑑釋文辨誤	357			
通鑑綱目要略	358		**3780₀ 冥**	
通鑑直解	286		00 冥音錄	480
通鑑地理通釋	357		17 冥司語錄	539
通鑑考異	356		30 冥寥子	449
			41 冥樞會要	532
			78 冥覽子	447

3714₇ 汲
37	汲冢周書	263(2)
40	汲古叢語	437
62	汲縣志	413

3716₁ 澹
01	澹語	439
23	澹然齋易測	260
25	澹生堂壁拈	438
	澹生堂餘苑	454
30	澹窩易因指	254
40	澹臺紀會	295
60	澹圃菊譜	486
	澹思子	447

3716₄ 洛
76	洛陽縉紳舊聞略	460
	洛陽牡丹記	486
	洛陽伽藍記	379
	洛陽名園記	379
	洛陽縣志	414

潞
12	潞水客談	342
30	潞安府志	402

3718₁ 凝
00	凝齋雜錄	445

3718₂ 次
47	次柳氏舊聞	367

3719₃ 潔
40	潔古老人注脉訣	574

3719₄ 深
00	深衣圖論	386
10	深雪偶談	460
30	深蜜解脱經	511
32	深州志	403
36	深澤縣志	406

3721₀ 祖
46	祖駕部詩集	663

3721₇ 祀
35	祀神考	388

3722₀ 初
00	初唐彙詩	637
	初唐十二家詩集	636
24	初仕指南錄	393
	初仕錄	394
31	初潭集	455(2)
77	初學記	581、586

祠
55	祠曹題疏稿	629

3722₇ 祁
24	祁侍御集	705
	祁侍御粵西奏疏	625
32	祁州志	403
44	祁黃門奏議	626
62	祁縣志	416
72	祁氏傳芳錄	644
	祁氏家乘	429
	祁氏寶綸錄	624

澠

12 澠水燕談　　　　　459

3712₀ 洞

00 洞庭湖詩集　　　　420
　 洞庭漁人集　　　　734
　 洞庭游記　　　　　425
　 洞玄靈寶定觀經注　494
10 洞天玄語　　　　　505
　 洞天清錄　　　　　578
22 洞仙傳　　　　　　503
44 洞麓堂集　　　　　720
76 洞陽子集　　　　　720

湖

00 湖廣總志　　　　　399
22 湖山詩選　　　　　421
32 湖州府新志　　　　400
　 湖州府舊志　　　　400
　 湖州山峻禪師語錄　533
　 湖州沈氏玩易樓藏書目
　　　　　　　　　　432
38 湖海奇聞　　　　　471
40 湖南漫稿　　　　　723

溯

36 溯洄集　　　　　　569

潮

32 潮州府志　　　　　402
　 潮溪先生捫虱新談　456
50 潮中雜記　　　　　381
　 潮中國朝平寇考　　323

3712₇ 湧

40 湧幢小品　　　　345、472

漏

77 漏居寓言　　　　　328

滑

23 滑稽文傳　　　　　647
　 滑稽新傳　　　　　647
　 滑稽餘韻　　　　　482
72 滑氏素問注鈔　　　565
　 滑氏脉訣　　　　　567
　 滑氏醫案　　　　　566

鴻

00 鴻慶居士集　　　　673
37 鴻泥堂小稿　　　　695
44 鴻苞　　　　　　　449
　 鴻苞文論　　　　　652
50 鴻書　　　　　　　582
83 鴻猷錄　　　　　　322

3713₄ 澳

50 澳夷諭略　　　　　328

3713₆ 漁

27 漁舟話　　　　　　469
38 漁滄社□　　　　　729
40 漁樵閒話　　　　　457
62 漁陽集　　　　　　734

3714₀ 淑

77 淑問彙編　　　　　394

3612₇ 湯
30 湯液本草	571
32 湯溪縣志	409
40 湯嘉賓睡庵初集	691
60 湯品	476
78 湯陰縣志	413
80 湯義仍玉茗堂集	723

渭
40 渭南雜說	458
渭南集	672
渭南縣志	416

3614₁ 澤
55 澤農吟	716

3614₇ 漫
40 漫塘隨筆	457
77 漫叟拾遺	443
87 漫錄評正	347

3621₀ 祝
17 祝子知罪錄	446
祝子小言	449
44 祝枝山懷里堂集	685
47 祝鳩氏十書	339
祝鳩氏奏議	629
72 祝氏集略	685

3625₆ 禪
00 禪玄顯教編	541
30 禪寄續談	467
禪寄筆談	467
禪宗正脉附禪決疑集	532
禪宗集要	532
禪宗決疑集	537
禪宗或問	533
禪宗頌古聯珠通集	537
38 禪海二珍	536
44 禪燕	542
禪燕別集	542
禪林僧寶傳	540
禪林寶訓	536
禪林餘藻	542
77 禪門佛事要略	526
禪關巢進	536

3630₀ 迦
44 迦葉仙人說醫女人經	523

3630₂ 邊
44 邊華泉文集	699
77 邊關遏截編	340

3630₃ 還
37 還冤志	479
40 還古講議	295

3711₄ 濯
26 濯纓亭字義	308
濯纓亭筆記	464
44 濯舊	436

3711₇ 汜
12 汜水縣志	413

禮記制度示掌圖	275
禮記解詁	274
禮記疑問	275
禮記注疏	274
禮記大全	274
禮記真文	274
禮記始末考	274
禮部儀制司職掌	338
10 禮元剩語	436
禮要	385
21 禮經補逸	278
禮經通	274
禮經圖	275
禮經會元	275
24 禮緯含文嘉	275
25 禮律類要	386
28 禮儀定式	384、388
禮儀圖解	275
41 禮垣六事疏	626
禮垣疏草	628
46 禮觀音文	525
62 禮縣志	416

3526_0 袖
18 袖珍小兒方	573
78 袖覽庭訓	302

3530_0 連
43 連城縣志	411

3530_6 迪
40 迪吉錄	383

3530_8 遺
15 遺珠摘錄	713
20 遺愛錄	334
22 遺山文集	676
26 遺白堂集	705
48 遺教經論	531

3530_9 速
57 速把孩傳	351

3610_0 泗
32 泗州備遺志	404
泗州志	404

泊
30 泊宅編	459
46 泊如軒草	702

湘
06 湘韻編	716
91 湘煙錄	471

3611_4 涅
27 涅槃玄義	529、547

3611_7 溫
12 溫飛卿詩集	665
21 溫處海防圖略	341
32 溫州府志	401
62 溫縣志	414
72 溫隱居海上仙方	570
80 溫公詩話	655
溫公瑣語	457

遼東志	417		清暉館集	727
88 遼籌	340、342		80 清尊錄	458
90 遼小史	365		90 清賞錄	469

3510_6 冲
00 冲玄錄　　　　　436
80 冲合定考　　　　555

3512_7 沛
62 沛縣志　　　　　408

清
00 清夜錄　　　　　461
10 清靈真人裴君傳　504
21 清虛真人王君內傳 504
30 清塞集　　　　　666
　 清涼山志　　　　424
　 清容居士集　　　676
31 清河內傳　　　　504
　 清源文獻志　　　644
32 清溪樂府　　　　649
　 清溪寇軌　　　　370
　 清溪暇筆　　　　344
　 清淨經注　　　　494
　 清淨觀世音菩薩普賢
　　陀羅尼經　　　518
44 清夢錄　　　　　331
　 清苑縣志　　　　406
60 清暑經談十卷　　299
　 清暑筆談　　　　466
　 清異錄　　　　　457
67 清明集　　　　　383

3516_6 漕
20 漕乘　　　　　　342
31 漕河說　　　　　342
　 漕河圖志　　　　341
37 漕運通志　　　　341
44 漕黃要覽　　　　341
58 漕撫小草　　　　627

3519_6 涑
12 涑水紀聞　　　　368

3520_6 神
22 神仙詩話　　　　657
　 神仙傳　　　　　503
　 神仙感遇傳　　　503
28 神僧傳　　　　　540
50 神事日搜　　　　502
60 神異經　　　　　479
66 神器譜　　　　　552
72 神隱志　　　　　474
90 神光經　　　　　561

3521_8 禮
07 禮記旁訓　　　　274
　 禮記雜解　　　　274
　 禮記講解　　　　274
　 禮記集說　　　　274
　 禮記集說辨疑　　274
　 禮記集傳　　　　278

45 漢隸分韻	308		淇	
50 漢中府志	403	60 淇園雅集		423
漢申公詩說	265	62 淇縣志		414
漢書	353(2)			
漢書百家評林	353	3419_8	淶	
76 漢陽府志	402	12 淶水縣志		406
3414_0 汝		3424_1	禱	
30 汝寧府志	402	10 禱雨雜記		465
32 汝州志	404			
76 汝陽縣志	414	3426_0	祐	
		22 祐山先生詩集		707
3416_0 渚				
22 渚山堂詩話	656		褚	
		72 褚氏遺書		566
3418_1 滇				
26 滇程記	349	3430_3	遠	
43 滇載記	350	10 遠齋詩		691
50 滇史十四卷	383			
		3430_4	達	
洪		00 達齋告蒙		301
13 洪武正韻	306	46 達觀和尚語錄		534
洪武正韻玉鍵	306	達觀禪師塔銘		541
洪武聖政纂	316			
洪武禮制	384	3430_6	造	
44 洪蒭香譜	478	10 造夏略		317
60 洪景伯歙硯譜	478	57 造邦勳賢略		317
76 洪陽洞志	419			
77 洪駒父詩話	655	3430_9	遼	
82 洪鍾末響	468	32 遼州志		405
88 洪範皇極內篇	262	40 遼志		365
洪範則洛書辨	263	44 遼薊集		696
		50 遼史		355
		遼事備考		328
		遼夷略		328

76 池陽語録	295	
3411₄ 灌		
60 灌園史	485	
64 灌畦暇語	444	
3412₇ 滿		
43 滿城縣志	406	
洧		
22 洧川縣志	412	
瀟		
36 瀟湘録	457、480	
3413₁ 法		
20 法集經	516	
30 法家裒集	393	
法家要覽	339	
法家筌蹄	393	
40 法喜志	541	
法喜隨筆	530	
41 法帖譜系	576	
法帖刊誤	576	
法帖釋文	576	
法帖通系	576	
44 法苑珠林	541	
法藏碎金	541	
法藏金液	541	
法華意語	546	
法華文句	526	
法華玄義	526	
法華玄籤	527	
法華三昧經	509
法華三昧懺儀	525
法華經通義	546
法華經智音考證	526
法華安樂行義	526
法華通義	527
法華大歘	526
法華合論	526
60 法界次第初門	535
法界觀門	535

3413₄ 漢
00 漢唐宋名臣録	372
漢唐通鑑品藻	362
漢雜事秘辛	366
04 漢詁纂	283
10 漢晉唐四傳	376
13 漢武帝外傳	504
漢武帝內傳	504
漢武安王全志	378
漢武故事	389
20 漢儁	582
21 漢上易傳	259
22 漢制考	389
26 漢魏六朝詩乘	635
漢魏詩乘	635
漢魏名家	618
漢魏叢書	597
40 漢壽亭侯志	378
44 漢藝文志考	431
漢藝文志考證	391

10	梁元帝集	658
	梁石門詩演義	267
	梁石門先生集	733
13	梁武帝集	658
26	梁皇懺	525
30	梁宣帝集	658
31	梁潛應制集	624
32	梁溪漫志	458
36	梁泊庵文集	717
44	梁茅山貞白先生傳	504
50	梁書	354(2)
60	梁四公傳	375
	梁園寓稿	697
88	梁簡文帝集	658

3400₀ 斗
60	斗園乘	423

3410₀ 對
00	對床夜話	658
91	對類	309

3411₁ 洗
16	洗硯新錄	466
33	洗心齋讀易述	253
37	洗冤集錄	394

湛
31	湛源子三讀易	255
44	湛甘泉經筵講義	286
	湛甘泉先生文集	731
	湛甘泉先生行實	333

3411₂ 沈
00	沈文伯先生春秋比事	272
	沈文恭喙鳴集	682
	沈文恭公敬事草	627
10	沈下賢集	662
	沈石田先生集	685
	沈雲卿詩集	663
12	沈水西諫疏	627
17	沈子論衡	446
	沈司成集	709
24	沈休文集	660(2)
	沈休文代制	623
26	沈伯含集	711
27	沈叔敷初集	711
28	沈給諫留丹錄	335
40	沈太史郊居稿	690
	沈存中圖畫歌	577
	沈嘉則見聞私記	465
	沈嘉則小刻	709
50	沈青霞褒忠紀事	334
	沈青霞戍死始末	334
	沈青霞年譜	428
72	沈丘縣志	413
	沈氏家訓	302
	沈氏弋說	470
	沈氏易學	253
	沈氏學弢	585

池
32	池州府志	400

77 心學宗	290		治痘三法	573
心問	451		治齋文集	719
心印經測疏	494		20 治統紀略	360
心印紺珠經	566		30 治安藥石	393
95 心性圖象說	298		31 治河總考	341
			44 治世龜鑑	393
必			治世餘聞	319
79 必勝奇術	552			

3318₆　演
04 演讀書十六觀	468
38 演道俗業經	516
88 演繁露	443

3310₀　泌
60 泌園全集	708
76 泌陽縣志	415

3311₁　浣
12 浣水續談	472
44 浣花集	667

3322₇　補
00 補齋易說	260
12 補列仙傳	503
24 補侍兒小名錄	431
30 補注蒙求	301
47 補帆集	420
50 補史談	362
73 補陀洛伽山志	424

3312₇　浦
43 浦城縣志	411
76 浦陽人物志	384

3313₂　泳
24 泳化別編雜記	345

3330₃　邃
40 邃古記	366
80 邃谷集	737

3314₇　浚
80 浚谷文粹	700

3330₉　述
00 述亭遺稿	722
08 述說苑	435
60 述異記	479

3315₀　瀸
08 瀸論	450

3316₀　治
43 治城什	713
治城真續稿	690
治城真寓存稿	690

3390₄　梁
02 梁端肅公奏議	625

治
00 治痘詳說	573

	淨土指歸	538	遁甲奇門	552
	淨土或問	538	遁八陣圖	552
53	淨戒微言	448	遁甲符應經	558
67	淨明忠孝宗教經	495		

3230_7 遙
57	遙擲編	631

3216_4 活
34	活法機要	568

3230_9 遜
40	遜志齋文集	704(2)
	遜志齋幼儀雜箴	301
	遜志齋釋統論	435
60	遜國臣記	316

3216_9 潘
00	潘襄毅公集	685
40	潘大司寇歷官奏疏	626
44	潘恭定公集	695
	潘黃門集	659
60	潘景升詩集	692
72	潘氏翊世宏言	644
88	潘竹澗雜言	447

3290_4 業
47	業報案	539

3300_0 心
16	心聖直指	448
21	心經說	528
	心經要論	528
	心經集解	528
	心經出指	528
	心經釋	528
	心經釋略	528
	心經淺說	528
	心經直談	528
	心經概論	528
	心經奉法要	528
	心經慧燈集	528
	心經鉢柄	528
50	心書九章	500
60	心易觀梅六壬數	558
63	心賦注	536

3222_1 祈
67	祈嗣真經	495

3230_2 近
17	近取圖說	298
27	近峰聞略	344
32	近溪庭訓	302
	近溪明道會錄	293
60	近思錄	289、290
	近思錄集解	290
90	近光集	678
	近光錄	315

3230_6 遁
00	遁言	558
60	遁甲吉方直指	551

3200₀ 州
22 州山吳氏族譜　　　426

3210₀ 測
60 測量法義　　　556
　　測量法義附異同論　452
　　測圓海鏡　　　556
　　測圓算術　　　579

淛
22 淛川縣志　　　415

淵
38 淵海子平大全　　561
67 淵明集　　　659(2)

3211₈ 澄
00 澄庵先生詩集　　709
90 澄懷錄　　　473

3212₁ 沂
32 沂州志　　　404

漸
00 漸齋詩草　　　706
24 漸備一切智德經　　508

汧
50 汧東碧山樂府　　647

浙
31 浙江三大功臣傳　　331
　　浙江通志　　　398
40 浙直平倭大捷考　　323
77 浙學譜　　　375

3213₀ 冰
00 冰廳劄記　　　347
22 冰川詩式　　　646、654
40 冰壺堂摘稿　　　730

3213₃ 添
60 添品妙法蓮華經
　　　　　509、545

3213₄ 濮
32 濮州志　　　404

溪
21 溪上清言　　　474
22 溪蠻叢笑　　　382

3214₇ 浮
27 浮物　　　446
32 浮溪文粹　　　672
33 浮梁縣志　　　410
72 浮丘逸草　　　691

叢
44 叢桂山房彙稿　　682

3215₇ 淨
20 淨住稽　　　526
21 淨行品疏　　　530
　　淨行別品　　　539
40 淨土訣　　　539
　　淨土生無生論　　539
　　淨土資糧　　　538
　　淨土十疑論　　　539
　　淨土境規　　　538

	馮元成全集	689	
	馮元敏談史錄	363	
11	馮琢庵北海集	699	
30	馮宗伯經筵講義	286	
	馮宗伯外制	624	
72	馮氏詩説	266	
	馮氏談經錄	283	
	馮氏稗談	468	
	馮氏春秋説	270	
	馮氏餘談	468	
77	馮具區快雪堂集	710	
90	馮少墟語錄	299	
	馮少墟先生集	700	

3113_2 涿
32 涿州志　403

3116_0 酒
21 酒經　476
50 酒史　476

3116_1 潛
10 潛一齋稿　723
21 潛虛　258
30 潛室陳先生木鐘集　296
32 潛溪集　704
50 潛夫論　434
　　潛書　434
52 潛虬山人詩集　696
90 潛光錄　334

3119_4 溧
76 溧陽縣野志續編　408

3126_6 福
30 福寧定亂紀事　328
　　福寧州志　405
32 福州府志　401
88 福餘酋長伯言傳　352

3128_6 顧
12 顧水部竹梧集　687
17 顧司寇崇雅堂集　706
31 顧涇皋藏稿　690
40 顧大司馬家傳　332
44 顧華玉近言　436
　　顧黃門掖垣題稿　627
50 顧東橋文集　684
72 顧氏説略　585
80 顧命紀事　383

3130_1 遷
44 遷塔詩　544

3130_2 遍
02 遍訓　304

3130_3 逐
00 逐鹿記　317

遯
00 遯齋閒覽　460
60 遯園記　423

3130_4 迁
22 迁仙別記　482

3130_6 追
08 追旃瑣言　464

	江南野史	365
	江南學政申言	395
	江右奏稿	628
74	江陵逸事	321
97	江鄰幾雜志	459

3111₁ 沅
32	沅溪詩集	706

涇
26	涇皋藏言寱言	347
44	涇林續紀	347
67	涇野先生語錄	293

3111₄ 汪
00	汪彥章代制	624
	汪文定公集	672
	汪文定公行實	377
	汪文定公內制	624
21	汪仁峰文集	696
26	汪白泉選稿	733
37	汪次公集	691
40	汪南溟先生副墨	687
50	汪青湖先生事實	335
	汪東麓集	719
67	汪明生傭餘草	693

3111₆ 洹
07	洹詞記事	344

3112₀ 汀
32	汀州府志	402

河
10	河工諸議	342
21	河上楮談	472
31	河源志	418
37	河洛真數	439
38	河汾燕閒錄	465
40	河南府志	402
	河南郭氏傳家易說	259
	河南烈女集	383
	河南通志	399(2)
	河南忠臣集	383
	河內縣志	414
60	河圖洛書解	256
	河圖洛書說	285
70	河防一覽	341
77	河間府志	399
	河間府志（杜應芳）	399
	河間六書	568
	河間乘史	405
78	河陰縣志	413
83	河館閒談	346
87	河朔治兵虞言	553

3112₁ 涉
50	涉史隨筆	361
60	涉異志	481
72	涉縣志	413

3112₇ 沔
34	沔池縣志	414

馮
00	馮文敏政談	347
10	馮元成易說	255

11	宋張乖崖事文錄	384	宋賢事彙	372
12	宋延清詩集	663	**3092₇ 竊**	
20	宋季三朝政要	367	94 竊憤錄	368
27	宋名臣言行錄	372(2)	**3094₇ 寂**	
	宋名臣琬琰集	372	67 寂照神變三摩地經	517
30	宋之問集	667	**3111₀ 江**	
	宋宰輔編年錄	382	00 江文通集	660(2)
	宋宮殿考	397	江文通代制	623
35	宋遺民錄	384	10 江西通志	398
37	宋逸士翠寒集	677	江西輿地圖說	397
	宋逸民喑噎集	384	江西省大志	399
40	宋真宗御製翊聖保德真君傳	504	11 江北三勝紀	421
44	宋著作王先生文集	672	21 江上日錄	319
	宋藝圃集	637	江行雜錄	461
47	宋朝類苑	582	江行記事	349
50	宋史	355	江行曆	350
	宋史辨	361	26 江總白猿傳	480
	宋史新編	355(2)	30 江淮異人錄	376
	宋史記事本末	358	31 江河集	702
	宋史闡幽	361	32 江州餘草	690
	宋史纂要	360	34 江漢紀	696
	宋書	354	江漢叢談	467
58	宋敷文閣待制曾忠愍表忠錄	378	37 江湖紀聞	481
			江湖長翁集	675
60	宋四六叢珠	631	38 江海殲渠記	324
	宋見聞雜錄	368	40 江南平役疏揭	628
	宋景文筆記	443	江南經略	341
72	宋氏四時種植書	483	江南實錄	341
77	宋學商求	375	江南別錄	365、370

定軒暇筆	464
77 定興宣平二王世家	429
定興縣志	406
95 定性書釋	289

3080₆　寅
00 寅庵先生集	718

賓
37 賓退錄	458

實
44 實藏論	531
46 實相般若波羅蜜經	506

寶
17 寶子野酒譜	476
26 寶泉述書法賦	575
40 寶太史瘡瘍經驗全書	573

寶
00 寶慶語錄	295
寶唐語略	295
寶章待訪錄	576
22 寶豐縣志	414
24 寶貨辨疑	484
25 寶積三昧文殊師利菩薩問法身經	512
42 寶坻政書	396
44 寶櫝記	379
46 寶如來三昧經	512
60 寶日齋雜稿	691

80 寶鏡	560
寶善編	331
寶氣樓藏藏草	723

3090₁　宗
00 宗廟復古議	387
宗廟禘祭議	387
10 宗一聖論	296
17 宗子相集	688
宗子相學約	395
25 宗傳詠古	290
36 宗禪辨	536
44 宗藩要例	336(2)
50 宗忠簡公集	671
72 宗氏文訓	652
77 宗門玄鑑圖	533
宗門設難	547
宗門統要續集	532
宗門寢言	547
80 宗鏡廣删	532
宗鏡錄	532(2)

3090₄　宋
00 宋高僧傳	540
宋文憲護法錄	542
宋文憲公集	704
宋文鑑	634
10 宋元名家詩集	637
宋元通鑑	358
宋元資治通鑑	357
宋元中軍論式	645

3040₇ 字
27 字解	309
44 字考啟蒙	309
77 字學新書摘抄	576
字學集要	308
91 字類辨疑	308

3043₀ 突
10 突兀子集	708

3050₂ 搴
44 搴蘭館詩草	691

3051₆ 窺
10 窺天外乘	345

3060₄ 客
00 客座新聞	463
客商規略	484
20 客集	725
30 客窗詩話	657
38 客游草	693
客途資鑑	484
43 客越志	350

3060₅ 宙
43 宙載	315

3060₈ 容
00 容齋隨筆	584(2)
40 容臺小草	691
43 容城縣志	406
50 容春堂集	684
74 容膝軒遺稿	693

3062₁ 寄
33 寄心集	729

3071₇ 宦
38 宦游紀聞	459、467
50 宦中三稿	710
71 宦歷漫記	383
77 宦邸便方	575

3073₂ 寰
30 寰宇雜記	380
寰宇分合志	397

3077₂ 密
10 密雲縣志	405
21 密旨	653
56 密揭辨疏	627
60 密園前後記	423、475
62 密縣志	413
66 密咒圓因往生集	539

3077₇ 官
26 官釋	336
88 官箴集要	393、394
90 官常政要	393

3080₁ 定
00 定襄縣志	416
22 定變記	326
32 定州志	403
34 定遠縣志	408
38 定海縣志	409
51 定軒詩話	656

37 家祀明徵	387	
44 家世舊聞	369	
77 家兒私語	303	
家居懿範	374	
家居醫錄	568	

戾
44 戾華堂集	710	

宸
00 宸章集錄	320、679	

3026_1　宿
32 宿州志	404	

3030_2　適
00 適庵韻對	301	
10 適晉記行	349	
30 適適草	702、713	
60 適園雜著	474	

3030_3　寒
22 寒山子詩	538	
寒山漫草	693	
寒山志	425	
48 寒松館游覽草	422	

3030_4　避
53 避戎夜話	369	
60 避暑漫抄	369	
避暑漫錄	473	
避暑漫筆	469	
避暑錄話	458	

3033_6　憲
00 憲章續錄	314	
憲章錄	314	
27 憲綱事例	394	
30 憲宗文華大訓	311	
憲宗寶訓	311	
憲宗實錄	312	
44 憲世編	290	

3034_2　守
30 守官漫錄	472	
52 守拙齋稿	692	
80 守令懿範	373	

3040_4　安
00 安慶府志	400	
10 安平縣志	407	
31 安福叢志	410	
安福縣志	410	
32 安州志	403	
安溪縣志	411	
40 安南記行志	348	
安南傳	351	
安南志	351	
安吉州志	404	
50 安肅縣志	406	
60 安邑縣志	416	
70 安雅堂集	678	

宴
50 宴史固書	476	

	寧國府舊志	400	30 永寧縣志	410、414
	寧國縣志	408	永安縣志	411
74	寧陵縣志	413	永定縣志	411
76	寧陽初政	396	31 永福縣志	411
			32 永州府志	402

3021₁ 完
72	完縣志	406

3021₂ 宛
20	宛委餘編	585
74	宛陵先生集	668

3021₄ 寇
44	寇萊公文集	673
	寇萊公遺事	377

3022₇ 扁
27	扁舟採異	471

房
24	房侍御疏草	630

寓
00	寓庸子紀游	421
	寓庸子游紀	712
38	寓道集	678
44	寓林集	717
60	寓圃雜記	343
88	寓簡	444

3023₂ 永
02	永新縣志	410
10	永平府志	399
17	永邵卜大成傳	351
22	永豐縣志	410
30	永寧縣志	410、414
	永安縣志	411
	永定縣志	411
31	永福縣志	411
32	永州府志	402
40	永嘉集	536(2)
	永嘉集注	536
	永嘉大師禪宗集	536
	永嘉縣志	410
43	永城縣志	413
50	永晝篇	464
	永春縣志	411
67	永明禪師唯心訣	536
	永明壽禪師心賦	536
	永昭二陵編年	315
	永昭二陵編年史	316
78	永鑒錄	311

家
01	家語圖注	281
02	家訓事理正論	303
	家訓類編	302
04	家塾事親	569
10	家王故事	368
20	家乘考誤	337
23	家秘的本	572
35	家禮正衡	385
	家禮集説	385
	家禮儀節	385
	家禮易簡編	385
	家禮銓補	385

22 宜山先生全集	708	40 濟南師友談記	460
40 宜真子傳	506	78 濟臨禪師語錄	533
50 宜春臺詩	420		
76 宜陽縣志	414	**3013₀ 汴**	
77 宜興縣志	408	00 汴京勾異記	471、481
		汴京遺蹟志	398、425

3011₃ 流
91 流類手鑑　　653

3013₇ 濂
32 濂溪志　　423
37 濂洛風雅　　637

3011₄ 注
27 注解傷寒論　　571
　　注解析疑論　　531
44 注華嚴法界觀門　　527

3014₆ 漳
10 漳平縣志　　412
32 漳州府志　　402
33 漳浦縣志　　412
40 漳南道志　　417

淮
30 淮安文獻志　　644
40 淮南子正文　　442
　　淮南鴻烈解　　442
44 淮封日記　　348

3014₇ 渡
31 渡江小草　　729

淳
30 淳安縣志　　409

潼
77 潼關衛志　　405

3020₁ 寧
00 寧庠語略　　296
10 寧夏平宇承恩始末　326
　　寧晉縣志　　407
24 寧化縣志　　411
28 寧儉訂約　　386
34 寧波府志　　400
35 寧津縣志　　406
37 寧澹齋詩集　　735
38 寧洋縣志　　412
60 寧國府新志　　400

3011₇ 瀛
31 瀛涯勝覽　　349
40 瀛奎律髓　　657
　　瀛奎律髓選　　637
60 瀛國公事實　　370

沆
37 沆瀣子　　451

3012₃ 濟
30 濟寧州志　　404
31 濟源縣志　　414

32 徐州後志	404
徐州前志	404
35 徐溝縣志	416
徐迪功集	684
40 徐南峰遺集	719
44 徐董批點李長吉詩集	662
徐橫山集	706
50 徐中丞文集	684
60 徐昌穀談藝錄	652
徐景休箋注參同契	494
71 徐匡嶽四書講語輯要	284
72 徐氏海隅集	688
77 徐叟樂辨	387
88 徐節孝語錄	293

2854_0 牧

35 牧津	396
77 牧豎閒談	461

2892_7 綸

30 綸扉內稿	624
綸扉奏議	629
綸扉奏草	627
綸扉簡牘	631
綸扉菁草	627

2896_6 繪

49 繪妙	578
50 繪事指蒙	577

2921_2 倦

38 倦游詩	711

2998_0 秋

38 秋游漫草	423
40 秋臺清話	654

3010_1 空

30 空空子內外篇	450
40 空有齋詩草	712
77 空同子內外篇	445
空同子謦欬	445

3010_4 塞

01 塞語	342

3010_6 宣

00 宣府鎮志	417
18 宣政雜錄	368
24 宣德西巡扈從紀行錄	318
26 宣和遺事	368
宣和畫譜	576
宣和書譜	575
30 宣室志	480
宣宗政要	318
宣宗御製詩	679
宣宗寶訓	311
宣宗實錄	312
宣宗敕纂五倫全書	304

3010_7 宧

00 宧齋野乘	460

2822₇ 傷			2825₃ 儀		
30 傷寒瑣言		572	35 儀禮解詁		274
傷寒心要		571	儀禮注疏		274
傷寒心鑑		572	儀禮會通圖		275
傷寒直格		571	44 儀封縣志		412
傷寒明理論		571	55 儀曹存稿		322
傷寒醫鑑		571	2826₆ 僧		
傷寒類證		571	00 僧文或詩格		653
2824₀ 倣			02 僧訓日記		526、536
30 倣宋本考古圖		472	20 僧皎然詩議		653
徹			2826₈ 俗		
10 徹雲館集		454	50 俗書刊誤		308
徹雲館別集		617	2828₁ 從		
徽			18 從政名言		292
32 徽州府志		400	從政錄		393
徵			24 從先維俗議		386
10 徵吾錄		314	2829₄ 徐		
33 徵心百問		532	00 徐文靖公集		680
2824₇ 復			徐文貞公經筵講義		286
00 復齋日記		344	徐文貞公世經堂集		681
40 復古紀事		438	徐文長初集		709
復古通禮		383	徐文長逸稿		716
復古書院志		423	徐文長全集		708
復古振玩錄		294、438	10 徐天目先生集		709
復古堂詩話		658	13 徐武功文集		680
復套議		340	17 徐司空遺稿		709
復套陣圖		552	21 徐仁仲詩		724
70 復辟錄		319	徐貞學先生行述		333
			24 徐幼文北郭集		683

鄱
76 鄱陽縣志 　　　410

鷗
27 鷗峰雜著 　　　471

2771_2 包
23 包秘監詩集 　　　664
44 包孝肅公奏議 　　　625
80 包舍人詩集 　　　664

2771_7 色
08 色譜 　　　580

2772_0 幻
21 幻師颰陀神咒經 　　　516
38 幻游集一卷 　　　688
40 幻真先生服元氣訣法 　　　499

2774_7 岷
23 岷峨山志 　　　419
72 岷隱先生論語問答 　　　287

2780_6 負
44 負苞堂詩文集 　　　717
63 負暄雜錄 　　　460

2780_9 灸
47 灸轂子詩格 　　　653

2790_4 彙
37 彙選筮吉指南 　　　559
70 彙雅前編 　　　300

2791_7 紀
04 紀効新書 　　　551

22 紀剿徐海本末 　　　324
71 紀歷撮要 　　　391
77 紀周文襄見鬼事 　　　481
80 紀善新編 　　　305
　　紀善錄 　　　331

2792_0 約
00 約言 　　　451

綱
88 綱鑑纂要 　　　358

2793_2 緣
27 緣督子仙佛同源論 　　　497

2794_0 叔
00 叔夜集 　　　695

2796_2 紹
77 紹興府志 　　　400
　　紹興水利圖說 　　　342
　　紹興紀略 　　　400

2796_4 絡
24 絡緯吟 　　　696

2799_9 綠
10 綠雪亭雜言 　　　464
15 綠珠內傳 　　　377
38 綠滋館稿 　　　690
　　綠滋館徵信編 　　　315
　　綠滋館考信編 　　　359

2821_1 作
16 作聖齋詩 　　　700

2744₇	般	
44	般若融心論	532
	般若波羅蜜多心經	506
2746₁	船	
18	船政新書	396
	船政要覽	396
	船政條議	396
2748₁	疑	
03	疑誼偶述	436
22	疑仙傳	503
43	疑獄集	394、396
	疑獄續集	396
60	疑思錄	297
2752₀	物	
10	物不遷論	532
	物不遷論辨解	532
23	物外清音	505
71	物原	443
91	物類相感志	483
2760₀	名	
22	名山一覽記	419
	名山百詠	421
	名山注	418
	名山洞天福地記	419
	名山游記	420
27	名將傳	382
	名疑	431
	名物法言	443
30	名家雜劇	649
44	名世文宗	646
71	名馬記	580
	名臣言行後錄	329
	名臣寧攘編	322、592
77	名醫雜著	568
	名醫三要	568
	名醫類案	568
	名卿績記	329
	名賢詩評	654
	名賢詩指	654
	名賢説海	313、454、612
80	名義考	586
	名公詒簡	631
2760₃	魯	
00	魯齋遺書	676
	魯齋遺略	676
	魯文恪俗言	451
	魯文恪公文集	733
	魯文恪公神道碑一冊	334
08	魯論口義正字新書	287
22	魯山縣志	414
2760₄	督	
24	督儲疏草	627
58	督撫江西奏議	626
2762₀	翻	
06	翻譯名義集	541
2762₇	邰	
76	邰陽縣志	416

2726₁ 詹
10 詹雲門詩集　710
72 詹氏性理小辨　289
90 詹炎錄　469

儋
32 儋州志　405

2726₂ 貂
19 貂璫史鑒　373

2729₄ 條
44 條麓堂集　683

2730₃ 冬
32 冬溪内集　543

2731₂ 鮑
22 鮑彪注戰國策　382
56 鮑靚真人傳　504
67 鮑明遠集　659
72 鮑氏集　659

2732₇ 烏
00 烏衣佳語　469
40 烏臺詩案　457
　　烏臺筆補　456

2733₆ 魚
00 魚玄機集　667
21 魚經　487
51 魚軒詩集　677

2733₇ 急
03 急就篇注　300

急就篇補注　300
48 急救良方　570

2740₇ 阜
10 阜平縣志　407
43 阜城縣志　405

2742₇ 鄒
00 鄒彥吉詩文集　689
　　鄒文莊公明道錄　296
　　鄒文莊公年譜　428
　　鄒文公道鄉集　675
17 鄒聚所文集　722
　　鄒聚所先生語錄　294
　　鄒聚所易教　255
　　鄒子講義　294
　　鄒子尹種種　724
　　鄒子願學集　727
　　鄒子學庸商求　277
26 鄒嶧山乘　425
38 鄒道卿詩集　691
40 鄒太史集　722
　　鄒南皋文集　722
　　鄒南皋先生輔仁編　294
　　鄒南皋奏疏　627
50 鄒東廓文集　719
62 鄒縣志　415
72 鄒氏學脉　296
　　鄒氏學錄　719

鷄
67 鷄鳴偶語　437

33 修心訣	537
40 修寺諸疏	542
修真要旨	501
修真秘要一卷	502
修真演義	501
44 修華嚴奧旨妄盡還源觀	527
修華嚴奧旨妄盡還源觀原人論	547
50 修攘通考	340
80 修養要訣	502
修養秘論	502
93 修懺要旨	535

2722₇ 翛

23 翛然子	713

鄉

80 鄉會公約	386
87 鄉飲序次圖說	385
鄉飲圖說	385
鄉飲圖考	385

2723₂ 象

12 象形質疑	555
22 象山語錄	293
象山縣志	409
48 象教皮編	542
77 象岡編遺稿	673

像

27 像象管見	254

2723₄ 侯

25 侯鯖錄	459
30 侯官縣志	411

2724₂ 將

01 將評心見	551
22 將樂縣志	411
27 將將紀	551
67 將略類編	551
71 將臣寶鑑	551

2724₇ 殷

00 殷文珪詩集	666
10 殷石川芝田稿	699
29 殷秋溟野語	448
44 殷芸小說	456
90 殷常侍詩集	667
殷尚書行實	333

2725₂ 解

16 解醒語	444
37 解深蜜經	511
44 解夢心鏡	559
解老悟道編	490
50 解春雨先生集	680
71 解頤新語	655
77 解學士年譜	428
91 解悟真經	495

2725₇ 伊

22 伊川擊壤集	668
37 伊洛淵源正續	289
76 伊陽縣志	414

60 艷異編	481

2712₇ 歸
05 歸諫議松石堂集	689
10 歸元直指	536
歸天詩話	656
歸雲外集	616
歸雲別集	616
20 歸航錄	350
24 歸化縣志	411
歸德府志	402
30 歸安縣志	409
31 歸潛志	369
40 歸太僕集	689
歸太僕洪範傳	262
歸有園(塵)[麈]談	450
歸來漫稿	737
60 歸田詩話	646
歸田錄	457
80 歸養偶記	468

2713₆ 蠡
38 蠡海集	444
62 蠡縣志	406

蟹
08 蟹譜	487

2720₇ 多
21 多能鄙事	484

2721₀ 佩
20 佩觿	308

2721₇ 倪
00 倪文毅公清谿集	684
倪文僖公集	684
10 倪雲林清閟閣集	676
倪雲林遺事	377

2722₀ 勿
00 勿齋易説	466

仰
22 仰山脞錄	346

向
50 向忠節公記事	333

御
01 御龍子瑣談	467
御龍子集	621、698
22 御製廣和詩	320
御製平西蜀文	323
御製西征記	323
御製皇陵碑	315
御製秋日紀夢	315
御製周顛仙傳	331
御製含春堂詩	679
44 御著大狩龍飛錄	316
50 御史箴	395

2722₂ 修
07 修詞左選	269
13 修武縣志	414(2)
20 修辭集	719
修辭指南	583

程文恭公遺稿	707	
10 程正叔家世舊事	377	
17 程子	291	
27 程伊川詩解	265	
程伊川論語説	280	
程伊川中庸解	276	
程伊川書解	262	
程伊川春秋傳説	269	
40 程志	298	
程大昌禹貢論	264	
72 程氏詩議	265	
程氏孟解	282	
程氏釋方	570	
程氏釋藥	571	
程氏遺書	291	
程氏考古編	444	
程氏脉薈	567	
程氏醫書	569	
77 程門微旨	291	
88 程篁墩經筵講義	286	
程篁墩全集	684	

2692₂ 穆
00 穆文簡公遺書	699
10 穆王三書圖説	263
穆天子傳	366
30 穆宗寶訓	311
穆宗實錄	312
44 穆考功逍遥集	703

2693₀ 總
07 總部疏稿	629

2694₀ 稗
20 稗乘	454、612
38 稗海大觀	454(2)
50 稗史	370
稗史集傳	370
稗史彙編	453

2694₁ 緝
47 緝柳編	462

釋
00 釋摩訶般若波羅蜜經覺意三昧	528、530、547
27 釋名	300
36 釋禪波羅蜜次第法門	535
48 釋教編	542
67 釋略新華嚴決疑論	526
72 釋氏應化事蹟	540
90 釋常談	301

繹
28 繹綸	447

2711₇ 龜
21 龜經心法	559
23 龜卜考	257
74 龜陵集	708
22 龜山經説	283
龜山語錄	293

艷
10 艷雪齋稿	727

鬼谷子享卜法	557
鬼谷子正文	442
鬼谷子前定書	557

2621₅ 俚
00 俚言解	301
09 俚談	452

2622₇ 偶
01 偶語	452
07 偶記	456
26 偶得紺珠	586
30 偶客談	436

2623₂ 泉
00 泉亭集	707
32 泉州府志	401
40 泉南雜記	350
泉志	392
50 泉史	392

2624₁ 得
77 得月堂集	725
80 得無垢女經	507、545

2624₈ 儼
22 儼山文集	685

2628₁ 促
23 促織譜	487(2)

2629₄ 保
00 保病集	568
保産育嬰錄	572
12 保孤記	334
24 保幼大全	572
25 保生要錄	503
保生心鑑	569
保生餘錄	575
27 保身節錄	440
30 保安州志	405
保定府志	399
43 保越錄	370
50 保東疏	628
66 保嬰撮要	572
保嬰金鏡錄	572
保嬰粹要	572
80 保合編	505

2633₀ 息
62 息縣志	415

2641₃ 魏
00 魏齋佚	712
魏文帝詩格	652
魏文靖公選稿	705
魏文靖公鶴山集	674
44 魏莊渠遺書	293
魏莊渠書札	631
魏莊渠體仁説	436

2690₀ 和
11 和張無垢頌	538
20 和維愚見記忘	370
21 和順縣志	416

2691₄ 程
00 程齋近稿	728

皇明徵信叢錄	313		皇明國史經籍志	431
皇明寶善編	316		皇明四先生要語	290
皇明寶善類編	331		皇明四先生繹訓編	290
皇明浙士登科考	430		皇明異典述	316
皇明近代文範	635		皇明歷科狀元策	645
皇明泳化類編	314		皇明歷科進士考	430
皇明祖訓	310(2)		皇明歷科殿試錄	429
皇明祖訓節略注疏	313		皇明歷科會試錄	429
皇明通紀	314		皇明馬政記	341
皇明選擇曆書	559		皇明臣諡彙考	337
皇明啟運錄	316		皇明臣諡類抄	337
皇明十六種小傳	332		皇明同姓諸王表	313
皇明十二家詩類鈔	643		皇明開天玉律	313
皇明九邊通考	340		皇明開國功臣錄	328
皇明大政記	314		皇明開創歷紀	317
皇明大紀	314		皇明留臺奏議	624
皇明大紀纂要	314		皇明閣臣錄	329
皇明七朝帝紀	312		皇明八科館課	645
皇明嬪妃傳	313		皇明人物要考	330
皇明世家考	429		皇明尚友集	329
皇明中州詩選	646		皇明性理翼	299
皇明中州人物志	330		77 皇興考	397
皇明畫譜	577			
皇明本記	315		**2620₀ 伯**	
皇明奏疏類鈔	624		71 伯牙心法	578
皇明書	314			
皇明盛事述	316		**伽**	
皇明典禮	313		17 伽耶山頂經	511
皇明典禮志	313		**2621₃ 鬼**	
皇明典故紀聞	315		77 鬼問目連經	520
			80 鬼谷子	441

2604₀ 牌
08 牌譜　　　581

2610₄ 皇
17 皇子誕生儀注　　313
37 皇祖四大法　　316
44 皇葦草　　735
47 皇都水利　　342
　皇極經世　　289、359
　皇極經世書説　289、359
　皇極經世圖覽　　557
　皇極心易發微　　557
　皇極篇　　700
53 皇甫水部集　　686
　皇甫子奇醉鄉日月　476
　皇甫司勳集　　686
　皇甫侍御詩集　　664
　皇甫補闕詩集　　664
67 皇明應謚名臣備考録
　　　　337
　皇明文衡　　635
　皇明文教録　　635
　皇明訓典要旨　　315
　皇明詩統　　646
　皇明護法録　　541
　皇明詔制　　311、623
　皇明謚紀彙編　　337
　皇明謚法纂　　337
　皇明謚考　　337
　皇明三元考　　337、432
　皇明三儒言行録　　290
　皇明疏鈔　　624
　皇明聖政記　　315、316
　皇明聖典　　316
　皇明理學名臣言行録
　　　　329
　皇明政要　　314
　皇明政要略　　314
　皇明政紀纂要　　315
　皇明統宗繩蟄録
　　　　335(2)
　皇明經濟文録　　340
　皇明經濟實用編　　340
　皇明經濟録　　396
　皇明經濟録抄　　340
　皇明經世要略　　340
　皇明制書　　310(2)
　皇明狀元考　　330
　皇明續通紀　　314
　皇明律詩類抄　　643
　皇明律範　　643
　皇明傳信録　　316
　皇明名僧輯略　　540
　皇明名臣言行録　　328
　皇明名臣琬琰編　　329
　皇明名臣琬琰續録　329
　皇明名臣琬琰録　　329
　皇明名臣録　　329
　皇明繩武編　　314
　皇明紀略　　344
　皇明紀録彙編　　313

37 朱淑真斷腸詞	648	
40 朱韋齋先生集	674	
44 朱蘭嵎雜著	691	
50 朱中丞遺事	333	
68 朱晦庵詩話	657	
朱晦翁詩序辨	265	
72 朱氏詩說補遺	267	
朱氏詩故	266	
朱氏可談	460	
（朱）[牛]氏紀聞	480	
84 朱鎮山文集	720	
朱鎮山先生漕河奏議		
	626	
90 朱光禄集	720	

2592_7　繡
10 繡霞堂集　　　689

2598_6　積
17 積承錄　　　　436
80 積善錄　　　　304

　　　　績
32 績溪縣志　　　408

2599_0　秣
74 秣陵記聞　　　294

2599_6　練
32 練溪集　　　　716

2600_0　白
00 白鹿洞書院志　423
04 白詩甘露品　　662

10 白玉蟾先生集　　500
　白下逸事　　　　464
　白雲樓詩集　　　699
12 白孔六帖　　　　581
21 白虎通德論　　　434
22 白樂天諷諫詩　　662
44 白猿經　　　　　552
　白猿奇書　　　　553
　白蘇齋集　　　　734
47 白獺髓　　　　　461
48 白榆集　　　　　710
55 白拂齋記話　　　470
67 白鷺書院正學會規 424
　白鷺書院志　　　424
72 白氏長慶集中書制誥
　　　　　　　　　623
　白氏長慶集　　　662
　白氏策林　　　　441
77 白叟詩集　　　　671
80 白翁吟稿　　　　710

　　　　自
48 自警編　　　　　373
86 自知錄　　　　　536
　自知堂集　　　　708
90 自省篇　　　　　305

2602_7　粵
10 粵西疏草　　　　630
　粵西土司諸夷考　382
40 粵臺稿　　　　　686

37 佛祖三經注解沙門	530	朱文公經世大訓	298
佛祖統紀	540	朱文公家禮	385
44 佛藏經	525	朱文公實紀	427
佛華嚴入如來德智不思議境界經	507	朱文公全集	671
		朱文公全集摘要	291
50 佛事要略	536、547	朱文公年譜	427
60 佛國記	379	17 朱子語略	291
佛昇忉利天爲母說法經	509、545	朱子語錄摘抄	291
		朱子語類大全	291、298
佛果擊節錄	538	朱子論語問辨	280
77 佛母大孔雀明王經	514	朱子五經語類	283
80 佛八千頌般若波羅蜜多一百八名真實圓義陀羅尼經	524	朱子天文圖注	554
		朱子校定離騷	632
		朱子孝經刊誤	279
		朱子韓文考異集	662
2524₃ 傳		朱子中庸語類	276
20 傳集錄	706	朱子奏議	625
25 傳佛心印	537	朱子易學啟蒙	253
27 傳疑錄	446	朱子刪補離騷	632
30 傳注太上感應經	495	朱子門人譜	427
34 傳法正宗記	540	朱子學的	291
37 傳潔典記	375	朱子全集要語	671
60 傳國寶志	391	朱子錄要	291
		朱翼中酒經	476
2554₀ 犍		20 朱季子草	688
40 犍椎梵讚	524	21 朱紫陽詩文訓略	651
73 犍陀國王經	520	24 朱侍御留臺奏議	628
		30 朱進士集	665
2590₀ 朱		朱宗良集	724
00 朱文懿公集	682	36 朱澤民存復齋集	676
朱文懿公茶史	345		
朱文懿公奏議	627		

佛説闢除賊害咒經 516	佛説義足經　　　520
佛説閻羅王五天使者經　519	佛説普法義經　　520
佛説興起行經　521	佛説善夜經　　　518
佛説賢首經　517	佛説首楞嚴三昧經　515、546
佛説腹中女聽經　511	佛説鐵城泥犁經　519
佛説除蓋障菩薩所問經　522	佛説智炬陀羅尼經 518
佛説除蓋障菩薩所問經　544	佛説銀色女經　　512
佛説八部佛名經　515	佛説箭喻經　　　520
佛説八種長養功德經　523	佛説第一義法勝經 510
佛説八佛名號經　513	佛説小兒經　　　517
佛説八大靈塔名號經　522	佛説光明童子因緣經　523
佛説八大菩薩經　524	佛説熾盛光大威德消災吉祥陀羅尼經 523
佛説八吉禪神咒經 513	佛説懈怠耕者經　521
佛説八吉祥經　513	11 佛頂最勝陀羅尼經 514
佛説八陽神咒經　513	佛頂尊勝陀羅尼經 514
佛説金耀童子經　521	20 佛爲優填王説王法政論經　　　　522
佛説弟子死復生經 521	佛爲黃竹園老婆羅説學經　　　　520
佛説前世三轉經　514、545	佛爲勝光天子説王法經　　　　512
佛説無姤賢女經　511	佛爲年少比説正事經　521
佛説無極寶三昧經 512	34 佛法正論　　　531
佛説無量門微密持經　514	佛法金湯　　542（2）
佛説無畏陀羅尼經 523	35 佛遺教經論疏節要　　　　529、546
佛説尊那經　　522	

佛說如來興顯經	507	佛說瞿曇彌記果經	520
佛說鞞摩肅經	520	佛說咒齒經	516
佛說報恩奉盆經	513	佛說咒目經	517
佛說妙吉祥菩薩所問大乘法螺經	524	佛說咒時氣病經	516
佛說略教誡經	521
佛說申日兒本經	511	佛說睒子經	510
佛說未曾有正法經	523	佛說譬喻經	521
佛說未曾有經	512	佛說阿彌陀經	507
佛說拔罪障咒王經	518	佛說阿彌陀經淨土神咒不思議神力傳	510
佛說戒德香經	520
佛說持世陀羅尼經	518	佛說阿那律八念經	519
佛說轉有經	513	佛說阿耨颰經	519
佛說轉女身經	511	佛說阿羅漢具德經	522
佛說慧印三昧經	512	佛說阿闍世王受決經	512
佛說賴吒和羅所問德光太子經	517
佛說阿閦佛國經	507、545
佛說蟻喻經	524	佛說巨力長者所問大乘經	524
佛說目連問戒經	525
佛說最無比經	512	佛說長壽王經	516
佛說四自侵經	521	佛說長壽王經	518
佛說四品法門經	524	佛說長者子制經	511
佛說四人出現世間經	520	佛說長阿含經	519
佛說隨求即得大自在陀羅尼經	518
佛說四無所畏經	523
佛說貝多樹下思惟十二因緣經	512	佛說堅意經	521
佛說堅固女經	517
佛說是法非法經	519	佛說兜沙經兜	508
佛說羅摩伽經	508	佛說月明菩薩經	517
佛說羅云忍辱經	521
佛說時非時經	521	佛說月光童子經	511

契一百八名無垢大乘
經　　　　　522
佛説大七寶陀羅尼經
　　　　　　516
佛説大威燈光仙人問
疑經　　　　510
佛説大威德金輪佛頂
熾盛光如來消除一切
災難陀羅尼經　523
佛説大金剛香陀羅尼經
　　　　　　522
佛説大普賢陀羅尼經
　　　　　　516
佛説太子慕魄經　510
佛説希有校量功德經
　　　　　　512
佛説古來時世經　519
佛説七俱胝佛母心大
準提陀羅尼經　514
佛説七知經　　519
佛説檀持羅麻油述經
　　　　　　518
佛説校量一切佛殺功
德經　　　　523
佛説校量數珠功德經
　　　　　　513
佛説求欲經　　519
佛説薩鉢多酥哩踰捺
野經　　　　522
佛説梵魔喻經　520

佛説梵志計水淨經　519
佛説華手經　516、544
佛説菩薩念佛三昧經
　　　　　　507
佛説菩薩本業經　508
佛説菩薩修行四法經
　　　　　　512
佛説菩薩逝經　511
佛説菩薩十住經　522
佛説菩薩念佛三昧經
　　　　　　544
佛説老女人經　511
佛説老母經　　511
佛説老母女六英經　511
佛説甚希有經　512
佛説樹提伽經　518
佛説樓炭經　　519
佛説觀彌勒菩薩下生經
　　　　　　510
佛説觀彌勒菩薩上生
兜率陀天經　510
佛説觀藥王藥上二菩
薩經　　　　513
佛説觀無量壽佛經　510
佛説如幻三昧經
　　　　　507、545
佛説如來智印經　512
佛説如來師子吼經　512
佛説如來不思議秘蜜
大乘經　　523、545

佛說白衣金幢二婆羅門緣起經 524
佛說自愛經 521
佛說自誓三昧經 513
佛說象頭精舍經 511
佛說解夏經 523
佛說緣起聖道經 513
佛說作佛形像經 513
佛說濟諸方等學經 512
佛說安宅神咒經 516
佛說淨飯王般涅槃經 521
佛說逝童子經 511
佛說業報差別經 521
佛說心明經 517
佛說滅十方冥經 517
佛說灌佛經 513
佛說灌洗佛經 513
佛說法常住經 518
佛說造立形像福報經 513
佛說造塔功德經 517
佛說婆羅門子命終愛念不離經 520
佛說決定總持經 511
佛說泥犁經 519
佛說漏分布經 519
佛說浴像功德經 513
佛說沙曷比丘功德經 521

佛說十一面觀世音神咒 514
佛說十二頭陀經 518
佛說十支居士八城人經 520
佛說九色鹿經 510
佛說大方廣師子吼經 512
佛說大方廣善巧方便經 523
佛說大意經 517
佛說大孔雀咒王經 514
佛說大愛陀羅尼經 522
佛說大乘百福莊嚴相經 512
佛說大乘百福相經 512
佛說大乘流轉諸有經 517
佛說大乘大方廣佛冠經 523
佛說大乘戒經 523
佛說大乘日子王所問經 521
佛說大乘四法經 512
佛說大乘無量壽莊嚴經 523
佛說大灌頂神咒經 509
佛說大灌頂神咒經 545
佛說大迦葉本經 521
佛說大吉祥天女十二

佛説一切流攝守困經 519	佛説邪見經 520
佛説一切法功德莊嚴王經 518	佛説受歲經 519
佛説一切如來烏瑟膩沙最勝總持經 522	佛説穰麌黎童女經 522
佛説一切如來金剛壽命陀羅尼經 522	佛説虛空藏菩薩能滿諸願最勝心陀羅尼求聞持法 518
佛説正恭敬經 512	佛説處處經 520
佛説五恐怖世經 521	佛説優婆夷隨舍迦經 519
佛説五千五百佛名神咒除障滅罪經 515、545	佛説優慎王經 507
佛説五十頌聖般若波羅蜜經 523	佛説須達經 520
佛説五大施經 522	佛説比丘聽施經 521
佛説五苦章句經 520	佛説師子月佛本生經 516
佛説盂蘭盆經 513	佛説乳光佛經 511
佛説雨寶陀羅尼經 522	佛説出生無邊門陀羅尼經 522
佛説不增不減經 517	佛説樂瓔珞莊嚴方便經 510
佛説彌勒下生經 510	佛説樂想經 519
佛説彌勒下生成佛經 510	佛説稱讚如來功德神咒經 515
佛説彌勒來時經 510	佛説稻秆經 513
佛説彌勒成佛經 510	佛説鹹水喻經 519
佛説聖觀自在菩薩梵讚 524	佛説德護長者經 511
佛説聖最勝陀羅尼經 523	佛説犢子經 511
佛説了本生死經 513	佛説佛頂尊勝陀羅尼經 514
	佛説佛地經 517
	佛説佛印三昧經 516

80	牛羊日曆	367	佛説方等泥洹經	508
	牛首山志	418	佛説帝釋般若波羅蜜	
			多心經	521

2520₆ 伸
44	伸蒙子	443

佛説帝釋所問經　523
佛説摩尼羅亶經　517
佛説廣義法門經　520
佛説文殊師利現寶藏經
　　　　　　　　509

使
10	使琉球圖録	348
	使琉球録	348（2）
	使西日記	348
12	使北録	348

佛説文殊師利巡行經
　　　　　　　　513
佛説文殊尸利行經　513
佛説文殊悔過經　525
佛説辨意長者子所問經
　　　　　　　　521

2520₇ 律
27	律身規鑑	305
60	律吕新書	386
	律吕新書補注	387
	律吕論	387
	律吕正論	388
	律吕注解	386
	律吕古義	386
	律吕別書	386
	律吕質疑辨論	388
71	律曆融通	556
	律曆融通音義	556
	律同	389

佛説謗佛經　511
佛説六門陀羅尼經　518
佛説龍施女經　513
佛説龍施菩薩本起經
　　　　　　　　513
佛説護諸童子陀羅尼經
　　　　　　　　518
佛説諸佛經　522
佛説諸法勇王經　510
佛説諸法本無經　520
佛説諫王經　511
佛説施一切無畏陀羅
　尼經　524
佛説施燈功德經
　　　　　516、544
佛説一向出生菩薩經
　　　　　515、546

2522₇ 佛
08	佛説療痔病經	521
	佛説鹿母經	517
	佛説魔逆經	517
	佛説離睡經	519
	佛説齋經	520
	佛説方等般泥洹經	508

2498₆ 續

00 續齊諧記	479
續高僧傳	540
續庚己編	346
續文獻通考	390
續文房職方圖讚	477
續玄怪錄	480
續雜俎	456
續雜纂	457
04 續諸儒要語	290
續讀書錄	292
10 續正蒙發微	289
續玉臺新詠	648
續百將傳	550
13 續武經總要	550
17 續孟子	283
續豫章詩話	656
20 續億語	297
21 續虔臺志	417
續卓異記	479
續經籍考	431
22 續仙傳	503
23 續秘笈	608
25 續傳芳錄	644
26 續自警編	373
續稗海	607
30 續憲章餘集	542
續宋宰輔編年錄	382
續竊憤錄	368
32 續澄懷錄	473
33 續補侍兒小名錄	431
38 續祥刑比事	394
40 續志林	435
續古文奇賞	646
41 續狂夫言	450
43 續博物志	442
44 續考古編	444
續世說新語	455
50 續畫品	577(2)
續夷堅志	480
51 續軒渠集	678
60 續墨客揮犀	459
續吳先賢贊	330
續吳中故實	330
續吳錄	330
71 續原教論	297
續原教論	531
77 續眉山論	322
續問辨牘	297
續醫說	568
80 續金針詩格	653
86 續錦囊詩對故事	651
88 續竹譜	485
續筆疇	445
96 續惕若齋集	297

2500₀ 牛

44 牛禁集	540
47 牛塢志	419
50 牛書	487
72 牛氏紀聞	480

仕

77 仕學規範	373
仕學類鈔正續	585

2421₁ 先

10 先天圖説	298
先天圖正誤	260
16 先聖大訓	281
21 先師廟祀考	387
30 先進遺風	329
77 先覺要言	298

2422₇ 侑

90 侑堂禪師山居詩	543

備

44 備荒議	395
備荒農遺雜錄	483
50 備書	551

2423₁ 德

24 德化縣志	411
30 德安府志	402
35 德清縣志	409
55 德慧錄	472
77 德興縣志	410
80 德善齋菊譜	486

2424₁ 侍

77 侍兒小名錄	431
侍兒小名錄拾遺	431

2426₀ 儲

00 儲文懿文集	684
24 儲侍御詩集	663
30 儲進士詩集	665

2429₀ 休

10 休夏詩	691
24 休休齋集	709
30 休寧理學先賢傳	375
休寧縣志	408

2440₀ 升

00 升庵詩選	736
升庵外集	584
升庵七十行戍稿	736
升庵易解	255
24 升儲彙錄	321

2451₀ 牡

77 牡丹榮辱志	486

2472₇ 幼

24 幼幼集	301
幼幼類集	573

2473₈ 峽

10 峽雲閣後草	729

2480₆ 贊

26 贊皇縣志	407

2490₀ 科

46 科場切要事宜	337

2495₆ 緯

67 緯略	584

2497₀ 紺

15 紺珠集	472

2324₀ 代			2390₀ 秘	
00 代庖公案	395		25 秘傳經驗痘疹方	573
代庖錄	395		秘傳小兒痘科	573
代弈編	583		77 秘册彙函	598
37 代祀高麗山川記	348		88 秘笈	607
			秘笈新書	581
2324₂ 傅				
10 傅玉樓詩集	677		2392₇ 編	
24 傅休弈詩集	667		37 編選四家宮詞	648
40 傅大士語錄	534			
72 傅氏夏小正注傳	391		2393₂ 稼	
77 傅與礪文集	678		44 稼村類稿	672、678
2325₀ 戲			2395₀ 織	
17 戲瑕	470		86 織錦回文詩譜	647
2350₀ 牟			2396₁ 稽	
15 牟融詩集	666		12 稽瑞錄	379
			35 稽神錄	480
2355₀ 我			40 稽古編大政記綱目	358
44 我執公參	297			
			2397₂ 嵇	
2360₀ 台			50 嵇中散集	659
27 台峰集	727		嵇中散集略	659
44 台蕩游	422			
71 台雁游草	421		2412₇ 動	
77 台學源流	375		44 動植紀源	443
2371₁ 崆			2420₀ 射	
27 崆峒道人注陰符經	493		34 射法	579
			35 射禮	579
2375₀ 峨			43 射尤	580
77 峨眉光明山傳	419			
			2421₀ 化	
2377₂ 岱			50 化書	492
50 岱史	418			

62 樂則	387
80 樂善錄	304
90 樂半堂詩	711

欒

43 欒城遺言	457
欒城縣志	407

2291₃ 繼
44 繼世記聞	320

2291₄ 種
10 種雪堂詩選	730
22 種種雜咒經	514
40 種杏仙方	570
44 種樹書	484

2294₄ 綏
00 綏廣紀事	325
綏交錄	327

2294₇ 稱
04 稱讚淨土佛攝受經	510
稱讚大乘功德卷	512
56 稱揚諸佛功德經	515、545

2296₃ 緇
77 緇門崇行錄	536
緇門警訓	536
緇門警訓續集	536

2297₇ 稻
60 稻品	485

2300₀ 卜
17 卜子夏易傳	258
30 卜家萃覽	559
77 卜居全集	562

2320₀ 外
24 外科理例	574
外科樞要	573
外科精要	573
外科精義	573
28 外傷金鏡錄	573
50 外夷考	350

2320₂ 參
10 參元三語	438
參兩通極	258
36 參禪要訣	532
77 參同契釋疑	494
參同契口義	494

2323₄ 伏
53 伏戎紀事	325
80 伏羲圖贊	256

俟
22 俟後編	438
俟後編經說	284
86 俟知堂集	728

獻
17 獻子講存	294
26 獻皇帝皇明恩記詩	679
94 獻忱集	626

	山居雜志	474、613
	山居隨筆	437
	山居箋	474
78	山陰子	447
	山陰縣志	409
80	山人家事	474
	山谷雜説	460
	山谷刀筆	630
90	山堂考索	581
	山堂曆法雜考	555
	山堂肆考	582
	山堂粹稿	695

幽

21	幽貞集	688
77	幽閒鼓吹	456
94	幽憤三賦集	632

2277_2　出

21	出行寶鏡經	560
25	出生菩提心經	516
26	出白門曆	349

2279_1　嵊

| 72 | 嵊縣志 | 409 |

2290_0　利

| 66 | 利器解 | 551 |

剿

| 30 | 剿寇神器 | 552 |
| | 剿寇陣圖 | 552 |

2290_1　崇

00	崇文總目	391
10	崇正文選	634
24	崇德縣志	408
28	崇儉會約	386
30	崇安縣志	411
40	崇古文訣	634

2290_4　巢

| 72 | 巢氏病源 | 569 |

樂

00	樂庵遺書	299
	樂府雜錄	578
	樂府詩集	636
	樂府解題	649
	樂府源流	649
	樂府古題要解	646、649
	樂府指迷	648
07	樂郊私語	462
	樂記補説	278
10	樂平縣志	410、416
21	樂經元義	388
25	樂律補説	387
	樂律全書	388
	樂律管見（何塘）	387
	樂律管見（黃積慶）	387
30	樂安縣志	415
35	樂清縣志	410
50	樂書雅義	389
52	樂靜先生集	673
55	樂典	388
57	樂邦文類	541

50 後畫品錄	577		崑山人物志	384	
57 後搜神記	479		**2272₁ 斷**		
60 後四家語錄	533		40 斷坑論字夜談	308	
後四十家小説	454、611		**2272₇ 嶠**		
77 後周書	354		40 嶠南瑣記	350	
變			**2277₀ 山**		
21 變占考	257		10 山西邢祭酒辟雍錄	700	
2224₈ 巖			山西通志	399	
10 巖下放言	458		12 山水繩全集	577	
45 巖棲集	544		30 山房雜錄	543	
巖棲幽事	474		山房草	723	
2226₄ 循			山房隨筆	462	
16 循理書院約	424		山家清供	474	
30 循良政範	393		山家清事	474	
2227₀ 仙			32 山溪餘話	465	
30 仙家四書	498、499		38 山海經	417	
38 仙游縣志	411		山海經釋義	425	
44 仙苑編珠	505		山海經補注	417	
47 仙都志	419		山海經圖讚	417	
2238₆ 嶺			山海關志	417	
38 嶺海續異聞	352		44 山帶閣集	687	
嶺海異聞	352		山林經濟集	474	
40 嶺南文獻	644		山林經濟籍	613	
嶺南諸夷志	382		50 山中玉櫃服氣經	502	
2245₃ 幾			山中白雲	474	
21 幾何原本	556		山東通志	399	
2271₁ 崑			60 山園雜記	423、474	
22 崑山雜咏	644		山園雅咏	647	
			77 山門集	420	

72	豐氏魯詩世學	267	72	任丘縣志	405
	豐氏古書世學	264			

2220₀ 制
00 制府雜錄　　　319

2222₁ 鼎
87 鼎錄　　　477

劇
09 劇談錄　　　456（2）

2222₇ 僞
60 僞吳雜記　　　365

2220₇ 岑
40 岑嘉州詩集　　　664

嵩
22 嵩嶽志　　　425
34 嵩渚文集　　　701
62 嵩縣志　　　414
76 嵩陽先生集　　　702

2221₄ 崔
17 崔司勳詩集　　　663
22 崔後渠集　　　698
　　崔後渠洹詞　　　701
　　崔後渠中庸凡　　　287
25 崔仲鳧經筵講義　　　286
　　崔仲鳧考釋中説　　　434
35 崔清獻公言行錄　　　377
　　崔禮仙詩集　　　665
40 崔真人脉訣　　　567
50 崔東洲集　　　685
72 崔氏説象　　　255
　　崔氏政論　　　441
　　崔氏洹詞　　　703
　　崔氏古今注　　　442
　　崔氏策議　　　441
77 崔學士詩集　　　664
80 崔公入藥鏡注　　　496
　　崔公入藥鏡測疏　　　496

2223₀ 觚
10 觚不觚錄　　　345

2223₄ 嶽
34 嶽瀆名山記　　　503
44 嶽麓書院圖志　　　423

2224₄ 倭
40 倭志　　　351

2224₇ 後
17 後丞相府志　　　336
22 後山詩集注　　　670
　　後山理究　　　435
　　後山叢談　　　458
　　後出阿彌陀偈經　　　510
26 後魏書　　　354
33 後梁春秋　　　365
34 後漢書　　　353
37 後湖志　　　338
　　後湖黃册志　　　338

任
00 任彦升集　　　660

	紫虛注解呂公沁園春	50	經史通譜 287
	497		經史格言 449
	紫虛金丹大成集 496		經書疑辨錄 287
22	紫巖居士易傳 259		經書補注 287
35	紫清指玄篇 497		經書孝語 279
42	紫荊考 340	55	經典稽疑 285
44	紫薇詩話 656	67	經略三疏 629
	紫薇斗數 559		經略疏稿 629
60	紫園草 734		經略朝鮮奏議 628
76	紫陽真人周君內傳 504	78	經驗良方 574
		84	經鋤堂雜志 458

2191₁ 經

00	經序錄 287	88	經筵經史直解 287
08	經説萃編 284		經籍考 431
10	經正堂麗澤説 295		
	經正堂會語 295		

2195₃ 穢

17	經子難字 285	65 穢蹟金剛説神通大滿陀
	經子臆解 285	羅尼法術靈要門經
23	經外雜鈔 584	523
25	經律異相 539	穢蹟金剛法禁百變法
	經傳正譌 285	門經 523
	經傳緯鈔 621	

2196₁ 縉

	經傳沿革 285	10	縉雲先生集 674
	經傳別解 263		縉雲縣志 410
30	經濟類編 582		

2198₆ 穎

44	經世環應編 383	08	穎譜 580
	經世奇謀 342、374	32	穎州志 404
	經世格言 305		

2201₀ 胤

	經世格要 390	00	胤產全書 572
	經世曆法 556		

2210₈ 豐

	經世民事錄 392	34	豐對樓詩選 709

2133₁ 熊
- 17 熊豫章先生五經說　287
- 21 熊經略全集　734
- 27 熊勿軒先生集　674
- 　　熊峰集　683
- 35 熊神阿雲間集　723
- 44 熊芝山三朝寵命錄　333
- 　　熊芝山公錄稿　718

2140₆ 卓
- 10 卓吾和尚批選大慧業　533
- 　　卓吾禪談　534
- 60 卓異記　479
- 72 卓氏藻林　583

2143₀ 衡
- 00 衡廬精舍雜言　437
- 　　衡廬精舍藏稿　721
- 12 衡水縣志　407
- 32 衡州府志　402
- 72 衡岳禹碑釋文　645
- 　　衡岳志　418
- 77 衡門晤言　474

2150₆ 衛
- 02 衛端木詩傳　265
- 25 衛生易簡方　569
- 72 衛氏禮記集說　278
- 97 衛輝府志　402

2160₀ 占
- 44 占夢類考十二卷　480
- 60 占星堂集　690

2171₀ 比
- 55 比曹紀實　322

2172₀ 岢
- 22 岢嵐州志　405

2172₇ 師
- 02 師訓私錄　437
- 22 師山先生集　678
- 26 師白齋詩稿　735
- 40 師友雅言　298
- 　　師友同仁錄　295
- 　　師古齋彙聚單方　570
- 77 師門求正牘　297
- 90 師尚　553

2180₆ 貞
- 00 貞言　451
- 05 貞靖先生道學記言　293
- 40 貞壽家訓　303
- 46 貞觀政要　356、359
- 　　貞觀畫史　577
- 　　貞觀小斷　356
- 50 貞肅公續集　728
- 68 貞晦先生文集　706

2190₃ 紫
- 00 紫府珍藏　561
- 　　紫府奇玄　498
- 21 紫虛注解崔公入藥鏡　496

何氏心訓并家規	303	
何氏萬曆集	733	

2122₁ 行
00 行唐縣志	407
21 行師選要	550
27 行移體式	395
30 行實錄	292
36 行邊奏疏	630
37 行軍須知	550
44 行藥吟	713
54 行持要旨	501
行持要事	501
80 行人司重刻藏書目	339
行人司藏書目	432
99 行營雜錄	461

2122₇ 儒
17 儒函類數	583
30 儒宗考輯略	290
44 儒林公議	369
77 儒學明宗錄	298

膚
01 膚語	438

2123₄ 虞
22 虞山書院志	424
虞山會話	295
24 虞德園全集	716
26 虞伯生集	676
37 虞初志	453
虞初志正續	453

43 虞城縣志	413
71 虞長孺陰符經演	493

2123₆ 慮
37 慮深論	435

2124₀ 虍
40 虍臺志	417

2124₁ 處
30 處實堂後集	688
處實堂前集	688
96 處悎堂遺編	721

2124₆ 便
00 便產須知	575

2124₇ 優
34 優婆塞戒經	525
優婆夷淨行法門經	518

2125₃ 歲
00 歲序總考	392
30 歲寒堂詩話	657
44 歲華紀麗	381
歲華紀麗譜	381
64 歲時廣記	392
歲時事要	392
歲時節氣集解	396

2128₆ 須
44 須菩提長者經	520
76 須陽子啟劄	631

穎
33 穎濱道德真經注	489

能
18 能改齋漫録　　458、584
21 能仁會志　　424
22 能斷金剛般若波羅蜜經
　　　　　　　　506

2121₄ 偃
21 偃師縣志　　414
66 偃曝餘談　　468

衢
32 衢州府志　　400

2121₇ 伍
20 伍喬詩集　　666
30 伍寧方年譜　　429
72 伍氏奉先録　　335

虎
44 虎苑　　468
　　虎薈　　468
　　虎林書院教言　　295
　　虎林書院會約　　296
72 虎丘志　　418
　　虎丘隆和尚語録　　533
88 虎鈐經　　551

虛
00 虛齋密箴　　436
50 虛車集　　686
57 虛拘詩話　　656
　　虛拘寱言　　445
80 虛谷閒抄　　461

88 虛籟集　　738

盧
10 盧玉川詩集　　665
21 盧師邵集　　685
28 盧以緯韻略易通　　306
30 盧户部詩集　　664
40 盧圭齋集　　676
60 盧昇之集　　660
72 盧氏縣志　　414
80 盧含雪詩集　　676

甒
21 甒甄洞稿　　733

2122₀ 何
00 何文定公西疇常言　435
　　何文定公全集　　701
　　何文肅公宋元史論　361
　　何文簡公集　　738
12 何水部詩集　　667
　　何水部集　　660
30 何之子　　438
40 何士抑集　　690
　　何吉陽集　　738
　　何大復集　　698
　　何大復先生集　　702
46 何柏齋文集　　698
　　何柏齋管窺　　558
48 何翰林集　　686
72 何氏語林　　455
　　何氏二尚書年譜　　428

16 集聖賢群輔錄	372	
40 集古印范	478	
60 集異記	479	
集異志	479	

2091₃ 統
71 統曆寶鏡	560

2091₄ 維
00 維摩詰經	509
維摩詰所説經注	529
維摩經	509
56 維揚芍藥譜	486
77 維風編	305、373

2092₇ 稿
43 稿城縣志	406

2108₆ 順
10 順天府志	399
24 順德府志	399
30 順宗實錄	366
44 順權方便經	510

2110₀ 上
20 上乘正宗全書	501
21 上虞縣志	409
35 上清黃庭內景經	493
38 上海縣新志	408
上海縣舊志	408
44 上蔡先生語錄	299
上蔡縣志	415
76 上陽子參同契分章注	
	494
80 上谷稿	736

止
00 止齋奧論	671
44 止權記	321
46 止觀大意	535
止觀輔行傳弘訣	535
止觀義例	535

2111₀ 此
34 此洗堂語略	295
50 此事難知	568

2120₁ 步
25 步朱吟	297

2121₀ 仁
00 仁文書院集驗方	574
10 仁王護國般若波羅蜜經	
	506
30 仁宗政要	318
仁宗皇后勸善書	304
仁宗寶訓	311
仁宗實錄	311
43 仁獄類編	394
44 仁孝訓全書	279
仁孝皇后内訓	303

2121₁ 征
10 征西紀事	326
40 征南紀事	326

徑
22 徑山集	543

$2040_0 - 2090_4$ 45

30 千家姓	426
40 千古一覽	359
55 千轉陀羅尼觀世音菩薩咒經	515
67 千眼千臂觀音菩薩陀羅尼神咒經	514

2040_4 委
44 委巷叢談	464

2040_7 受
54 受持七佛名號所生功德經	517

季
34 季漢書	366
42 季札傳	376
72 季氏詩說解頤正繹	265
77 季周傳	366

雙
15 雙珠算法	579
22 雙巖奏疏	626
32 雙溪雜記	344
42 雙杉亭草	707
44 雙樹幻抄	543
46 雙槐歲抄	344（2）
47 雙鶴軒集	697
67 雙瞻廬刻	722

2050_0 手
09 手談萃要	579

2060_4 舌
44 舌華錄	455

2060_9 香
10 香王菩薩陀羅尼咒經	517
香雪林集	650
30 香案牘	503
32 香溪先生集	673
40 香奩詩	650

2064_8 皎
23 皎然集	666

2071_4 毛
00 毛文簡公集	683
04 毛詩序說	265
毛詩奧論	265
毛詩正變指南圖	266
毛詩注詁	265
毛詩名物解	267
毛詩奧論	265
毛詩注疏	264、265
毛詩古音考	266
毛詩或問	266
毛詩國風傳序辨	266
50 毛東塘司馬年譜	428
毛東塘奏議	625
毛東塘全集	719

2090_1 乘
43 乘城要法	553
乘城日錄	328

2090_4 集
10 集一切福德三昧經	509

2022₁ 停
73 停驂錄續錄　　348

2022₇ 秀
12 秀水羅氏族譜　　426
　　秀水縣志　　408
67 秀野堂集　　737

爲
80 爲善陰隲　　304
　　爲善陰隲咏　　304

傍
29 傍秋亭雜記　　346

禹
10 禹貢辨　　263
　　禹貢詳節　　263
　　禹貢注　　263
　　禹貢萃末　　263
32 禹州志　　404

喬
44 喬莊簡公集　　700

雋
40 雋古洪音　　583

2024₀ 俯
30 俯察精言　　564

2024₁ 辭
06 辭韻　　307
34 辭達集　　731
77 辭學指南　　651

2024₇ 愛
60 愛日叢抄　　460

2026₁ 信
10 信耳錄　　345
40 信力入印法門經
　　　　507、544
76 信陽州志　　404

2033₁ 焦
17 焦弱侯陰符經解　493
72 焦氏說楛　　585
　　焦氏獻徵錄　　329
　　焦氏澹園集　　690
　　焦氏支談　　449
　　焦氏藏書目　　431
　　焦氏易林　257、557
　　焦氏筆乘　　585
　　焦氏類林　　455

2039₆ 鯨
11 鯨背吟　　649

2040₀ 千
10 千一疏　　450
　　千百年眼　　450
20 千手千眼觀世音菩薩廣
　　大圓滿無礙大悲心陀
　　羅尼經　　514
　　千手千眼觀世音菩薩
　　姥陀羅尼身經　　514
21 千頃齋集　　729
25 千佛因緣經　　517

1833₄ 憨
01 憨聾觀	470
22 憨山大師雙經錄	534
憨山夢游集	544
憨山東游集	543
40 憨士列傳	375

1840₄ 婆
77 婆賢文軌	644

1863₂ 磁
32 磁州志	404

1865₁ 群
01 群譚採餘	453
10 群碎錄	585
21 群貞傳	332
22 群仙要語	500
群仙珠玉集	499
群仙乩語	505
27 群物奇制	477
50 群忠備遺錄	317
群書麗句	651
群書集事淵海	582
群書備考	586
群書備數	582
群書會元截江網	582
80 群公詩法	654

1874₀ 改
00 改齋文集	719
改齋語錄	293
10 改正瀛涯勝覽	349
改元考	391

1918₀ 耿
10 耿天臺雅言	437
35 耿清惠公逸事	333
58 耿拾遺詩集	664

1918₆ 瑣
10 瑣碎錄	483
27 瑣綴錄	344

2010₄ 壬
80 壬午功臣爵賞錄	318

垂
46 垂楊館集	724

重
01 重訂舉業卮言	652
02 重刻文文山全集	675
重刻渭南集	675
重刻坡仙集	646
重刻國史經籍志	339
27 重修兩浙鹺志	338
重修忠孝祠錄	423
重修關聖祠全志	423
重修普陀志	425
33 重補孝經列傳	279
55 重農考	483
56 重輯國朝名臣錄	329

2021₄ 往
25 往生集	539
50 往事昭鑑錄	304

1762₀ 司
- 30 司空文明詩集　664
- 　　司空奏疏　630
- 55 司農俚輯　305
- 71 司馬先輩集　666
- 　　司馬溫公稽古錄　359
- 　　司馬溫公疑孟　282
- 　　司馬溫公家範　302
- 　　司馬溫公迂書　434
- 　　司馬溫公投壺新格　580
- 　　司馬溫公集略　668
- 　　司馬溫公傳家集　673
- 　　司馬長卿集　658
- 　　司馬兵法　549

1762₇ 邵
- 00 邵康節先生外紀　377
- 　　邵康節先生先天易數撮要　557
- 　　邵康節先生年譜　427
- 　　邵康節先生餘錄　377
- 10 邵二泉史學　362
- 12 邵砥庵集　715
- 13 邵武府志(陳讓)　401
- 　　邵武府志(黃仲昭)　401
- 17 邵子玄機　557
- 　　邵子全書　291
- 21 邵虞庵文選心訣　634
- 56 邵揭詩集　666
- 72 邵氏聞見錄　368
- 　　邵氏聞見後錄　368
- 90 邵半江詩錄　684

郡
- 72 郡縣釋名　398

1771₀ 乙
- 77 乙卯召對錄　321

1771₇ 己
- 00 己瘧編　346

1777₂ 函
- 50 函史下編　356
- 　　函史上編　356

1780₁ 翼
- 77 翼學編　585
- 　　翼醫通考　566

1812₁ 瑜
- 26 瑜伽師地論　530
- 　　瑜伽焰口　525

1812₂ 珍
- 15 珍珠船　585

1814₀ 政
- 26 政和縣志　411
- 78 政監　393

致
- 30 致富奇書　484
- 90 致堂先生崇正辨　434

敢
- 75 敢陳稿　631

1722₀ 殉
27 殉身錄　　　　　　334

1722₇ 務
50 務本書院學訓　　　302

甬
50 甬東三佛傳　　541、547

鄘
00 鄘玄厓雜著　　　　711

鬻
17 鬻子　　　　　　　433

1723₂ 承
10 承天府志　　　　　402
　　承天大志　　　　　313
38 承啟堂稿　　　　　707

豫
00 豫章六記　　　　　420
　　豫章雜記　　　　　380
　　豫章詩話　　　　　656
　　豫章漫抄　　　　　465
　　豫章今古記　　　　380
32 豫州時事記　　　　321

1732₇ 鄢
74 鄢陵縣志　　　　　412

1733₂ 忍
50 忍書　　　　　　　305

1734₆ 尋
40 尋真錄　　　　　　451

1740₇ 子
10 子平管見　　　　　561
27 子彙　　　　　　　604
33 子冶　　　　　　　452
44 子華子　　　　　　434

1740₈ 翠
00 翠玄還源篇　　　　497
28 翠微先生北征錄　　552
31 翠渠先生摘稿　　　728
77 翠屏集　　　　　　730

1750₆ 鞏
72 鞏縣志　　　　　　414

1750₇ 尹
00 尹文子全書　　　　441
04 尹訥庵集　　　　　717
21 尹師魯五代春秋　　370
　　尹師魯河南先生集　673
26 尹和靖集　　　　　671
　　尹和靖先生論孟解　287
30 尹寊庵集略　　　　718
40 尹真人性命圭旨　　501

1752₂ 那
80 那鏡　　　　　　　534

1760₁ 碧
32 碧溪詩話十卷　　　657

1760₇ 君
17 君子堂日詢手鏡　　353

1710₃ 丞
46 丞相府志　　　　336

1710₇ 孟
00 孟襄陽詩集　　　663
17 孟子雜記　　　　282
　　孟子訂釋　　　　282
　　孟子詁　　　　　283
　　孟子説約　　　　282
　　孟子正文　　　　282
　　孟子集注　　　　282
　　孟子解詁　　　　282
　　孟子疑問　　　　283
　　孟子注疏　　　282(2)
　　孟子大全　　　　282
　　孟子大全纂　　　282
　　孟子古今四體文　282
　　孟子真文　　　　282
　　孟子問辨　　　　282
35 孟津縣志　　　　414
50 孟東野集　　　　662
62 孟縣志　　　　　414
72 孟氏三遷志　　　283
77 孟貫詩集　　　　666

1712₇ 耶
25 耶律五星　　　　560
　　耶律星命秘訣　　560

鄧
00 鄧文潔公語錄　　294
　　鄧文潔公佚稿　　722
24 鄧先生潛學編　　723
30 鄧定宇集　　　　722
32 鄧州志　　　　　404
38 鄧豁渠南詢錄　　534
42 鄧析子　　　　　441
44 鄧黃門雜稿　　　731
50 鄧史喬扪星論　　561
72 鄧氏詩經繹　　　266
　　鄧氏字學　　　　308

瑯
16 瑯環記　　　　　462
17 瑯琊代醉編　　　585
　　瑯琊漫抄　　　　343
　　瑯琊過眼錄　　　350

1714₀ 珊
17 珊瑚林　　　　　451
　　珊瑚鈎詩話　　　655

1714₇ 瓊
44 瓊芳集　　　　　650
88 瓊笈考　　　　　503

1720₂ 翏
17 翏翏集　　　　　689

予
77 予聞集　　　　　688

1720₇ 了
00 了齋易説　　　　259
33 了心集　　　　　533

76	建陽縣志	411	58	理數通考	257
90	建炎復辟記	371		理數啟鑰	436
	建炎進退志	368、371	77	理學三先生履歷	333
	建炎時政記	369		理學平譚	299
				理學酬咨錄	297
				理學括要	289
				理學類編	289

1610₄ 聖
00	聖六字增壽大明陀羅尼經	523
17	聖君初政記	317
21	聖旨日記	311
27	聖多羅菩薩梵讚	524
40	聖壽萬年曆	556
	聖觀自在菩薩不空王秘蜜心陀羅尼經	524
	聖觀自在菩薩功德讚	524
	聖駕躬祀南郊儀注	313
	聖駕渡黃河記	320
	聖駕南巡錄	320
47	聖朝佐闢	473
	聖朝名畫評	577
	聖朝泰交錄	314
48	聖教心宗	501
77	聖門事業圖	298
	聖門人物志	374
	聖學要旨	290
	聖學宗傳	290
	聖學格物通	289

1611₄ 理
09	理談	451

1613₂ 環
16	環碧齋稿	723
17	環翠堂樂府	648
32	環溪漫集	686
60	環果園集句	651

1625₆ 彈
60	彈園雜志	347

1660₁ 碧
10	碧玉經	561
	碧雲騢	368
20	碧雞漫志	649
22	碧川集	716
37	碧湖雜記	461

1661₀ 硯
08	硯譜	478
	硯譜圖	478

1661₄ 醒
44	醒夢山堂詩稿	716

醒
28	醒俗編	305
44	醒夢山堂疏稿	629

23 武編	551		職方外紀	398
24 武備志	552			
27 武侯將苑	550	**1413₁ 聽**		
武侯心法	549	10 聽雨亭聯句	649
武侯八門神書	552	聽雨亭稿	728
武侯全書	659	聽雨紀談	463
30 武進縣志	408	聽雨軒集	678
武安王集志	423	22 聽斷衡鑑	394
武安縣志	413	71 聽雁齋筆談	470
武宗寶訓	311			
武宗實錄	312	**1461₄ 碻**		
32 武溪集	668	22 碻山縣志	415
44 武藝要略	552			
武林西湖高僧事略	540	**1519₀ 珠**		
武林淨慈寺志	424	44 珠樹齋草	735
武林梵志	424			
武林舊事	381	**1529₀ 殊**		
武林舊事逸	381	43 殊域周咨錄	349
武林舊事前後集	381			
武林風俗略	381	**1540₀ 建**		
50 武夷山新志	419	00 建文傳疑	317
武夷山志	419、425	建文定論	317
武夷山舊志	419	建文遺蹟	317
武夷志咏	421	建文朝野彙編	317
武夷志略	419	建文書法儗	318
60 武邑縣志	407	10 建平楊氏族譜	427
71 武陟縣志	414、414	建平縣志	408
		24 建德縣志	417
1315₀ 職		30 建寧府志	401
00 職方司新刻練兵諸書		建寧縣志	411
	553	建安七子選	635
		60 建昌府新志	401
		建昌府舊志	401

孔氏談苑	461
77 孔門傳道錄	281
孔門人物志	281

1243₀ 癸
00 癸辛雜識	462
癸辛新識	462
癸辛後識	462
癸辛外識	462
癸辛續識	462

孤
71 孤臣困言	342
88 孤竹賓談	465

1249₃ 孫
00 孫文融批評國語	271
孫文簡公文集	695
孫文恪公集	707
10 孫可之集	663
13 孫武子纂注	549
17 孫子	549
孫子參同	549
孫子兵法十三篇	549
孫君孚談圃	460
孫司馬批點南華經	490
孫司馬居業編	710
孫司馬居業次編	710
20 孫集賢詩集	663
25 孫仲衍西庵集	731
37 孫過庭書譜	575
40 孫真人千金方	569
孫真人海上仙方	570
44 孫莘老春秋經解	272
孫孝子文集	707
孫黃門同姓名錄	431
60 孫思邈太清真人大丹法	496
72 孫氏十二種小品	453
77 孫興公中庸説約	287
80 孫公歲寒集	718
孫公存笥稿	700
孫公忠烈編	327
88 孫簡肅公嘉言便錄	305
90 孫尚書奏議	625

1260₀ 酬
27 酬物難	436
37 酬洛續錄	297

1265₃ 磯
60 磯園稗史	345

1314₀ 武
00 武廟初所見事	319
武康縣志	409
武唐倡亂始末	322
10 武平章詩集	664
14 武功縣志	416
16 武強縣志	407
21 武經總要	550
武經七書	549(2)
武經節要發揮	550
22 武山志	419

1223₀ 水

07 水部備考	339
10 水西答問集	294
水雲錄	484
21 水經注	418、425
水經注刪	425
水經注箋	418
40 水南集	727
水南先生文集	706
水南翰記	467
50 水東日記	344
60 水品	476
74 水陸路程	380
80 水鏡元公詩集	676

弘

20 弘秀集	637
33 弘治三臣傳	331
38 弘道錄	373
67 弘明集十四卷	541
88 弘簡集	357

1224₇ 發

28 發微通書	558
44 發菩提心論	530
77 發覺淨心經	507、545

1240₀ 刊

06 刊誤	285
07 刊謬正俗	285
30 刊定孔子世家	281

刑

07 刑部十大招	322
刑部大事獄案	339

1240₁ 廷

02 廷諍錄	320

延

00 延慶州志	405
10 延平府志	402
延平問答	293
22 延綏鎮志	398
24 延休堂漫錄	456
25 延生秘機	503
32 延州筆記	467
35 延津縣志	412
74 延陵小刻	321
90 延賞編	422

1241₀ 孔

00 孔廟禮樂考	388
孔庭纂要	281、423
孔文谷詩集	696
16 孔聖事蹟圖	281
孔聖全書	281
17 孔子集語	281
孔子家語	281(2)
孔子凷家考	281
孔子闕里世家	429
孔子年表	429
32 孔叢子	433、439
72 孔氏雜說	461

44 登封縣志	414	50 北史	354
		54 北轅錄	380

1211₀ 北

00 北雍御書樓藏書目	431	60 北里志	379
北齊書	354	北田語	437
北京賦	336、633	77 北風揚沙錄	370
02 北新鈔關志	339	北門書詔	623
10 北平錄	323	90 北堂上壽賦	633
21 北上志	349	北堂書鈔	581
北征記	323		

1212₇ 瑞

北征後集	712	10 瑞雲樓稿	711
北征事蹟	318	30 瑞安縣志	410
北行記	380	32 瑞州府志	401
北虜記略	352	44 瑞桂堂暇錄	460
北虜重譯	352	88 瑞竹堂經驗良方	570
北虜系俗	352		

1215₃ 璣

北虜始末志	351	27 璣峰和尚語錄	534
北虜封貢始末	327		

1217₂ 瑤

北虜事蹟	324	48 瑤翰	631
北虞集	689		

1220₀ 列

22 北山先生字義	296	17 列子正文	492
30 北戶錄	380	列子注	492
北窗瑣語	466	22 列仙傳	503
31 北河紀	341	40 列女傳	376
北潭集	703	60 列國史補	364
36 北邊備對	382		

引

38 北游集	693	21 引經釋	283
北游稿	691	30 引竅篇	693
44 北夢瑣言	367		

1221₇ 卍

北苑貢茶錄	475	50 卍書	452
北苑別錄	475		

	張太岳全集	682	76 張陽和不二齋稿	710
	張南水文集	727	78 張膳部詩集	665
	張南軒先生文集	671	80 張無始武林紀游	422
	張來儀靜居集	717	90 張懷瓘書斷	575

44 張荃翁貴耳集 456

張莊簡公集 696

1133₁ 悲
44 悲華經　　509、545

張芳洲文集　讀史附錄 705

張懋甫集 702

張燕公詩集 660

瑟
08 瑟譜　　388、578

張燕公集 660

張燕公代制 623

1140₆ 廼
80 廼前岡詩集　　677

張世調菽言 451

張橫渠言行拾遺 377

1164₀ 研
11 研北雜志　　458
研北瑣言　　470
30 研寶齋雜稿　　713

張橫渠易説 254

張橫浦集 671

50 張東海詩集 684

張東沙史論 362

1168₆ 碩
53 碩輔寶鑑　　372

張東所先生文集 731

55 張曲江詩集 660

1171₁ 琵
11 琵琶譜　　578

張曲江全集 660

58 張蜕庵詩集 677

1173₂ 裴
35 裴迪先別傳　　376

60 張果老星命大全 560

張果陰符經解 493

1180₁ 冀
32 冀州志　　403
43 冀越集　　462
冀越通　　350

67 張昭甫集 701

72 張氏説林 447

張氏三易 255

張氏疑耀 585

1210₈ 登
40 登壇六壬　　552
登壇必究　　551

張氏卻金堂世本 429

74 張助甫綠波樓集 702

張文定公詩説 265	張子韶心傳録 292
張文定公樂全集 673	張子韶書傳統論 262
張文定公釋國語 272	張子韶春秋講義 270
張文定公大學傳 277	張子和儒門事親 568
張文定公書説 262	張子志學録 437
張文定公春秋説 270	張子全書 291
張文定公易説 255	張司業詩集 664
張文定公全集 705	張司馬定浙變記 326
張文潛集 670	20 張乖崖文集 668
張文潛宛丘集 673	張乖崖言行録 377
張文忠公文廟集議 626	張喬詩集 666
張文忠公詩選 681	張季明醫説 568
張文忠公奏對稿 626	21 張處士詩集 665
張文忠公奏疏選 626	張紫陽金丹四百字測疏 496
張文簡公家藏集 683	
張玄德心照篇 496	22 張仙延嗣真經 495
張襄惠公集選 728	23 張外史詩集 677
07 張毅齋集 706	24 張侍御奏疏 627、630
10 張元州奚囊蠹餘 708	25 張仲景傷寒全書 571
張元洲年譜 428	26 張白崖詩集 715
張可庵疏稿 627	27 張魯叟漁舟話 451
11 張孺宗詩 713	31 張江陵忍親遺迹 321
張孺願詩略 713	34 張洪陽經筵講義 286
17 張孟孺蒻房稿 692	張洪陽注陰符經 493
張承吉詩集 665	張洪陽道德經解 490
張子襄詩 702	張洪陽莊子題評 491
張子韶孟子拾遺 282	35 張神實録 505
張子韶傳心録 435	40 張大司馬居來集 736
張子韶邇英殿春秋講議 286	張太岳雜記 345
	張太岳四書直講 284

雲門湛禪師語錄　　547
　　雲門志略　　419
80 雲谷雜記　　460
88 雲笈七籤　　497

1080₆　貢
11 貢玩齋詩集　　677
35 貢禮部玩齋集　　678
40 貢南湖詩集　　677

　　賈
00 賈文靖公南塢集　681
17 賈子新書　　433
27 賈島集　　663
33 賈浪仙長江集　　663
72 賈氏談錄　　457

1090₀　不
30 不空罥索神變真言經
　　　　　　　　514
　　不空罥索神咒心經　514
　　不空罥索咒心經　514
33 不必定入定印經
　　　　　　515、545
37 不退轉法輪經　　509

1090₁　示
77 示兒編　　584

1090₄　栗
00 栗齋遺稿　　708

1111₁　玩
00 玩鹿亭稿　　708

44 玩芳堂摘稿　　728

1111₄　班
71 班馬異同　　361

1112₀　珂
10 珂雪齋近集　　734

1118₆　項
00 項襄毅公年譜　　428
17 項子遷江東集　　665
43 項城縣志　　413

1120₇　琴
08 琴譜　　578
44 琴藏羯磨　　543
50 琴書類集　　578
90 琴堂五星　　560

1121₆　彊
03 彊識略　　583

1122₇　彌
73 彌陀疏抄問辨　　529
　　彌陀經疏　　510
　　彌陀句解　　529
　　彌陀頌　　529

1123₂　張
00 張方洲讀史論　　362
　　張文新煎茶水記　476
　　張文僖公集　　680、718
　　張文穆公養蒙集　677
　　張文定中庸傳　　276
　　張文定公文選　　705

晉

00 晉文春秋	370
30 晉安風雅	643
32 晉州志	403
晉溪本兵敷奏	625
50 晉史乘	364
晉史刪	360
晉書	354
晉書鉤玄	382

1060₃ 雷

10 雷元亮詩	723
32 雷州府志	403
44 雷藪	469
50 雷中丞律選	722

1060₉ 否

50 否泰錄	318

1062₀ 可

00 可齋筆記	319
44 可也居集	709

1064₈ 醉

21 醉經樓集	731
醉經樓經傳雜解	284
醉經堂舖糟編	466

1073₁ 雲

00 雲庵真淨禪師語録	533
04 雲護閣集	696
10 雲霞録	651
22 雲仙散録	456
雲巢編	670
26 雲和縣志	410
32 雲溪友議	456
40 雲臺集	667
雲南西行記	348
雲南通志	399
雲來軒集	692
41 雲坪集	701
44 雲夢山人詩	734
雲麓漫抄	459
雲蕉館紀談	346
雲村文集	707
雲林石譜	478
45 雲棲護法偈	538
雲棲記事	543
雲棲大師傳	541
雲棲大師遺稿	543
雲棲大師塔銘	541
雲棲共住規約并遺囑	526
47 雲塢山人稿	708
雲起講宗	288
雲椰亭集	702
50 雲中紀變	324
雲中邊略	340
雲中事記	324
雲中降虜傳	325
雲事評略	328
雲東拾草	689
77 雲門山小稿	713

	西溪梅花雜咏	651
34	西漢文苑	634
	西漢詔令	623
	西漢會要	389
	西瀆大河志	341
35	西清詩話	658
	西清集	696
37	西湖塵談錄	344
	西湖三潭放生詩	544
	西湖雙忠傳	376
	西湖游覽志	420(2)
	西湖志類鈔	420
	西湖觀	420
38	西洋火攻圖説	553
40	西士超言	452
	西臺漫記	469
	西塘集耆舊續聞	458
	西南三征記	325
	西南紀事	325
	西樵野記	463
41	西垣疏議	627
43	西域行程記	348
	西域求法高僧傳	540
44	西勃泥國記	353
	西華縣志	413
50	西事珥	350
	西事紀略	327
51	西軒客談	464
60	西吳里語	381
77	西關志	417

90	西堂日記	447

百

08	百論	530、547
10	百可漫志	346
17	百忍箴	305
20	百千印陀羅尼經	517
22	百川學海	598
25	百佛名經	516
27	百將傳	550(2)
30	百家唐詩	646
	百家名書	600
	百家類纂	619
43	百越先賢志	376
44	百花藏譜	485
	百菊集譜	486
48	百警編	440
50	百丈清規	525
	百夷傳	351
53	百感錄	471
63	百戰奇法	550、553
72	百氏昭忠錄	378
77	百段錦	647
80	百谷諧聲	451、615
	百谷子陰符釋義	493

酉

76	酉陽雜俎	456

吾

77	吾學編	314

72 天隱子	492		60 石田雜記	463	
80 天全先生遺事	333		77 石屋和尚山居詩并當湖		
			語錄	534	
1044₇ 再			石門文字禪	543	
21 再征南紀事	326		石閭山房集	727	
			80 石倉集	729	
1052₇ 霸			90 石堂近語	437	
27 霸繩	440				
32 霸州志	403		**西**		

1060₀ 石
00 石庵和尚陰符經解 493
21 石經大學 276
　　石經大學章句 277
　　石經大學測義 277
　　石經大學略義 277
22 石山醫案 568
26 石泉山房文集 721
　　石泉縣志 417
27 石徂徠先生集 668
30 石室私抄 728
　　石室私抄評古 585
　　石室志 425
32 石溪類集 718
33 石淙詩集 681
37 石湖居士集 674
　　石初集 678
40 石臺孝經 279
42 石機集 734
44 石蓮洞全集 719
　　石林詩話 655
　　石林燕語 458

00 西亭宗正表 384
　　西方直指 538
　　西方合論 538
　　西京雜記 346、366
07 西郊詩話 646
10 西平縣志 415
20 西番烏思藏外紀 351
　　西番事蹟 324
21 西征記 380
　　西征石城記 324
　　西征集 326
　　西征日錄 319
22 西嶽華山志 425
　　西崑酬倡集 646
　　西山記游 422
25 西使記 380
　　西使志 348
30 西安府志 403
31 西遷記 349
　　西遷注 349
32 西溪集 671
　　西溪叢語 458

60 平壘溪諸羌始末	326	
平蜀錄	323	
平吳錄	323	
平羅旁傜浪始末	326	
68 平黔三記	325	
76 平陽府志	402	
平陽縣志	410	
77 平開平大寧錄	323	

1043₀ 天

00 天主實義	452
天文百陽經	554
天文便覽圖	554
天文占驗	555
天文緒論	554
天文地理星度分野集要	555
天文輯略	554
天文圖學	554
天文圖會考	554
天文分野志	397
天文會通	553
10 天一閣集	707
天元玉曆災異賦	554
天下古今書刻法帖目	431
21 天順日錄	319
23 天然洞記	419
天台止觀	535
天台山方外志	418
天台禪門口訣	535

天台勝蹟錄	420
天台智者大師四念處	535
天台半游記	422
27 天倪軒草	723
30 天官舉正	555
天定南遷錄	383
天定別錄	378
天定錄	378
天寶藏書	602
32 天遁劍法	552
34 天池聲雋	465
天潢玉牒	315、426
35 天津三衛志	417
37 天祿閣外史	356
天祿閣寓言外史	442
38 天游山人賦	633
42 天彭牡丹記	486
天機經	495
44 天地宮府圖	505
天地萬物造化論	444
天荒合刻	616
46 天如語錄	534
天如禪師禪宗要訣	532
47 天都載	467
50 天中記	582、622
天申集	718
60 天目山游籍	421
71 天原發微	260
天長縣志	408

	霞繼亭集	723
23	霞外雜俎	505
40	霞爽閣空言	449

1040₀　干
37	干禄字書	308

于
00	于文定公集	682
	于文定公筆塵	345(2)
13	于武陵詩集	666
27	于役志	380
28	于從事詩集	664
34	于濆詩集	666
37	于鄴詩集	666
44	于燕芳雜稿	692
50	于肅愍公奏議	625
90	于少保憐忠錄	319

耳
12	耳剽集	466

1040₄　要
01	要語內外篇	292

1040₉　平
00	平府江右江諸僮始末	
		326
10	平王杲始末	326
	平夏疏錄	326
	平夏錄	323
17	平蛋寇蘇觀陛等始末	
		326

20	平番紀事	326
	平番始末	324
21	平緬甸始末	326
22	平蠻記	324
	平蠻錄	324、327
	平嶺南寇碑記	325
	平山縣志	407
26	平白草番碑記	326
	平和縣志	412
27	平黎紀事	327
30	平定交南錄	323
	平定安南錄	323
	平定州志	405
31	平江記事	380
32	平浰頭寇記	325
34	平漢錄	323
	平凌霄九絲諸蠻始末	
		326
37	平冤集錄	394
40	平臺召見紀事	321
	平南海叛寇林乾道等	
	始末	326
42	平橋鄭先生集	696
44	平藺記事	328
47	平胡錄	323
50	平夷賦	324
52	平播全書	327
	平播酋始末	326
	平播錄	327
56	平螺蜞叛酋賴元爵始末	
		326

1022₇ 丙
10 丙丁龜鑑　　　　　359

兩
00 兩方清話　　　　　395
　兩高山人稿　　　　709
　兩京賦　　　　336、633
22 兩山崇祀錄　　　　379
　兩山墨談　　　　　465
27 兩峰先生論學要語　294
　兩峰先生行實　　　333
30 兩淮簡明鹽法　　　395
32 兩浙訂證鹽法　　　395
　兩浙名賢錄　　　　335
　兩浙神仙著作考　　504
　兩浙海防類考　　　341
　兩浙著作考　　　　431
　兩浙賦役全書　　　395
　兩溪先生存稿　　　708
34 兩漢紀　　　　　　357
　兩漢博聞　　　　　584
　兩漢筆記　　　　　356
44 兩蘇經解　　　　　283
47 兩朝平攘錄　　　　327
　兩都稿　　　　　　697
77 兩同書　　　　　　443
　兩居雜記　　　　　422
83 兩館題名記　　　　335
89 兩鈔摘腴　　　　　444
90 兩當縣志　　　　　416

雨
20 雨航雜錄　　　　　468
　雨航記　　　　　　468
44 雨華集　　　　　　543

爾
10 爾雅翼　　　　　　300
　爾雅解詁　　　　　299
　爾雅注疏　　　　　299
　爾雅注釋　　　　　299

需
92 需削選章　　　　　631

1023₂ 震
10 震澤編　　　　　　418
　震澤紀聞　　　　　343
　震澤長語　　　　　343

1024₇ 夏
00 夏文愍公應制集　　624
　夏文愍公經筵講義　286
　夏文愍公全集　　　681
　夏文愍公年譜　　　428
44 夏桂洲奏疏　　　　626
50 夏忠靖公遺事　　　332
60 夏邑縣志　　　　　413
90 夏小正解　　　　　274

覆
01 覆瓿語　　　　　　450
　覆瓿草　　　　　　728

霞
22 霞山文集　　　　　706

1011₃ 疏
- 30 疏寮子略　　　　443
- 33 疏治黃河全書　　341
- 60 疏園遺稿　　　　692
- 88 疏竹亭稿　　　　724

1014₁ 聶
- 20 聶雙江先生文集　719
- 　　聶雙江困辨錄　296

1017₇ 雪
- 00 雪庵清史　　　　474
- 22 雪岑集　　　　　695
- 　　雪巖詩集　　　　672
- 　　雪巖禪師語錄　　534
- 　　雪山草　　　295、722
- 30 雪窗文集　　　　674
- 32 雪洲文集　　　　684
- 33 雪心賦　　　　　563
- 　　雪浪集　　　　　543
- 34 雪濤閣諧史　　　482
- 　　雪濤閣詩評　　　655
- 　　雪濤閣談叢　　　468
- 　　雪濤閣紀聞　　　345
- 　　雪濤閣四小書　　617
- 40 雪樵詩集　　724、727

1020₀ 丁
- 10 丁晉公談錄　　　368
- 50 丁未分省同年錄　430

1021₁ 元
- 00 元文類　　　　　634
- 　　元章硯史　　　　478
- 04 元詩類　　　　　637
- 21 元經薛氏傳　　　359
- 22 元豐類稿　　　　669
- 26 元白合刻　　　　662
- 35 元遺山詩集　　　676
- 37 元次山集　　　　667
- 44 元苞經傳　　　　258
- 　　元苞數義　　　　258
- 47 元聲韻學大成　　306
- 　　元朝名臣事略　　384
- 48 元故宮遺錄　　　397
- 50 元史　　　　　　355
- 　　元史記事本末　　358
- 　　元史闡幽　　　　361
- 　　元素子集　　　　733
- 60 元圖符　　　　　558
- 71 元歷朝捷錄　　　360
- 72 元氏縣志　　　　407
- 　　元氏長慶集　　　662
- 　　元氏長慶集制誥　623
- 77 元叟端禪師語錄　534
- 80 元氣論　　　　　499

1021₄ 霍
- 00 霍文敏公文集　　731
- 　　霍文敏公年紀　　428
- 36 霍渭崖疏要　　　626
- 72 霍氏家訓前後編　302
- 　　霍氏蒙規　　　　301
- 　　霍丘縣志　　　　408

五經繹	283	72 五岳游草	421(2)
五經疑辨錄	283	77 五同傳	332
五經難字直音	285	87 五欲軒稿	711
五經異文	285	92 五燈法語	532
五經明音	285	五燈會元	532、547
22 五嶽山人集	685	**盂**	
23 五代名畫補遺	577	62 盂縣志	416
五代史	355(2)	**1010_8 豆**	
五代史補	365	00 豆亭詩學管見	654
五代史闕文	370	**靈**	
五代會要	383	10 靈一集	666
27 五侯鯖	583	22 靈巖集	420
五色綫	584	30 靈寶許氏族譜	426
28 五倫全書	312	靈寶洞玄自然九天生	
30 五家詩話	656	神章經	495
五寶經	564	靈寶畢法	502
五宗天人眼目	532	靈寶縣志	414
31 五福六極圖説	263	40 靈臺縣志	417
40 五臺游記	421	靈壽縣志	406
五大部直音	543、547	41 靈樞經	565
五七言律祖	637	靈樞經心得	565
五真玄脉	498	靈樞經樞注	565
五木經	580	44 靈棋經	557
44 五莊日記	467	70 靈壁縣志	408
47 五胡指掌録	364	72 靈隱寺志	424
50 五車韻端	582	88 靈笈寶章	502
60 五星玉鏡	561	95 靈性説	452
五星或問	561	**1011_1 霏**	
五國故事	365	10 霏雪録	463
71 五臣注昭明文選	633		

	王景略別傳	376
67	王鳴鶴雜集	692
70	王雅宜集	685
72	王氏麈史	368
	王氏意雅	443
	王氏談淵	461
	王氏談錄	462
	王氏三世詩選	698
	王氏珠淵	451
	王氏紀聞	435
	王氏家庭庸言	305
	王氏家藏集	698
	王氏叢錄	444
	王氏內臺集	698
	王氏女教	303
	王氏蘭譜	485
	王氏畫苑	577
	王氏青廂餘	472
	王氏書苑	575
	王氏揮麈錄	369
	王氏卮詞	435
	王氏脈經	574
	王氏脉經	567
	王氏醫論	566
	王氏父子却金傳	332
	王氏憶言	451
	王氏慎言	435
76	王陽明先生全集	705
77	王同州易學	259
	王周詩集	666

	王門宗旨	290
	王賢良儒志編	296
	王賢良志儒編	434
80	王弇州科舉考	337
	王義齋集	689
	王公東征記略	327
	王公四六話	657
90	王少伯詩集	663
	王少伯詩格	653
	王少湖禮文疏節	386
95	王性之默記	369

至

10	至正遺編	472

1010₆ 亘

50	亘史	470

1010₇ 五

00	五音集韻	306、309
	五音四聲篇	306
	五音類聚	309
	五雜組	586
17	五子諧策	482
21	五行弈藪	579
	五行弈數	558
	五行秘錄	555
	五經旁訓	284
	五經詞賦叶韻統宗	307
	五經群書摘語	284
	五經集序	283
	五經稽疑	287

王司寇南華經別編 490	42 王荆公文鈔 668
20 王季重泛太湖游洞庭記 422	王荆公洪範傳 262
王季重游唤 422	王荆公禪喜集 668
王季重小著 473	王荆公内外制草 623
王維山水論 577	王荆公卦名解 254
王稚川先生念初堂集 720	王荆公易象論 254
	王荆公臨川集 668
21 王師竹先生文集 703	44 王菫父雜事九種 383
王貞翁詩集 706	王夢峰先生語録 296
24 王侍御疏稿 628	王夢澤集 733
王侍御按遼疏稿 628	王薇田滑稽雜編 471
王岵雲集 690	王蘗谷書經旨略 264
25 王仲房集 688	46 王槐野存笥稿 701
王仲初詩集 665	王槐野掠聞遂録 322
26 王伯良方諸館集 712	48 王翰林詩集 686
27 王魯齋詩疑 267	王敬所集 723
王魯齋書疑 264	王敬所先生全集 708
王祭酒外制 624	王梅溪文集 672
王緱山文集 691	50 王奉常雜著 617
31 王滻南經史辨惑 287	王奉常集 687
王滻南尚書粹義 262	王東崖遺集 686
33 王心齋全集 686	53 王輔嗣注周易 258
37 王逸少書記 575	王輔嗣道德真經注 489
38 王渼陂碧山樂府 648	55 王耕野讀書竊見 264
王渼陂集 701	56 王損仲詩義抄 703
王遵巖先生文集 728	王損仲經抄八經 288
40 王塘南自考録 294	王損仲古事抄 472
王南塘年譜 428	王損仲史抄 363
王右丞全集 661	60 王國典禮 388
	王景文詩總聞 267

玉堂漫筆	465	王文恪公內制	624
玉堂嘉話	456	王文恪公全集	681
		王文恪公筆記	343

1010₄ 王

00 王彥舉聽雨集	731	01 王龍谿文錄抄	293
王摩詰集	661	王龍溪先生大象義述	255
王文端公文集	718	王龍溪先生全集	708
王文定公秋澗大全集	677	02 王端毅玩易意見	260
王文正公遺事	377	王端毅遺事	335
王文定公遺書	292、699	王端毅公文集	701
王文定公老子億	489	王端毅公石渠意見	287
王文正公筆錄	368	王端義公奏議	629
王文通公集	680	王端毅公奏稿	625
王文莊公凝齋集	698	04 王謝史傳世系表	429
王文肅公集	682	07 王毅齋先生集	704
王文肅公奏議	627	10 王三原純忠紀略	333
王文肅公牘草	631	王元章竹齋集	678
王文忠公詔制	624	王元美行實	333
王文忠公集	704	王元簡事理雜論	449
王文忠公急就章	300	王西樓野菜譜	485
王文成滁陽祠志	424	12 王水部麟角集	667
王文成南都祠志	424	17 王琚射法歌	580
王文成用兵心法	553	王弼注周易	260
王文成公傳習錄	292	王弼道德經注	505
王文成公道學錄	292	王子安集	660
王文成公大學古本	276	王子淵集	660
王文成公全書	292、705	王子年拾遺記	478
王文成公年譜	428	王君玉國老談苑	460
王文恪公職官考	336	王君和雜著	473
王文恪公擬皋言	446	王司勳代庖錄	628

	正法眼藏	532	玉華子游藝集 687
38	正道論	452	玉華子類記 446
44	正蒙釋	289	玉華洞志 419、425
	正蒙拾遺	289	玉茗堂尺牘 631
46	正楊	584	玉茗堂全集 727
48	正教編	436	48 玉梅館廣識林 465
75	正體類要	568	玉梅館見解林 450
77	正學稿	297	玉梅館品隲林 375
	正學編	435	玉梅館異林 481
80	正氣錄	334	玉梅館時務林 347
87	正朔考	359	玉梅館全集 620
			玉梅館尊今林 315

1010_3　玉

16	玉硯集	710	60 玉恩堂集 689
17	玉函秘典	501	67 玉照堂新志 459
22	玉山縣志	410	玉照堂梅品 485
26	玉皇息胎經注	494	71 玉曆通政經 555
	玉泉子	456	玉曆輯 554
27	玉峰注敲爻歌	500	玉匣記 560
35	玉清金笥寶錄	497	74 玉髓真經 563
37	玉潤雜書	458	77 玉隆集 500
	玉洞仙書 505、557、559		玉局藏機 579
	玉洞金書	502	玉局鉤玄 579
38	玉海	581	玉尺新鏡 563
40	玉臺新咏	648	80 玉介園存稿 709
	玉壺冰	473	88 玉笥集 678
	玉壺冰補	473	玉笥山房集 713
	玉壺遐覽	505	玉管照神經 558
44	玉蕊辨證	472	90 玉堂雜記 391、472
	玉華子	492	玉堂叢語 345
	玉華子三原	446	玉堂漫筆 344、465(2)

30	三家世典	336	50	三事遡真	483
	三寶奏草	629		三事錄	394
31	三江詩草	693	53	三輔黃圖	397
	三遷志	423	60	三國志	354
	三渠王先生集	701		三易備遺	259
35	三禮論辨	275		三吳雜志	418
	三禮繹	275		三吳均役全書	395
	三禮繹編	275		三邑政編	396
	三禮述	385	64	三時繫念	538
	三禮考注	275	65	三嘯集	698
36	三湘稿	705	71	三辰通載	561
	三邊遏截編	340	74	三陵集	734
40	三十家小説	454、621	80	三舍劉氏四續族譜	427
	三十國記	379		三命或問	561
	三友堂集	702		三命會通	560、561
	三才運用通書	560	88	三笑集	701
	三才括典	583		三餘贅筆	463
	三才圖會	582		三餘堂集	729
44	三墳	251			

正

	三世先德傳	332
	三楚新錄	365
47	三朝要典	316
	三朝北盟會編	370
	三朝聖諭錄	318
	三朝野史	367
48	三教平心論	531
	三教聖經心印	537
	三教總覽法數	541
	三教品	539
	三教會編	448

02	正譌集	543
06	正誤	586
	正韻統宗	307
	正韻彙編	306
	正韻邊旁	309
20	正統北狩事蹟	318
	正統臨戎錄	318
24	正續草堂詩餘三集	648
26	正稗海	606
30	正字千文	308
34	正法華經	509、544

	談藝錄	652
	談林	481
57	談輅	466
60	談疊	462
67	談野翁試驗小方	574

1000₀ 一
22	一川詩集	729
	一山文集	676
47	一切法高王經	510
	一切如來心秘密全身舍利寶篋印陀羅尼經	522
50	一書	437
56	一提金	572
	一螺集	708
72	一所金先生集	706
77	一貫圖説	298

1010₀ 二
10	二酉委談	467
	二酉日錄	469
	二酉堂詩草	729
22	二山游記	422
24	二俠傳	376
26	二程先生改大學	276
	二程全書	291
32	二業合一訓	293
35	二禮集解	275
37	二祖八宗論贊	314
40	二十一史論贊輯要	360

	二十五言	452
44	二老堂雜誌	472
	二老堂詩話	472、657
47	二都賦	633
50	二史會編	356
	二忠錄	333

1010₁ 三
00	三唐百家詩集	636
	三讓編	384
04	三詩翁集	695
10	三一	501
	三一測	436
	三正説	270
	三元延壽保産書	503
	三雲籌俎考	340
12	三水小牘	457
20	三乘要旨	501
21	三上漫稿	738
	三上草	736
	三徑怡閒錄	485
	三衛志	351
22	三山續藁	689
	三山彙稿	689
23	三狀元策	645
	三代遺書	472
	三台文獻	644
	三台通書	559
24	三先生俎豆錄	334
27	三歸五戒慈心厭離功德經	520

	論語真文	280	許魯齋考歲略	428
	論語別傳	281	許魯齋中庸直解	276
	論語義府	280	32 許州志	404
	論語頌	281	許遜真人傳	504
	論語類考	281	34 許邁真人傳	504
21	論衡	442	40 許有壬圭塘小稿	675
44	論地總訣	564	許真人石函記	497
	論世編	449	50 許忠節公傳	332
77	論學三札	297	許忠節公世行錄	334
			許東魯集	680

0863₇ 詅
00 詅癡集　724

謙
00 謙齋先生孟子明解　287
90 謙光堂詩集　702

0864₀ 許
00 許彥周詩話　655
　　許文穆公集　682
10 許靈長詩集　712
14 許琳詩集　666
17 許聚庵集　718
　　許子洽小草　693
26 許白雲先生讀書叢說　264
　　許白雲先生集　677
27 許魯齋語錄　293
　　許魯齋讀易私言　260
　　許魯齋遺書　677
　　許魯齋大中直解　287
　　許魯齋大學直解　277

60 許員相法　561
67 許郢州丁卯集　663、667
　　許郢州集　663
72 許氏說文　308
　　許氏貽謀四則　303
82 許鍾斗集　729
90 許少峰嘯集　699
　　許少華全集　701

0865₃ 議
21 議處安南莫茂洽事宜　326

0866₁ 譜
20 譜雙　580

0963₉ 謎
34 謎社便覽　580

0968₉ 談
21 談經苑　283
37 談資　455
44 談苑醍醐　456

44 詞林故實	336		14 說聽	463
詞林故典	336		27 說郛	453
71 詞臣恭題聖製集錄	335		44 說苑	433
詢			50 說史儁言	363
27 詢芻錄	445		59 說抄	454
調			71 說原	443
16 調理四症切要	569		80 說無垢稱經	509
0763₂ 認			89 說鈔	619
30 認字測	309		91 說類	453
0764₀ 諏			0861₇ 謚	
56 諏擇秘典	559		08 謚論	337
0766₂ 韶			0862₁ 諭	
12 韶水遺音	721		21 諭虜俗語	328
32 韶州府志	403		30 諭家通談	471
0821₄ 旌			34 諭對錄十六卷	320
24 旌德新志	379		0862₇ 論	
旌德觀先賢祠錄	378		00 論文心印	652
0823₃ 於			01 論語訂釋	280
74 於陵子	440		論語正文	280
0824₀ 放			論語集注	280
25 放牛居士是非關	537		論語解詁	280
放生儀	526		論語疑問	281
90 放光般若波羅蜜經	506		論語注疏	280(2)
0824₇ 旃			論語逸篇	281
40 旃檀林	542		論語人意	280
0861₆ 説			論語大全	280
00 說文解字韻譜	307、308		論語大全纂	280
			論語直講	281
			論語古今四體文	280

請觀音經疏	530	0742_7 郊		
請觀世音菩薩消伏毒		23 郊外農談	464	
害陀羅尼咒經	514	77 郊居雜記	422	

0564_7 講
77 講學緣起　　　295

0668_6 韻
00 韻府群玉　　　582
　　韻府群玉纂　　582
01 韻語陽秋　　　654
08 韻譜本義　　　306
10 韻要　　　　　309
21 韻經　　　　　306
33 韻補　　　　　309
44 韻林訓原　　　306
67 韻略易通　　　307
77 韻學新說　　　309
　　韻學集成　　　306
　　韻學字類　　　306
　　韻學事類　　　583
88 韻筌　　　　　306

0691_0 親
21 親征錄　　　　370

0710_4 望
31 望江南占　　　552
　　望涯錄內外篇　447
34 望斗經　　　　561

0712_0 翊
37 翊運錄　　　　316

郭
00 郭襄毅公家傳　332
17 郭子翼　　　　562
　　郭子翼莊　　　490
　　郭司馬易解　　253
24 郭侍御留臺奏議　628
27 郭象南華經注　505
30 郭注南華經　　490
46 郭相奎讀史　　363
50 郭中丞撫黔奏疏　627
　　郭中丞撫黔公移　395
　　郭青螺全集　　722
72 郭氏集選　　　734
80 郭美命黃離草　734
82 郭劍泉三疏稿　627

0748_6 贛
32 贛州府志　　　401

0761_7 記
00 記言補遺　　　293
40 記古滇說　　　382
44 記世廟召對廷事　320
50 記事珠　　　　583
88 記纂淵海　　　581

0762_0 詞
18 詞致錄　　　　631
38 詞海遺珠　　　645

諸史纂言	360	讀書札記	296
諸夷續考	352	讀書隨錄	586
諸書粹選	648	讀書印	284
71 諸暨縣志	409	讀書鏡	450
0468₆ 讀		讀書分年日程	301
08 讀論勿藥	281	讀書筆記	446
25 讀律私箋	393	60 讀易韻考	256
35 讀禮疑圖	275	讀易私言	255
50 讀史商語	363	讀易備忘	260
讀史訂疑	362	讀易劄記	255
讀史評	363	讀易餘言	260
讀史詩注	363	77 讀騷餘吟雲眠齋初刻	
讀史韻言	363		725
讀史總評	361	讀丹錄	497
讀史叢筆	363	78 讀陰符經大旨	493
讀史漫抄	363	**讚**	
讀史漫錄	362	46 讚觀世音菩薩頌	524
讀史機略	363、553	**0512₇ 靖**	
讀史抄評一冊	363	00 靖康要錄	370
讀史時見稿	363	靖康傳信錄	368、371
讀史雅言	362	靖康朝野僉言	368
讀史劄記	362	22 靖蠻錄	327
讀史筆勤	361	31 靖江縣志	408
讀史管見	361	40 靖難功臣錄	318
讀史快編	363	44 靖孝獨鑒	438
讀書雜鈔	584	50 靖夷紀事	325
讀書譜	652	**0562₇ 請**	
讀書一得	471、585	24 請儲瀝疏	321
讀書心印	254	46 請觀音疏義鈔	530
讀書十六觀	468		

詩的	654	
詩紀	637	
30 詩家雜法	654	
詩家一指	653	
詩家要法	657	
詩家直說	647、654	
詩家全體	654	
31 詩源撮要	654	
34 詩法正宗	653	
詩法統宗	618	
詩法家數	653	
40 詩女史	376	
43 詩式	653	
詩城摘錦	651	
44 詩地理考	266	
詩考	266	
詩藪	654	
詩林廣記	654	
50 詩中旨格	653	
70 詩臆	266	
72 詩所	637	
77 詩學字類	306	
詩學禁臠	653	
詩學梯航	654	
詩學事類	583	
詩學規範	653	
80 詩人玉屑	653	

0464₇　護

01 護龍河上雜言	465
25 護生說	547
護生品	540
34 護法論	531
80 護命法門神咒	515

0466₀　諸

00 諸方門人參問錄	537
諸文懿公集	709
17 諸子萃覽	605
諸子格言	449
21 諸儒語要十卷	290
諸儒講義	290
諸儒擬易通考	258
諸經論辨	284
諸經日誦集要	526
諸經類纂	582
25 諸佛集會陀羅尼經	518
諸佛心陀羅尼經	518
30 諸家要指	449、620
34 諸法本無經	509、545
諸法最上王經	518
諸法無諍三昧法門	535
43 諸城縣志	416
44 諸葛武侯集	659
諸菩薩求佛本業經	522
諸葛武侯別傳	376
諸葛武侯全書	378
諸葛武侯集誠	434
50 諸史將略十六卷	552
諸史藝文抄	431
諸史採奇	360
諸史會編	356

誠齋梅花百咏	650		詩話補遺	656
識		06	詩韻	307
21 識仁編	296		詩韻釋義	309
90 識小編	347		詩韻輯略	309
0391₄ 就		08	詩說解頤字義	265
10 就正臆說	438		詩說闕疑	266
60 就日錄	461		詩論辨	266
0460₀ 計		10	詩要格律	653
07 計部奏疏	629	20	詩雋類函	637
謝		21	詩經正文	264
00 謝康樂集	659		詩經集傳	264
謝康樂集略	659		詩經疑問	266
謝文正公歸田稿	681		詩經注疏大全合纂	265
謝文肅公桃溪淨稿	705		詩經通說	266
17 謝叠山先生集	672		詩經通解	265
謝叠山批點檀弓	274		詩經大全	265
27 謝伋四六談麈	657		詩經古注	265
30 謝宣城集	659(2)		詩經真文	264
44 謝華啟秀	651		詩經輔傳	267
50 謝惠連集	659		詩經叶韻	266
0463₁ 誌			詩經反切音釋	266
25 誌傳雜集	332		詩經類考	267
0464₁ 詩		23	詩外別傳	649
00 詩文正法	653	25	詩傳童子問	267
詩文要式	653		詩傳旁通	267
詩文浪談	650		詩傳名物鈔	268
02 詩話總龜	655(2)	26	詩牌譜	580
詩話彙編	655		詩牌譜叙	580
			詩緝略	265
		27	詩歸	657

0212₇ 端
16 端硯譜 478
27 端峰松菊堂集 710
32 端溪王先生集 701

0242₂ 彰
24 彰德府志 402

0260₀ 訓
17 訓子言 303
37 訓初小鑑 301
40 訓女三字經 303
　　訓女四字經 303
44 訓林十二卷 303
77 訓兒俗説 301

0261₈ 證
33 證心録 290
　　證治準繩 568
　　證治類方 569
38 證道歌 536
　　證道歌注 536
　　證道摘略 436
91 證類大觀本草 570
　　證類本草 571

0266₂ 諧
50 諧史 482

0280₀ 刻
44 刻藏緣起 543

0292₁ 新
00 新序 433

　　新唐書糾繆 361
01 新語 433、437
02 新刻紀效新書 553
　　新刻宋名臣言行録 383
20 新集歷代輪回集 539
22 新樂縣志 407
25 新倩籍 650
26 新泉問辨正續録 293
27 新鄉縣志 413
30 新安文獻志 644
　　新安山水志 418(2)
　　新安縣志 406
　　新官到任儀注 385
　　新官軌範 394
31 新河縣志 407
42 新板楚詞 632
43 新城梅浦會録 294
　　新城縣志 406、408
　　新越編 400
44 新蔡縣志 415
47 新都秀運 644
60 新昌縣志 409
67 新野縣志 415
77 新學志 410
80 新會典六部職掌 338
87 新鄭縣志 412

0365₀ 誠
00 誠齋雜記 462
　　誠齋牡丹譜并百咏 486
　　誠齋牡丹百咏 650

0090₆ 京
60 京口三山新志	418
京口三山舊志	418
京口三山全志	418
京口紀聞	468
72 京氏易傳	252
99 京營疏草	628
京營巡視疏稿	630

0091₄ 雜
44 雜藏經	520
71 雜阿含經	519
89 雜鈔	619

0110₄ 壟
47 壟起雜事	346

0121₁ 龍
10 龍平記略	324
龍雲劉先生文集	671
12 龍飛紀略	316
17 龍君御選集	734
21 龍虎山志	424
22 龍川別志	457
龍巖縣志	412
26 龍泉縣志	410
龍皋文集	684
31 龍江夢餘錄	466
32 龍溪縣志	412
38 龍游縣志	409
42 龍橋漫稿	733
43 龍城錄	456
44 龍華密證	295
龍華懺儀式	525
77 龍門子凝道記	435
龍門集	716
龍眉子金丹印證側疏	496
龍興慈記	317
87 龍舒居士淨土文	538
88 龍筋鳳髓判	648

0128₆ 顏
17 顏子	433
27 顏魯公文集	661(2)
顏魯公宋廣平斷碑集	645
72 顏氏傳書	604
顏氏家訓	302、303
90 顏光祿集	659(2)

0162₀ 訂
30 訂注參同契經傳	494
33 訂補綱目摘要	358

0164₆ 譚
00 譚襄敏公奏議	625
33 譚治錄	455

0164₉ 評
23 評外篇	698
50 評史心見	363

0166₁ 語
97 語怪四編	480

	玄英先生集	663		六經圖	285、288
48	玄幹	260		六經類雅	582
59	玄抄類摘	576	22	六樂圖	386
77	玄學正宗	499	24	六科職掌	338
80	玄谷神易數	557	30	六安州志	404
88	玄筌	501		六字神咒經	515
97	玄怪錄	480		六字大陀羅尼咒經	516
			37	六祖大師法寶壇經	
	袞				524、546
25	袞繡堂遺集	675		六咨言集	294
			40	六十家小說	481
	褒		42	六韜	549
14	褒功錄	334	43	六博碎金	580
			44	六封中丞郭公年譜	428
	襄		47	六朝詩集	635
43	襄城縣志	413		六朝事蹟	366
76	襄陽名蹟錄	420	50	六書正譌篆文	308
	襄陽耆舊傳	376		六書正義	309
	襄陽縣志	412		六書統	307
				六書索隱	309

0080₀ 六
00	六度集經	509
01	六龍剖疑	255
	六語	453
07	六詔紀聞	350
10	六一詩話	655
17	六子全書	439、604
20	六壬課	558
	六壬釋義	558
	六壬神定經	558
	六壬原古	558
21	六經正誤	287
	六經天文篇	554

	六書考	308
	六書故	307
	六書本義	308
	六書賦	308
	六書精蘊	309
60	六甲靈文	552
87	六欲軒雜著	711
	六欲軒稿	711
88	六鑑舉要	372

23 辛稼軒詩	658	**0060₃ 畜**	
0040₆ 章		24 畜德錄	331
00 章玄峰集	688	**0062₂ 諺**	
10 章工部近稿	690	04 諺譀曲典	542
16 章碣詩集	665	**0062₇ 謫**	
44 章孝標詩集	665	44 謫楚草	713
47 章楓山先生文集	705	**0071₄ 亳**	
72 章氏祭規	388	32 亳州牡丹譜	486
80 章公質庵文集	704	**0073₂ 玄**	
0040₈ 交		00 玄亭涉筆	585
27 交黎末議	327	玄帝化書	506
40 交友論	452	玄帝真武全傳	504
43 交城縣志	416	玄應道化篇	505
50 交事記聞	325	17 玄羽史論	363
0044₁ 辨		21 玄膚論	499
30 辨宗論	443	27 玄綱論	499
40 辨古本大學	277	28 玄微秘要	575
50 辨中邊論	530	30 玄宗三傳	504
77 辨學錄	297	玄宗内典	500
0044₃ 弈		玄宗内典諸經注	499
10 弈正	579	32 玄洲上卿蘇君傳	504
25 弈律	579	37 玄洞靈寶定觀經	495
40 弈志	579	40 玄壺雜俎	473
0060₁ 言		玄女經	560
50 言事紀略	628	玄真子	492
音		玄真子外傳	378
06 音韻通括	307	玄真子外[篇]	492、500
47 音聲記元	307	44 玄蓋副草	712
		玄芝集	693

文信國年譜	428
21 文儷	635
22 文斷	652
23 文獻通考	389
文獻通考纂	383
文編	634
24 文待詔甫田集	684
30 文房職方圖讚	477
文房清事	477
文房四友除授集	477
文字禪	542
文字藥	451、652
文字飲	477
31 文江政紀	396
文江集	707
32 文淵閣藏書目	431
33 文心雕龍	651
文心雕龍注釋	651
36 文溫州集	684
37 文潞公文集	668
文選章句	633
文選雙字類要	583、586
文選補遺	633
文選增定	633
文選纂注	633
38 文裕公外集	685
40 文壇列俎	647
43 文式錄	652
44 文苑英華	634
文苑春秋	634、646
文莊瓊臺會稿	681
文藪	663
文華大訓箴解	311
文華盛記	320
文林綺繡	583
47 文起堂集	688
48 文翰類選大成	645
50 文中子本文	434
文史雜言	585
53 文成公世德紀	429
60 文園廢業	729
文昌雜錄	390
文昌訓科	495
文昌旅語	448
文昌化書	495
文昌事略	495
62 文則	652
70 文雅社約	386
71 文長集	709
72 文氏家藏選詩	644
73 文脉	652
75 文體明辨	634
77 文與可丹淵集	670
80 文會堂弈選	579
文會堂琴譜	578
文公政訓	393
文公先生經世大訓	292
87 文錄	651

0040₁ 辛

| 00 辛亥京察始末 | 322 |

53	廣成子	491
60	廣四十家小說	454、611
	廣易通	255
63	廣咏史絕句注釋	363
74	廣陵十先生傳	332
	廣陵妖亂志	367
77	廣輿考	397
80	廣慈編	539
	廣養蒙纂要	301
86	廣知	462
88	廣筆疇	445

0028_7 庚

17	庚子順天序齒錄	430
	庚子浙江序齒錄	430
	庚己編	346
32	庚溪詩話	655
50	庚申玉册	439
	庚申外史	370
	庚申紀事	320
	庚申筆記	452
53	庚戌始末志	320

0029_4 麻

00	麻衣正易心法	257
	麻衣相法	561
10	麻石劉氏家誌	427
44	麻姑集	420

0033_0 亦

77	亦陶集	712

0040_0 文

00	文廟從祀考	388
	文廟祀典	387
	文廟祀典議	387
	文廟通祀志	388
	文府滑稽	647
	文文山全集	672
	文章正論	635
	文章正宗	634
	文章正宗要選	634
	文章緣起	651
	文章軌範	634
10	文正公集	668
12	文水縣志	416
13	文武星案	560
15	文殊師利所說摩訶般若波羅蜜經	507
	文殊師利所說般若波羅蜜經	507
	文殊師利般涅槃經	517
	文殊師利佛土嚴淨經	507、546
	文殊師利所說不思議佛境界經	507、546
	文殊師利問經	516
	文殊師利問菩薩署經	508
	文殊師利問菩提經	511
17	文子	492
20	文信國別傳	377

唐漁石易經大旨	260
40 唐太宗集	658
唐李衛公通纂	384
唐真宗御製先天紀	503
42 唐荊川武編	551
唐荊川集	686
唐荊川續文集	686
唐荊川稗編	582
43 唐求詩集	666
44 唐世說新語	455
唐黃先生集	663
47 唐朝名畫錄	577
48 唐翰林志	390
50 唐忠臣睢陽錄	378
唐書	354
60 唐國史補	366
70 唐雅樂府	636
72 唐縣志	406、415
77 唐眉山先生集	674
唐闕史	366
唐歐陽先生集	662
唐賢真蹟題跋	645
80 唐義士遺事	378
88 唐鑑	359
唐餘記傳	370
90 唐小說	471
91 唐類函	581

0028₆　廣

00 廣廣文選	633
廣文選	633
01 廣語	453
廣諧史	647
06 廣韻	306
07 廣雅	300
10 廣平府志	400
廣西名勝志	399
廣西通志	399
廣百論	530、547
12 廣列仙傳	503
廣弘明集	541
17 廣豫章災祥記	381
廣桑子游	469
20 廣信府志	401
廣信先賢事實	374
21 廣仁類編	304、373
廣卓異記	479
22 廣川畫跋	577、575
23 廣秘笈	608
27 廣艷異編	481
30 廣永豐縣志	410
廣客談	463
31 廣潛書	435
40 廣古文奇賞	646
43 廣博物志	582
廣博嚴淨不退轉法輪經	509
44 廣黃帝本行紀	504
廣枯樹哀談	343
50 廣中五先生詩集	643
廣東通志	399

88 康節玉鬥數	557	咒經	506
0023₇ 庶		**0026₁ 磨**	
17 庶子生母服制考	335	72 磨盾漫錄	327
廉		**0026₇ 唐**	
50 廉吏傳	375	00 唐文粹	634
庚		唐六如畫譜	578
30 庚肩吾書品	575	01 唐語林	455
		04 唐詩六集	637
0024₁ 庭		唐詩正聲	636
44 庭幃雜錄	303	唐詩艷逸品	648
77 庭聞近略	448	唐詩緒箋	637
		唐詩解	657
0024₇ 夜		唐詩紀	637
21 夜行燭	435	唐詩紀事	654
度		唐詩品彙	637
27 度身筏	501	唐詩類苑	637
44 度世品經	508	10 唐一庵游錄	421
慶		唐晉卿雜著	692
10 慶雲縣志	405	17 唐子西詩集	671
47 慶都縣志	406	22 唐制科策	645
71 慶曆民言	434	24 唐科試詩	637
76 慶陽府志	403	26 唐伯虎文集	685
		27 唐絶爭奇	637
0025₂ 摩		30 唐宋元明酒調	649
01 摩訶止觀	535	唐宋衛生歌	502
摩訶般若波羅蜜經		唐宋四大家文選	635
	506、544	唐宋八大家文鈔	634
摩訶般若波羅蜜鈔經		37 唐漁石雲南奏議	625
	506	唐漁石集	706
摩訶般若波羅蜜大明		唐漁石江西奏議	625

27 帝鄉游覽		423

商

00 商主天子所問經		517
商文毅公經筵講義		286
商文毅公全集		680
12 商水縣志		413
17 商子		441
43 商城縣志		415
72 商丘縣志		413

高

00 高齋漫錄		461
高文襄公文集		622
高文襄公經筵講義		286
高文襄公集		682
高文襄公外制		624
高文襄公奏牘		626
高文端奏議		626
11 高麗普照師修心訣		537
20 高季迪缶鳴集		683
高季迪大全集		683
26 高皇帝詔諭輯略		623
高皇訓行錄		315
27 高峰大師語錄		533
28 高僧傳		540
高僧事略		540
40 高力士外傳		378
高太史鳧藻集		695
高士傳		375
高士傳頌		375
44 高坡異纂		463
高蘇門集		698（2）
高林		374
60 高邑縣志		407
76 高陽世集		686
高陽縣志		406
90 高光州詩集		708
高常侍集		664

廓

23 廓然子		446
廓然子五述		439

廟

22 廟制論		387
廟制考義		387

0023_0 卞

60 卞里誌		423

0023_1 應

00 應庵和尚語錄		533
應庵隨意錄		464
10 應天府志		400
27 應急良方		570

0023_2 康

00 康齋文集		718
康齋日錄		296
17 康子寬集		702
22 康山群忠錄		327
34 康對山先生集		699
50 康東還集		720

60 離見衛生録	448		齊東野語	462
			77 齊民要術	482(2)
0021₆ 兗			齊民要書	483
32 兗州府志	402		齊民月令	392
0021₇ 亢			**0022₇ 方**	
80 亢倉子	492		00 方言	300
			10 方于魯墨譜	478
廬			17 方子庸言	438
22 廬山紀事	419		22 方山新華嚴經十明論	
廬山十八高賢傳	541			526
74 廬陵縣志	410		24 方侍御二疏	628
76 廬陽客記	380		29 方秋崖全集	672
			32 方洲雜言	347
嬴			33 方淙山讀周易	259
79 嬴勝三劄	470		40 方壺外史	499
88 嬴籐三劄	453		44 方麓居士集	687
			50 方蛟峰先生集	674
贏			方忠惠公鐵庵集	672
50 贏蟲録	382		60 方圓勾股圖解	556
			67 方略摘要	553
0022₂ 序			72 方氏宗儀	386
44 序芳園稿	706		方氏八論	447
			77 方輿勝覽	425
廖				
77 廖學士講幄集	286		**席**	
廖學士詞垣賦頌	633		21 席上輔談	462
廖學士疏牖集	626			
			帝	
0022₃ 齊			10 帝王紀年	359
10 齊雲山志	418		帝王世系	359
17 齊己集	667		20 帝系考	426
20 齊乘	398			
21 齊穎遺録	719			
50 齊東縣志	415			

《澹生堂藏書目》書名索引

0010₄ 童
17	童子問	450
32	童溪先生易傳	259
44	童蒙習句	301
	童蒙初告	301

0010₆ 亶
20	亶爰集	706

0010₈ 立
00	立齋閒錄	344

0011₄ 瘞
47	瘞鶴銘考	645

癍
08	癍論粹英	574

0011₈ 痘
00	痘疹格致要論	573

0012₂ 疹
00	疹痘世醫心法	573

0012₇ 病
37	病逸漫記	343
46	病榻寱言	447
	病榻遺言	321

癕
00	癕瘍機要	573

0013₄ 疾
55	疾慧編	451

0021₁ 鹿
43	鹿裘詩草	688
60	鹿邑縣志	413
77	鹿門子隱書	434
	鹿門隱書	558

龐
17	龐子戇言	342
72	龐氏談藪	461
77	龐居士語錄	533

麤
33	麤淺學問	298

0021₄ 産
00	産症須知	572

雍
02	雍訓	287
40	雍大紀	399
77	雍熙樂府	648
79	雍勝略	425
87	雍錄	399

離
42	離垢慧菩薩所問禮佛法經	517